GANE NEGOCIANDO
¡FÁCIL!

John Ilich

TRADUCCIÓN:
Fís. Ángel Homero Flores Samaniego
Colegio de Ciencias y Humanidades, UNAM

PRENTICE HALL HISPANOAMERICANA, S.A.

MÉXICO - NUEVA YORK - BOGOTÁ - LONDRES - SYDNEY
PARÍS - MUNICH - TORONTO - NUEVA DELHI - TOKIO - SINGAPUR
RÍO DE JANEIRO - ZURICH

EDICIÓN EN ESPAÑOL :

DIRECTOR GENERAL :	MOISÉS PÉREZ ZAVALA
GERENTE DIVISION COMPUTACIÓN Y NEGOCIOS :	FRANCISCO J. DELGADO RODRÍGUEZ
GERENTE EDITORIAL :	MARICELA VILLAGÓMEZ ESTRADA
EDITOR DIVISIÓN NEGOCIOS :	CRISTINA TAPIA MONTES DE OCA
DIRECTOR DE EDICIONES :	ALBERTO SIERRA OCHOA
GERENTE DE EDICIONES :	JUAN ANTONIO RODRÍGUEZ MORENO
SUPERVISOR DE TRADUCCIÓN :	JOSÉ LÓPEZ ANDRADE
SUPERVISOR DE PRODUCCIÓN :	JOSÉ D. HERNÁNDEZ GARDUÑO

GANE NEGOCIANDO ¡FÁCIL!

Traducido del inglés de la obra: **CIG to winning through negotiation**

Authorized translation from the English Language edition published by Alpha Books

All rights reserved. No part of this book may be reproduced or transmitted in any form or by any means, electronic or mechanical, including photocopying recording or by any information storage retrieval system, without permission in writing from the publisher.

Spanish language edition published by
Prentice-Hall Hispanoamericana, S.A.
Copyright © 1997

Traducción autorizada de la edición en inglés publicada por: Alpha Books
Copyright © 1996 by John Ilich

Todos los derechos reservados. Ninguna parte de este libro puede reproducirse o transmitirse bajo ninguna forma o por ningún medio, electrónico ni mecánico, incluyendo fotocopiado y grabación, ni por ningún sistema de almacenamiento y recuperación de información, sin permiso por escrito del editor.

Edición en español publicada por
Prentice-Hall Hispanoamericana, S.A.
Derechos Reservados © 1997

Calle 4 No. 25, 2º piso Fracc. Ind. Alce Blanco,
53370 Naucalpan de Juárez, Edo. de México

ISBN 970-17-0038-4

Miembro de la Cámara Nacional de la Industria Editorial. Reg. Núm. 1524
Original English Language Edition Published by Alpha Books
Copyright © 1996
All Rights Reserved

ISBN 0-02-861037-7

Impreso en México /Printed in Mexico

LITOGRAFICA INGRAMEX, S.A. DE C.V.
CENTENO No. 162-1
COL. GRANJAS ESMERALDA
MEXICO 09810, D.F.

Editora
Theresa Murtha

Jefa de redacción
Megan Newman

Jefa de proyecto
Jennifer Perillo

Jefa de edición
Lynn Northrup

Diseño de portada
Michael Freeland

Diseño de interiores
Kim Scott

Ilustraciones
Judd Winick

Jefa de producción
Kelly Dobbs

Supervisor de producción
Laurie Casey

Especialistas de control de producción
Jason Hand
Bobbi Satterfield

Indizadora
Ginny Bess

Equipo de producción
Heather Butler
Angela Calvert
Kim Cofer
Aleata Howard
Clint Lahnen
Erika Millen
Erich Richter
Scott Tullis
Megan Wade

Resumen de contenido

Parte 1: Fundamentos de la negociación exitosa   **1**

1. ¿Para qué aprender a negociar?   3
   La negociación es parte de la vida cotidiana, y aunque no nos demos cuenta, todos somos negociadores.

2. Determine su posición   9
   Establezca sus metas y reúna datos y documentación para dar fuerza a sus argumentos negociadores.

3. Y, ¿qué piensa la otra parte?   19
   Prevea cómo es su contendiente y anticípese a sus intenciones.

4. En sus marcas... listos... ¡Negocien!   29
   Aprenda a buscar el momento y el lugar oportunos para negociar, así como forjar desde el principio los argumentos para ganar en la negociación.

Parte 2: En la mesa de negociaciones: técnicas básicas   **37**

5. El poder de las palabras: el lenguaje de negociación   39
   Expresiones claras, sencillas y para presentar con éxito sus argumentos.

6. El lenguaje corporal también cuenta... ¡y mucho!   47
   Refuerce el significado de sus palabras mediante un lenguaje corporal vigoroso; además, aprenda a leer el lenguaje corporal de su oponente.

7. Es cuestión de la oportunidad del momento: el paso y los tiempos límite   55
   Marque el paso durante las negociaciones a fin de dar impacto a sus argumentos; asimismo, saque ventaja de los tiempos límite.

8. Preguntas, preguntas y más preguntas   63
   Aprenda a formular preguntas que den claridad a la información y den fuerza a sus argumentos.

9. La correspondencia debe ser efectiva para negociar   71
   Descubra la importancia, las cualidades y el uso óptimo de la correspondencia.

10. Mis principales técnicas de negociación   77
    Aplique las técnicas que emplean los profesionales.

Parte 3: Usted y la otra parte — 85

11 Los que están al otro lado de la mesa — 87
Para negociar con efectividad, conozca bien a sus oponentes.

12 Conozca la personalidad de su oponente — 95
Llegue al acuerdo que le convenga conociendo los intereses y las pasiones de la otra persona.

13 Apele a los sentimientos de su oponente — 103
Las emociones y los sentimientos son factores que pueden facilitar las negociaciones.

14 Recurra a la buena voluntad (pero no a la caridad) — 109
Es crucial crear un ambiente de buena voluntad para llevar adelante una negociación profesional.

Parte 4: Aumente su poder negociador — 115

15 La capacidad para negociar: cómo adquirirla, cómo manejarla — 117
La capacidad para negociar es un don adquirible, y es indispensable para triunfar.

16 Los hábitos, buenos y malos — 125
Para triunfar en las negociaciones, debe realzar sus hábitos buenos y deshacerse de los malos.

17 Mantenga la compostura: controle la negociación — 129
Dirija y encauce las discusiones de la negociación.

Parte 5: Supere los problemas de las negociaciones — 135

18 Manejo de la ira durante las sesiones — 137
Recupere el control cuando la ira amenace con dar al traste con las negociaciones.

19 El temor — 145
No se deje intimidar durante las negociaciones.

20 Algo personal: cuando los principios o las personalidades chocan — 153
Evite que los conflictos de personalidad echen a perder las negociaciones.

Parte 6: Conclusión feliz — 159

21 Ofertas y contraofertas — 161
Estrategias para manejar con efectividad las ofertas y contraofertas.

22 Cierre de la negociación — 171
Técnicas y procedimientos para cerrar los tratos de las negociaciones.

Parte 7: Situaciones de negociación cotidiana   **177**

23 Compraventa de casas   179
Estrategias para evaluar las ofertas y las contraofertas cuando usted quiere vender su casa.

24 Negociación para comprar o vender bienes raíces   193
Consiga el mejor trato en el mercado de los bienes raíces.

25 Forma de negociación en arriendos y subarriendos   197
Aprenda a negociar en cuestiones de alquiler de edificios y otro bienes inmuebles.

26 Los automóviles: compra, venta y alquiler   203
Obtenga el mejor trato al negociar con los automóviles.

27 Obtenga un aumento de sueldo   209
Convenza a su jefe de que usted debe ganar más.

28 Consiga préstamos   215
Emprenda con confianza los engorrosos procedimientos de la obtención de préstamos.

29 Sea un buen consumidor   221
Cuando compre, exija un mejor precio, ya sea en mercancías o servicios.

Glosario   **227**

Índice   **231**

Contenido

Parte 1: Fundamentos de la negociación exitosa — 1

1 ¿Para qué aprender a negociar? — 3
Usted ya es negociador 3
Más dinero 4
    Gane dinero, mucho dinero 4
    Ahorre dinero, mucho dinero 5
Cómo hacer amigos e influir en las personas 5
    Cuestiones de familia 5
    Nada como la amistad 6
    Negociación en el trabajo 6
Lo mínimo que necesita saber 7

2 Determine su posición — 9
Prepare su posición 10
    Su trato ideal 10
    Establezca metas alternas 12
    Su último recurso 13
    Consideración de las bases secundarias 13
Haga su tarea 14
    Organícese 15
¿Quién más está de su lado? 17
Prepárese psicológicamente para la negociación 17
Lo mínimo que necesita saber 18

3 Y, ¿qué piensa la otra parte? — 19
Llévame con tu líder 20
    Si la "persona que dice sí" no se presenta
    (o si lleva amigos) 21
Investigue a su oponente 22
Haga que su oponente se sienta satisfecho 23
¿Qué sucede si ninguna de las dos partes puede ganar? 24
Anticípese a los movimientos de su oponente 24
    Cuatro maneras de equilibrar la posición
    de su oponente 25
    Equilibrio en acción 26
Hoja de trabajo de equilibrio 26
Lo mínimo que necesita saber 27

4   En sus marcas... listos... ¡Negocien!   29

Establezca el escenario 30
   Quédese en su propio terreno 30
   La oportunidad lo es todo 31
   ¿Cómo debe vestir? 32
   ¡Socorro! ¡No estoy preparado! 32
Sus movimientos de apertura 33
   Establezca el ambiente 33
   Métase de lleno 35
   ¿Qué sucede si me rechazan? 36
Lo mínimo que necesita saber 36

Parte 2:   En la mesa de negociaciones: técnicas básicas   37

5   El poder de las palabras: el lenguaje de negociación   39

Hágalo sencillo 40
Recurra al lenguaje descriptivo 40
Comprenda el lenguaje de su oponente 42
El sonido del silencio 43
El arte de la extrapolación 44
   Extrapolación en acción 45
Una última palabra sobre el lenguaje 45
Lo mínimo que necesita saber 46

6   El lenguaje corporal también cuenta... ¡y mucho!   47

Haga sus movimientos 48
   Gestos comunes 48
   Ponga su mejor cara de jugador de póquer 49
¿Qué dice el lenguaje corporal de su oponente? 50
Manejo de apoyos en la negociación 50
   ¿Por qué el uso de apoyos? 51
   Cuándo y cómo utilizar apoyos 51
   ¿Cuándo deberá sacar sus apoyos? 52
   Cuando negocia el mismo apoyo 52
Lo mínimo que necesita saber 53

7 Es cuestión de la oportunidad del momento: el paso y los tiempos límite · 55

La importancia de una buena administración del tiempo 56
Momentos oportunos para hacer ofertas y contraofertas 56
¡Auxilio! ¡Perdí el tiempo! 57
Negociación con plazo límite 57
Imponga un plazo a su oponente 58
    Cómo determinar un plazo 59
    ¿Debe conceder una extensión? 59
Manejo de los plazos que le impongan 60
    Evite imponerse plazos 60
Lo mínimo que necesita saber 61

8 Preguntas, preguntas y más preguntas · 63

El porqué preguntar ¿por qué? Los beneficios
de las preguntas 64
Valore la situación: preguntas generales 64
    Ejemplos de preguntas generales 64
    El riesgo de hacer preguntas generales 65
Sea concreto: preguntas específicas 65
Resultados al instante: preguntas de respuesta inducida 66
    Ejemplos de preguntas de respuesta inducida 66
    El riesgo de las preguntas de respuesta inducida 66
Haga preguntas sugerentes 67
Obtención de una respuesta favorable: preguntas obvias 67
Café, té o yo: preguntas que requieren una elección 68
Mantenimiento del control: preguntas sucesivas 68
Sin comentarios: cómo evitar responder a preguntas 69
Lo mínimo que necesita saber 70

9 La correspondencia debe ser efectiva para negociar · 71

Los usos de la correspondencia 72
    Apertura de la negociación 72
    Despeje el ambiente 73
    Póngalo por escrito 73
    Deje un rastro de papel 73
Véase bien en papel: cualidades de una
correspondencia efectiva 74
Uso de formatos 74
¿Quién debe recibir su correspondencia? 75
Lo mínimo que necesita saber 76

10 Mis principales técnicas de negociación — 77

La técnica del "ladrillo" 78
La técnica del "vinagre y la miel" 78
    Una probada de vinagre y de miel 78
    Evite hacer grandes concesiones 79
La técnica del "cansancio" 79
    La técnica del "cambio de velocidad" 80
La técnica del "conducto" 80
La técnica del "conductor de televisión" 81
La técnica del "autodesprecio" 82
La técnica de "qué lástima" 82
Lo mínimo que necesita saber 83

Parte 3: Usted y la otra parte — 85

11 Los que están al otro lado de la mesa — 87

¿Cuáles son sus influencias? 88
    El tipo analítico 88
    El tipo estético 89
    El tipo intuitivo 90
Una palabra de advertencia sobre los tipos 90
Cómo toma decisiones su oponente:
  el continuo fuerte-débil 91
El tipo fuerte (no tan silencioso) 91
    Negociación con un tipo fuerte 92
El tipo "indeciso" 93
    Negociación con un tipo "indeciso" 93
El tipo débil 93
    Negociación con un tipo débil 94
Lo mínimo que necesita saber 94

12 Conozca la personalidad de su oponente — 95

Su personalidad: todo lo que usted considera que es suyo 96
Descubra qué es lo que anima a su oponente 96
¿Por qué aprovecharse de la personalidad de su oponente? ... 97
Cómo aprovecharse de la personalidad de su oponente 98
Lo que pasa cuando abre la boca, mete la pata
  y ofende el ego de su oponente 99
No se ofenda: cómo manejar insultos a su personalidad ... 100
Cuide su personalidad; no deje que su oponente
  se aproveche de ella 100
Lo mínimo que necesita saber 101

13 Apele a los sentimientos de su oponente — 103

¿Por qué debe jugar el ángulo emocional? 104
Tres formas de apelar a las emociones de su oponente 104
    Dame dinero (eso es lo que quiero) 104
    Amo los reflectores: reconocimiento 105
    Dame asilo: autoprotección 105
Cómo recurrir a las emociones de su oponente 106
    Ofrezca dinero a su oponente 106
    Ofrezca reconocimiento a su oponente 107
    Ofrezca seguridad a su oponente 108
Lo mínimo que necesita saber 108

14 Recurra a la buena voluntad (pero no a la caridad) — 109

Por qué es necesario crear buena voluntad 110
¿Cómo puede usted crear buena voluntad? 111
Cuando no debe mostrar buena voluntad:
  nota de advertencia 112
Lo mínimo que necesita saber 113

Parte 4: Aumente su poder negociador — 115

15 La capacidad para negociar: cómo adquirirla, cómo manejarla — 117

¿Qué es el poder de negociación? 118
Las reglas del juego: uso del poder de negociación 119
    Todo está en el uso correcto del tiempo,
      cuando revela o utiliza su poder de negociación 120
Mantenga recargando su poder de negociación 121
    Repita, repita, repita... 122
    Preguntas para establecer su poder 122
Práctica mental: la forma de aumentar
  su poder de negociación 122
    Qué significa el "ensayo mental" 123
    Imagine esto: una muestra de ensayo mental 123
Lo mínimo que necesita saber 124

16 Los hábitos, buenos y malos — 125

El efecto de los hábitos sobre la negociación 125
Buenos hábitos de negociación 126

Hábitos difíciles de romper 126
Manejo de los malos hábitos de su oponente 128
Lo mínimo que necesita saber 128

17 Mantenga la compostura: controle la negociación 129

Cuándo y cómo mantener el control 130
   Tome el control antes de iniciar la negociación 130
   Gane el control cuando la negociación
    se lleva a cabo 130
El encauzamiento: una técnica de negociación,
  no un deporte nuevo 131
¡Se encuentra fuera de control! Cómo recuperar
  el control en la negociación si lo pierde 132
Lo mínimo que necesita saber 133

Parte 5: Supere los problemas de las negociaciones 135

18 Manejo de la ira durante las sesiones 137

Cómo interrumpe la ira la negociación 138
   ¡Me vengaré! 138
   Como yo quiero o me voy 138
En qué momento es correcto enojarse:
  la técnica de la "ira controlada" 139
Si su oponente se enoja 140
   Pruebe las reacciones de su oponente 141
   Una manera de garantizar una pelea
    en la mesa de negociación 142
Tranquilice a su oponente 142
Lo mínimo que necesita saber 144

19 El temor 145

Los efectos del miedo 146
Miedo y negociación 146
Los tres mayores temores en una negociación 147
   Temor de perder algo 147
   Miedo a lo desconocido 148
   Temor de fracasar 148
La táctica del miedo 149
   La técnica del "temor mayor" 149
   Temor y tiempo 150

    Nunca les haga notar que está sudando:
      cómo permanecer indiferente ante el miedo 150
    Lo mínimo que necesita saber 151

20 Algo personal: cuando los principios o las personalidades chocan   153

    Los riesgos de atacar a las personas 154
        Cinco cosas que nunca debe mencionar
          cuando esté en una negociación 154
        Cinco cosas que nunca debe hacer cuando
          esté en una negociación 155
    Cómo tratar a un oponente que lo insulta 155
        Neutralización de conflictos personales 156
    Cuestión de principios 156
    Cómo vencer cuestiones de principios 157
    Cuando todo lo demás falla... 158
    Lo mínimo que necesita saber 158

Parte 6: Conclusión feliz   159

21 Ofertas y contraofertas   161

    El tango de la negociación 162
    Deje que su oponente haga el primer movimiento 162
    Tres estrategias de movimientos de entrada:
      el bueno, el malo y el feo 163
        El movimiento de entrada feo 163
        El movimiento de entrada malo 163
        El movimiento de entrada bueno 163
    El manejo de contraofertas 163
    Orientaciones para hacer ofertas y contraofertas 164
    Por qué ofrecer mucho o muy poco es de locos 165
        Qué hacer cuando su oponente le lance
          una oferta demasiado alta o demasiado baja 166
    Cómo tratar las ofertas y las contraofertas
      de su oponente 166
    Identificación de hacedores de tratos
      y de "rompetratos" 167
    La jerga de las demandas y las contrademandas:
      un cuento precautorio 167
    Los devastadores efectos de hacer la primera
      concesión principal 168
    Lo mínimo que necesita saber 169

22 Cierre de la negociación — 171

¿Cuándo es el momento de cerrar?............................... 171
   Cuando el lenguaje corporal de su oponente
   le indica que no debe cerrar 172
Qué esperar en el cierre 173
Lo que se debe hacer y lo que no en un cierre
   de negociación 173
Tres palabras que pueden devastar un cierre
   de negociación 174
Técnicas de cierre efectivas 174
   Técnica de la incitación a la acción 175
   Técnica de la suposición 175
   Técnica del resumen 175
La palabra final en el cierre 176
Lo mínimo que necesita saber 176

Parte 7: Situaciones de negociación cotidiana — 177

23 Compraventa de casas — 179

Los protagonistas del juego de bienes raíces 180
   ¿Necesita un agente? 180
   En venta por el dueño: venda su casa por su cuenta 181
   Desventajas de tratar con agentes 181
Qué es lo que hay que buscar cuando se compra
   una casa 181
   Nadie la quiere 182
   Es un mercado de los compradores 182
   Es un pozo de dinero 182
Términos que todo comprador de casas debe saber 183
Haga la oferta 184
   ¿Cuál deberá ser su oferta? 184
   Haga concesiones 185
Firma y cierre del trato 189
Sólo para vendedores: evaluación de una oferta 189
   ¡Nadie quiere mi casa! 190
Lo mínimo que necesita saber 191

24 Negociación para comprar o vender bienes raíces — 193

Trato con corredores comerciales
   o de inversión 193

Mercado de compradores: determinación
de qué propiedad es valiosa 194
Investigación en bienes raíces 195
Negociación de una propiedad 195
Lo mínimo que necesita saber 196

25 Forma de negociación en arriendos y subarriendos 197

¿Contrato o subcontrato? 198
Usted y su contrato de arrendamiento 198
   Cuando los arrendatarios arriendan 200
Términos para negociar su contrato de arrendamiento 200
Cinco sugerencias para negociar contratos
de arrendamiento 201
Lo mínimo que necesita saber 202

26 Los automóviles: compra, venta y alquiler 203

Cinco puntos para recordar cuando se busca
un automóvil 203
Cómo obtener el mejor trato de un distribuidor 204
   Gánele a la competencia 204
   Hable el idioma del vendedor 205
   No se encapriche con ningún auto 205
Firma y cierre del trato 205
Compra de un auto usado 206
Venta de un automóvil usado 207
Alquiler de un automóvil 207
Lo mínimo que necesita saber 208

27 Obtenga un aumento de sueldo 209

El mejor momento y el mejor lugar 209
   Tome a su jefe en la mejor disposición de ánimo 210
   Asegúrese de que usted está en buena disposición 210
Mantenga un archivo de felicitaciones 211
Tenga un objetivo específico 211
Por qué fracasan las personas en obtener
un aumento de sueldo 212
   Está despedido: miedo a perder el empleo 212
   "¿Aumento? ¡Ja!": Temor al fracaso 212
Lo mínimo que necesita saber 213

28 Consiga préstamos — **215**

Entienda por qué los prestamistas hacen préstamos 215
Cómo seleccionar un prestamista 216
Todo es negociable 217
    El alto costo de pedir prestado 217
Preguntas que el prestamista tiene para usted 218
Negociación con un funcionario de préstamos 219
¿Qué sucede si le rechazan la solicitud de préstamo? 219
Lo mínimo que necesita saber 220

29 Sea un buen consumidor — **221**

Revise la garantía antes de comprar 221
    ¡Nunca pague por adelantado! 222
Encuentre a "la persona que dice sí" en la tienda 223
    Plantee su caso 223
    Gane sin tener garantía 224
Si todo lo demás falla... 225
Lo mínimo que necesita saber 226

Glosario — **227**

Índice — **231**

Prefacio

Supongo que tomó el presente libro porque se enfrenta a una importante negociación, ya sea que intente vender su casa, le pida a su jefe un aumento de sueldo o establezca un pleito legal. Más importante aún, tal vez acuda a este libro porque ha descubierto que cada día de su vida está lleno de situaciones que requieren negociación: hacer que los hijos respeten la hora de llegada a casa, convencer al de la tintorería que planche correctamente sus pantalones, persuadir a la compañía de teléfonos de que instale una nueva línea telefónica a tiempo. Las aptitudes que aprenderá en el presente libro le ayudarán a tener éxito en cualquier tipo de negociación, desde la más trivial hasta la más compleja.

El autor John Ilich, abogado y maestro negociador con 35 años de experiencia en esto, ha ayudado a sus clientes a salir airosos en una amplia gama de negociaciones. Es también maestro experto que comparte su sabiduría a través de las páginas de este asequible libro.

Lógico y fácil de leer, el presente texto le muestra cómo prepararse para una negociación, cómo evaluar a su oponente y cómo permanecer tranquilo y sosegado cuando la negociación se pone difícil. Con la guía de John Ilich, usted aprenderá cómo tomar el control en cualquier negociación y convencer a su contraparte de que le dé lo que usted desea. Hasta le dice qué es lo que no debe hacer, de modo que evitará las dificultades que puedan cerrar la negociación. Y lo mejor de todo, salpica sus consejos con magníficas chispas de humor.

Pero, no se confunda con el título del libro. No se trata de una guía exclusiva para novatos. Hasta el profesional más enterado encontrará útiles sugerencias en el libro. Puedo dar fe de ello.

Como dueño de una agencia de relaciones públicas y asesor de otros empresarios, pensé que sabía mucho con respecto a la creación de situaciones de negociación ganador-ganador (todos salen ganando). Pero descubrí rápidamente, a medida que recorría el libro, que siempre hay más que aprender. La táctica de John Ilich da resultados. Cuando terminé de leer el libro, fui capaz de poner a funcionar sus consejos: primero mientras negociaba un contrato importante para mi compañía y, segundo, al convencer a mi vecino de que bajara el volumen de su aparato de sonido (algo que había intentado durante meses).

Y eso es lo que hace al libro tan maravilloso. Usted puede utilizar la percepción de John Ilich de manera inmediata, tanto en situaciones de negocios complicadas como en la vida cotidiana. No necesita poseer ningún talento especial para emplear dichas tácticas. Todo lo que necesita hacer es afilar sus capacidades y entender exactamente qué sucede durante el proceso de negociación. Y eso es justo lo que John le enseña con un lenguaje directo y sencillo, en un formato diferente que no he visto nunca en otros libros sobre negociación. Además de las hojas de trabajo, las listas de verificación y de los ejemplos que ilustran los puntos de vista del autor, se tienen recuadros que contienen sugerencias importantes —por ejemplo, "Los rompetratos" le advierten de peligros—, citas de otros expertos negociadores, definiciones de términos importantes y ejemplos de estudio esclarecedores.

Fue de sabios que usted tomara este libro, pues los consejos de John Ilich van a tener un poderoso impacto en su vida. Estoy seguro de que se da cuenta de que al negociar mejores tratos para usted mismo, su negocio y su familia, ganará más dinero y ahorrará más también. Pero esto no es todo: también hay otras recompensas. Las aptitudes de negociación le pueden ayudar a adquirir un mejor conocimiento de la naturaleza humana. Si aprende a negociar bien, sin amenazas e intimidaciones, sin miedo ni culpabilidad, encontrará que sus interacciones con otras personas serán más amables y le darán una mayor sensación de satisfacción. ¿Qué puede ser mejor en la vida que obtener lo que se desea y sentirse bien por ello?

Así que, ¿qué espera? Tome el libro, aprovéchelo y disfrútelo.

Jane Wesman
Presidenta de la Jane Wesman Public Relations, Inc.
Autora de la obra: *Dive Right In—The Sharks Won't Bite: The Entrepreneurial Woman's Guide to Success.*

Introducción

En una de mis primeras experiencias como negociador novato —allá en Chicago hará unos 35 años—, me encontré con una pareja de viejos profesionales y negociamos algo en la calle. Cuando nos estrechamos la mano, me miraron como leones hambrientos ante un desamparado cordero. Luego sacaron a relucir todas las pruebas que habían preparado: informes, declaraciones de testigos y todo un cargamento de documentos. Cuando se inició el trato, su lenguaje fluyó con la belleza de un soneto de Shakespeare. Me encontraba en desventaja y sorprendido. Recuerdo que pensé: "¡Ándale! Estos tipos son buenos, ¡realmente buenos! De las ligas mayores."

Mi segunda reacción fue: "Voy a hacer lo que sea necesario para ser mejor que ellos." Desde ese momento me dediqué a perfeccionar mis formas y técnicas de negociación. Varios años más tarde, negocié una demanda que le ahorró a mi cliente nueve millones de dólares. Había llegado: ya estaba en las ligas mayores.

Éste es el quinto libro que escribo sobre negociación. Lo hice para usted: una persona que no es negociador profesional y que, sin embargo, su vida entera está influida por la negociación. Piense en todas las ocasiones que ha tenido disputas con la familia, amigos, compañeros del trabajo o con clientes. ¿Cuántas veces ha comprado un automóvil, vendido una casa, firmado un contrato o solicitado un aumento de sueldo? Piense en las veces que tendrá que hacerlo en el futuro. ¿No sería más fácil si supiera cómo negociar como profesional?

Las tácticas y las técnicas del presente libro le ayudarán incluso en situaciones en las que no se encuentre sentado en una mesa formal de negociaciones: como la pareja con seis niñitos que mandaron construir su casa. El contratista les prometió que tendría terminada la casa en el verano, cuando los niños terminarían sus clases, pero el trabajo no parecía terminado cuando llegó el término. El esposo propuso una brillante solución. Le envió una nota al contratista: "Después del primero de junio, estará usted trabajando bajo la supervisión de seis inspectores de tiempo completo de menos de seis años de edad." El contratista se apresuró a terminar su trabajo. (El esposo utilizó una técnica sencilla que describiré con detalle en el Capítulo 19.) Lo anterior muestra cómo un poco de conocimiento sobre negociación ¡puede traerle grandes resultados!

Como esa pareja, con el conocimiento que adquiera con este libro sabrá cómo manejar cada situación en la que las cosas no estén saliendo como usted quiere.

Así que empecemos. Creo que le gustará lo que va a leer y *sé* que se va a beneficiar con ella.

La **Parte 1** le muestra cómo prepararse para la negociación, cómo determinar su propia postura, imaginarse la estrategia negociadora de la contraparte y arreglar todo de modo de adquirir poder negociador.

La **Parte 2** plantea las sugerencias y las técnicas utilizadas por los negociadores expertos. Descubrirá cómo presentar su caso de la manera más poderosa y persuasiva posibles;

cómo utilizar los términos de negociación, cómo emplear el lenguaje corporal, cómo manejar las preguntas y la correspondencia como herramientas de negociación, entre otras cosas.

La **Parte 3** le muestra las mejores maneras de atraer a su oponente. Aprenderá cómo descubrir soluciones de negociación que le den, tanto a usted como a su contraparte, exactamente lo que usted desea.

La **Parte 4** le explica cómo aumentar y mantener su poder personal en una situación de negociación. Aprenderá cómo controlar la sesión de negociación, vencer malos hábitos y utilizar el ensayo para aumentar su seguridad y competencia cuando sea momento de negociar.

La **Parte 5** le ayuda a salvar una negociación que se ha vuelto difícil. Aprenda cómo recuperarse cuando el miedo, la ira o los conflictos de personalidad o de principios amenazan con descarrilar la negociación.

La **Parte 6** le ayuda a navegar por la etapas finales de la negociación, desde la propuesta de ofertas y contraofertas hasta llevar a término la negociación.

La **Parte 7** trata sobre las muchas situaciones comunes de negociación que enfrentará, como la compra o la venta de una casa, un automóvil o una propiedad; la negociación de un préstamo o de un aumento de sueldo; y la negociación que realiza como consumidor.

Extras

Además de llenar el libro con indicadores, hojas de trabajo, listas de verificación y citas, ejemplos de estudio y definiciones importantes. Busque estos recuadros cuando lea el texto:

Sugerencia
Sugerencias de negociación para utilizarlas y aprovecharlas cuando se encuentre en la mesa de negociaciones, deseoso de convencer a su contraparte de que le dé lo que usted desea.

Los rompetratos
Fallas que deben evitarse para que fracase la negociación.

Introducción

Verdades
Aforismos y citas que remarcan y refuerzan verdades de negociación básicas.

Aclaremos términos
Definición de palabras y términos del léxico de todo negociador.

Salón de la fama del negociador
Casos de negociadores famosos que obtuvieron lo que querían.

Agradecimientos

Agradecimiento especial a mi mujer Marjorie, por su fina ayuda editorial.

Agradecimiento especial también al personal de Macmillan por hacer que el presente libro fuera posible: Theresa Murtha, Megan Newman, Jennifer Perillo, Lynn Northrup y el equipo de producción completo.

Agradecimientos especiales del editor

Este libro fue revisado por un experto, quien no sólo verificó la precisión técnica de lo que va a leer en el libro, sino también nos proveyó de comprensión para asegurarnos de que el texto le dará todo lo que necesita saber para convertirse en un negociador de éxito. Nuestro agradecimiento especial para Sara Adler, egresada de la Facultad de Leyes de la Universidad de California en Los Ángeles y miembro de la *National Academy of Arbitrators*.

xxi

Parte 1
Fundamentos de la negociación exitosa

Casi todos los días tiene que negociar; en ocasiones, de manera inesperada. ¿Qué hace cuando su automóvil no enciende un día después de que expira la garantía? ¿O cuando necesita un préstamo pero no puede permitirse tasas altas de interés? ¿Cuando su hija adolescente quiere que le aumente el dinero para sus gastos, pero no ha hecho las tareas que le corresponden? ¿O cuando usted llega al aeropuerto y se encuentra con que ha perdido el vuelo?

En todas estas situaciones, tiene tres opciones: rendirse y aceptar la situación sin quejarse; utilizar tácticas de intimidación para intentar obtener lo que desea; o negociar con éxito.

Al igual que cualquier otra arte, la negociación tiene ciertas situaciones básicas de preparación que son fáciles de aprender. Por ejemplo, para pintar cualquier cuadro, e incluso para crear una obra maestra, un pintor debe tener una buena percepción de los colores, las pinturas, los pinceles y las técnicas. En esta parte, aprenderá los fundamentos que necesita para manejar cualquier negociación, y hasta para realizar una obra maestra de la negociación.

Capítulo 1

¿Para qué aprender a negociar?

> **En este capítulo**
> - Entenderá que usted ya es negociador
> - Conocerá los beneficios financieros de una negociación exitosa
> - Conocerá los beneficios personales de una negociación exitosa

¿Qué imágenes le vienen a la mente cuando piensa en negociación? Quizás un cuarto lleno de sudorosa gente de negocios que hojea papeles, se pelea con los números y desmenuza los pormenores de un trato importante. Tal vez se imagine una pareja de tranquilos diplomáticos que resuelven fríamente cuestiones de estado, al tiempo que fuman puros caros y beben una copa de brandy. Quizá piense en un vendedor de automóviles que con su labia resalta las virtudes (y disfraza el precio) del último auto del año anterior que tienen en existencia.

La verdad es que la negociación no es un arte tan complicado que sea mejor dejarlo en manos de los magnates de los negocios, los líderes sindicales o los dirigentes internacionales. Es para personas que intentan obtener lo que desean; y entre ellas está usted. En el presente capítulo le mostraré el significado y los beneficios de una negociación exitosa.

Usted ya es negociador

Inició su carrera de negociador desde el momento de su nacimiento y dejó escapar su primer llanto, a pesar de que no estaba consciente de ello. El llanto fue la manera de demandar comida, atención o afecto. Probablemente en la mayoría de las ocasiones tuvo éxito en obtener lo que deseaba.

Aclaremos términos
La *negociación* es una manera (a menudo la única) de obtener lo que se desea. En una forma de tratar con las personas y de aumentar su capacidad de entendimiento del ser humano y sus interacciones. Negociación no es lo mismo que *manipulación*, en la cual usted utiliza medios injustos o encubiertos para lograr sus objetivos. La negociación fomenta una relación de cooperación en la que ambos lados desean llegar a un acuerdo.

A medida que fue creciendo, sus métodos de negociación se volvieron más elaborados y los resultados más satisfactorios. De niño, persuadía a su familia para que le comprara juguetes y le diera permisos. Como adolescente, obtenía privilegios de sus padres y de sus maestros; también aprendió a equilibrar su personalidad y sus intereses con los de sus amigos. En todas esas experiencias, usted intentaba que las cosas se hicieran a su manera: *negociaba*. Una negociación exitosa significa simplemente saber cómo motivar a las personas para que le den lo que usted desea.

Ya siendo adulto, sus negociaciones son aún más serias. ¿Piensa alquilar un departamento o comprar una casa? ¿Quiere un automóvil? ¿Sueña con iniciar su propio negocio o desearía llevar a casa un poco más de comida al obtener un aumento de sueldo o un ascenso en el trabajo? Los intereses pueden ser todavía más altos, pero aun así intenta obtener lo que quiere. Todavía sigue negociando.

Los resultados siempre serán los mismos. Si sabe negociar, logrará mayor éxito, tendrá relaciones más tranquilas y estará más satisfecho. Puesto que usted ya es negociador, y lo será por el resto de su vida, ¿por qué no perfeccionar su capacidad negociadora? Si lo hace, cosechará enormes beneficios.

Más dinero

Algunos de los mejores beneficios de una negociación exitosa son los que se manifiestan en el sueldo o en el grueso de la billetera. Cuando domine el arte de presionar y de hacer tratos, descubrirá muchas oportunidades de aumentar su flujo de dinero en efectivo, ya sea aumentando su sueldo o abatiendo el precio en compras importantes.

Gane dinero, mucho dinero

Si alguna vez ha intentado darse valor para enfrentar a su jefe y pedirle un aumento de sueldo o un ascenso, sabe lo que es ponerse nervioso; y el actual clima empresarial no facilita nada las cosas. Cualquier discusión acerca de su propia valía ocasiona un nudo en el estómago, garganta reseca y dedos temblorosos. Pero cuando aprende el planteamiento correcto (que se verá en el Capítulo 27), puede manejar la situación con fría seguridad, y esto incrementará sus posibilidades de obtener el aumento o el ascenso.

Del mismo modo, si usted anda vendiendo su casa, su automóvil o cualquier propiedad, obtendrá una mayor cantidad de dinero si sabe cómo negociarlo.

Ahorre dinero, mucho dinero

Es sencillo: cada vez que ahorra dinero, gana dinero, y cuanto más ahorre, más ganará.

En una ocasión ayudé a un cliente a comprar una propiedad de 80,000 dólares en 40,000 dólares, la mitad del precio solicitado. Varios años después, mi cliente vendió la propiedad en 140,000 dólares. Gracias a una buena negociación, mi cliente fue capaz de obtener una dulce ganancia de 100,000 dólares.

Otra forma de aumentar su riqueza es mediante la disminución de sus gastos. Cada vez que compre auto, muebles, ropa, propiedades (cualquier cosa que desee) usted ahorrará dinero si sabe negociar. El dinero que ahorre puede sumar mucho, muchísimo dinero.

La negociación de un precio más bajo no sólo lo volverá más rico, sino que le dará una maravillosa sensación de haber logrado algo. Disfrutará sus logros en la negociación, su poder de convencimiento y su capacidad de hacer lo que desea. La victoria es en especial dulce cuando usted se enfrenta a situaciones difíciles y las posibilidades se juntan en su contra.

> **Verdades**
> "Si usted desea ser rico, piense en ahorrar tanto como en obtener."
> —Benjamin Franklin

Cómo hacer amigos e influir en las personas

Casi cada día usted intenta convivir con aquellos que le rodean: la familia, los amigos y los compañeros de trabajo. Su capacidad de negociar hace que todas esas relaciones sean más fáciles.

Cuestiones de familia

Si su familia es parecida a la mía, apuesto a que todos los días se encuentra intentando convencer a los que están más cerca de que hagan lo que usted desea, en tanto que éstos están igualmente determinados a proteger sus propios intereses. Y probablemente tenga que negociar en casa con la misma frecuencia, si no es que más, que en el trabajo.

Casi cada faceta de la vida familiar, desde tomar la decisión de quién prepara la comida hasta seleccionar el lugar ideal para ir de vacaciones, implica negociación. A medida que afina su capacidad de negociación, encontrará que esas discusiones diarias son más fáciles de manejar.

En especial, es difícil negociar con los hijos. Digamos que tiene una hija adolescente que le pide prestado el automóvil. Como usted está preocupado por la seguridad de la muchacha (sin mencionar la condición del coche), su primera reacción es ponerse firme y decir no. Pero esto introducirá una cuña entre usted y su hija y la relación se pondrá tensa.

Es aquí donde la capacidad de negociación puede significar la diferencia entre una familia armoniosa y una pelea de perros y gatos en el *seno familiar*. Es posible que gane las discusiones hogareñas con lo que aprenda en este libro.

Nada como la amistad

La amistad ofrece muchas oportunidades para dar y recibir. Pero, ¿qué hace usted cuando un amigo le pide más de lo que está dispuesto a dar?

Digamos que un amigo cercano llega a su casa y le pide prestado mucho dinero. Le dice que lo necesita para hacer algunas reparaciones urgentes a su casa. Usted lo comprende, pero también está enterado de que ha pedido prestado a otras personas y que no ha hecho esfuerzo alguno para pagarles.

¿Cuáles son sus opciones en este caso? Puede prestarle el dinero a su amigo y esperar que le pague. Puede decir con rodeos que no y destruir la amistad de una vez por todas. Pero cuando haya leído este libro, sabrá cómo conservar la amistad *sin tener que prestar el dinero*. Hay una forma de hacerlo, si usted es entendido en negociación.

Negociación en el trabajo

Si usted es vendedor, sabe lo difícil que es impresionar a un cliente potencial y hacer un trato con precio ventajoso. Si es dueño de su propio negocio, sabe que es duro llegar a un acuerdo con proveedores y clientes. Pero si usted es un negociador poderoso, puede obtener los mejores tratos para usted y su empresa.

Una negociación habilidosa mejora la situación diaria de los negocios. La siguiente ocasión que forme parte de un comité que se reúna para analizar estrategias de negocios, sus ideas tendrán más influencia y poder si conoce la mejor manera de presentarlas y defenderlas. Si necesita tener un informe importante y el tiempo está encima, será más fácil comprometer a sus compañeros de trabajo si sabe cómo negociar con ellos. Cuando un cliente importante le grita a su jefe debido a que un pedido no ha llegado a tiempo, sus maniobras sutiles pueden salvar la situación y aumentar su prestigio.

Los ejemplos de este capítulo son sólo la punta del *iceberg* de todos los retos que enfrenta con su familia, amigos y compañeros de trabajo, y que puede resolver con éxito mediante la negociación. Y cada vez que tenga éxito, su vida será más sencilla, más provechosa y placentera, lo prometo.

Capítulo 1 ➤ *¿Para qué aprender a negociar?*

Lo mínimo que necesita saber

➤ Ha venido negociando desde el momento en que nace.

➤ Casi todos los aspectos de su vida personal y profesional implican negociación.

➤ Dominar el arte de la negociación le ayudará a ganar más dinero, desempeñarse mejor en el trabajo y tener mejores relaciones con las personas más allegadas a usted.

Capítulo 2

Determine su posición

En este capítulo
- ➤ Establezca sus bases primaria y secundaria
- ➤ Prepare sus concesiones
- ➤ Elabore un plan a seguir si no se llega a un acuerdo
- ➤ Reúna y organice documentos que refuercen su caso
- ➤ Negocie adoptando la actitud adecuada

Probablemente haya tomado este libro por muchas razones. Quizás esté harto de estar siempre en desventaja en los negocios y en la vida. Tal vez fracasó cuando intentaba negociar una cuestión importante como comprar una casa nueva o un automóvil. O quizás esté pensando en una negociación muy importante para usted: pedirle a su jefe un aumento de sueldo, comprar un auto nuevo o exigir que le cambien la computadora defectuosa por la que acaba de disminuir 1,000 dólares de su bien ganado dinero.

En su mayoría, las personas no tienen el don para exigir lo que desean. Por esta razón abundan los cursos sobre *asertividad*. También es la razón por la que el solo pensamiento de entrar en una negociación lo pone nervioso. ¿Cómo obtener lo que desea sin intimidar? ¿Qué sucede si se encuentra con alguien que no desea ayudarle? ¿Qué sucede si su oferta es rechazada?

Como en muchas otras situaciones estresantes, como pronunciar un discurso u ofrecer una fiesta, una gran parte de la negociación exitosa depende de una cuidadosa preparación y de una actitud de confianza. En el presente capítulo aprenderá a definir su posición, armarse con materiales de apoyo y revestirse de confianza.

Prepare su posición

Así como no pronunciaría un discurso sin pensar (o escribir) lo que va a decir, no acudiría a una negociación sin saber exactamente lo que desea. No es suficiente pensar "es tiempo de que me aumenten el sueldo" o "me gustaría comprar un automóvil". Antes de negociar, necesita definir su propia posición, qué es lo que quiere, a qué está dispuesto a comprometerse y qué puede permitirse perder.

Su trato ideal

Digamos que ha decidido pedir un aumento de sueldo. No va a entrar intempestivamente en la oficina de su jefe y exigir más dinero (aunque uno esté tentado a hacerlo). Tendrá que determinar su *base primaria*: su objetivo o su meta. Tiene que decidir con anterioridad sus términos y condiciones: en este caso, eso significa saber exactamente cuánto le gustaría ver en su próximo pago. "Gano 35,000 dólares al año. Me gustaría un aumento de 5,000 dólares para subir mi salario a 40,000."

Verdades
"El azar está de parte de la mente preparada."
—Louis Pasteur

Si usted desea un auto nuevo, primero verá con realismo su presupuesto. Después de hacer cuentas, decide que no desea gastar más de 2,000 dólares al mes para pagar el automóvil. Ésa es su base primaria.

Observe que cuanto más realista y más razonable sea su meta, más probabilidad tendrá de alcanzarla. Pero, ¿cómo decide qué es una meta "razonable"? Tiene que hacer algunas indagaciones antes de que entre en la negociación. Hablaré más de esto en la sección "Haga su tarea", más adelante en este capítulo.

Aclaremos términos
Base primaria: La cuestión más importante que va a negociar; su objetivo; su meta.

Para ayudarle a empezar a definir sus objetivos, eche un vistazo a la siguiente hoja de trabajo sobre Metas de Negociación. Se presentan ahí muchas de las cuestiones que con frecuencia aparecen en las negociaciones de trabajo o personales.

Utilice la hoja de trabajo como una guía para ayudarse a decidir qué cuestiones afectarán su negociación. También puede clasificar cada elemento en orden de importancia para usted.

Sugerencia
Propóngase siempre ganar una negociación tras definir sus objetivos y esforzándose para lograrlos.

Capítulo 2 ➤ *Determine su posición*

Metas de Negociación

Dinero: Ésta es, probablemente, la cuestión principal. ¿Qué aumento desea? ¿Por cuánto desea vender su casa? ¿Cuánto pagará a una agencia de publicidad para que diseñe una campaña para su compañía?

Sus términos: _____

Rango: _____

Programa de pagos: Determinar cuándo y cómo pagar algo es casi tan importante que la cuestión de cuánto pagar. ¿Obtendrá un mejor trato si promete un pago en efectivo? ¿Le gustaría diferir sus pagos en un cierto periodo?

Sus términos: _____

Rango: _____

Tiempo: Los plazos pueden ser críticos, en particular en las negociaciones de trabajo. ¿Qué tan pronto necesita cambiarse a una nueva casa? ¿Qué tan rápido la agencia puede tener lista su campaña? Si está trabajando sobre un plazo fijo, piense en cuánto está dispuesto a conceder en términos de dinero con el fin de tener el trato terminado a tiempo.

Sus términos: _____

Rango: _____

Servicio: Piense en cualquier servicio que pueda desear después de que cierre el trato si el producto o servicio que ha negociado resulta defectuoso.

Sus términos: _____

Rango: _____

Mejoras: ¿Qué clase de agregados necesita en el futuro? Esta consideración es de importancia cuando compra productos de alta tecnología como computadoras que se actualizan constantemente con nuevos equipos y programas.

Sus términos: _____

Rango: _____

Devoluciones: Si está negociando un producto, ¿qué tan fácil es devolverlo si no está satisfecho con él? ¿Qué tipo de devolución se tendrá (sustitución, intercambio o reembolso del dinero)? ¿Qué porcentaje del precio original espera que le reembolsen?

Sus términos: _____

Rango: _____

Beneficios en negocios futuros: Si usted cierra el trato, ¿qué beneficios o concesiones obtendrá en tratos futuros?

Sus términos: _____

Rango: _____

Trato de volumen: ¿Obtendrá beneficios aparte si propone un trato grande? Si usted es comprador, ¿puede negociar un mejor precio por un pedido más grande? Si usted es vendedor, ¿consideraría la posibilidad de darle al comprador un mejor trato por una adquisición más grande?

Sus términos: _____

Rango: _____

Otros: Incluya cualquier otro término que afecte su negociación.

Sus términos: _____

Rango: _____

Tenga en mente que su "trato ideal" puede no ser la oferta inicial que presente en la negociación real. (Hablaré más sobre ofertas en el Capítulo 21.) Su ideal es sencillamente una regla con la cual puede medir las demás ofertas que reciba.

Establezca metas alternas

Así que ya casi está listo para entrar a la oficina de su jefe y pedirle aumento de sueldo. Sus clientes lo aman, las ventas han venido aumentando desde que entró a la empresa y, lo más importante, la fiesta de Navidad que organizó el año pasado fue un éxito rotundo.

Usted cree que no puede perder, pero se sorprende cuando su jefe le dice: "Seguro que merece un aumento. Pero no tenemos presupuesto, no hay dinero y no puedo hacer nada para remediarlo."

Aclaremos términos
Metas alternas significa los compromisos que tanto usted como su oponente están dispuestos a contraer con el objeto de alcanzar un trato.

¿Qué hará? ¿Salir molesto? ¿Hacer un berrinche? ¿Murmurar, "tal vez el año que entra" y retirarse? ¡De ningún modo! Como negociador bien preparado que es usted, ha determinado algunas metas optativas que está dispuesto a obtener si fallan las principales.

Sus metas alternas constituyen una posición de retirada: el trato que está dispuesto a aceptar si su propuesta original no es aceptada. De modo que si el jefe dice no al aumento, proponga algo más: ¿Qué le parece más tiempo de vacaciones? ¿Horas de trabajo más flexibles? ¿Un acuerdo para volver a hablar sobre el sueldo en seis meses? ¿Una fuente de mármol y alfombra de terciopelo para su oficina? (Es una broma.)

La belleza de preparar metas alternas por adelantado es que al armarse con opciones, puede escuchar la palabra "no" sin perder el control. Podría incluso ser capaz de volver un "no" en un "sí".

Revise la hoja de trabajo sobre cuestiones a negociar que llenó con anticipación; ahora utilice la siguiente tabla para ayudarse a imaginar las opciones de cada cuestión que va a negociar.

Términos ideales	Opciones posibles
_____	_____
_____	_____
_____	_____
_____	_____
_____	_____

Su último recurso

Antes de que entre en una negociación, debe considerar también las opciones que tiene de no llegar a un acuerdo. Tales opciones conforman su *MOAN* (*la Mejor Opción a un Acuerdo Negociado*). El diseño del MOAN antes de la negociación le evitará aceptar términos poco convenientes o desechar condiciones que debería aceptar.

En el caso en que solicita un aumento de sueldo, por ejemplo, podría decirse a sí mismo: "Si mi jefe no acepta la petición, continuaré trabajando en mi empleo, pero voy a ver si en la Compañía Y todavía está vacante el puesto administrativo aquel." En este punto, ése es su MOAN.

Aclaremos términos
Su *Mejor Opción a un Acuerdo Negociado* (MOAN) se refiere a los resultados u opciones que permanecen si no se llega a un acuerdo negociado.

Siempre es posible mejorar su MOAN antes de que entre en la negociación. Digamos que hace la entrevista de trabajo con la Compañía Y *antes* de negociar el aumento. Digamos que la otra compañía queda muy impresionada con usted y le hace una buena oferta de trabajo.

Esa oferta de trabajo se convierte ahora en su MOAN. Puede utilizarla como una regla para medir cualquier aumento que su jefe actual le ofrezca. ¿Se jefe actual le ofrece mejores condiciones que la otra compañía o está subvaluado en su presente trabajo? Así es como la MOAN funciona, como una regla para medir cualquier propuesta.

Consideración de las bases secundarias

Ya que ha determinado lo que usted desea, qué está dispuesto a aceptar y qué se puede permitir perder, tiene que considerar todas las fuerzas que funcionarán en su favor. Cualquier factor que refuerce su base primaria se conoce como *base secundaria*.

Hablemos en términos del ejemplo del automóvil. Su base primaria consiste en no gastar más de 2,000 dólares al mes como mensualidad de auto. Sus bases secundarias podrían ser que el vendedor esté trabajando por comisión y esté ansioso de hacer un trato con usted y haya otros vendedores de automóviles en el área que ofrezcan ofertas y condiciones especiales. En otras palabras, se trata de un mercado de compradores y eso es lo que le da un margen de negociación.

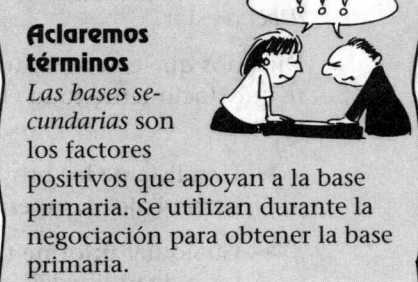

Aclaremos términos
Las bases secundarias son los factores positivos que apoyan a la base primaria. Se utilizan durante la negociación para obtener la base primaria.

Quizá nunca haya necesidad de plantear sus bases secundarias de manera explícita cuando esté en la mesa de las negociaciones. Pero debe tenerlas presentes cuando esté negociando, aumentarán su confianza y le evitarán aceptar un acuerdo no satisfactorio. En efecto, el utilizar las bases secundarias durante una negociación le hará lograr su base primaria.

Haga su tarea

Ya que tiene lista su base primaria, las bases secundarias y la MOAN, es tiempo de que prepare todos los argumentos que apoyen su posición. Cuanto más hechos contundentes, estadísticas y documentos tenga, más difícil será, para cualquiera, rechazar su propuesta.

En negociaciones más sencillas, un rápido repaso mental de sus argumentos sería todo lo que necesite. Si devuelve su computadora, por ejemplo, nada más reúna todos los argumentos por los que piensa que adquirió un equipo malo. Es mejor ser lo más específico que se pueda. ("El ratón se detiene cada cinco minutos, la unidad daña mis discos y acaba de borrar el archivo con la mejor novela jamás escrita.") En este caso, la única documentación que tal vez necesite será su factura, el manual del usuario y una copia de la garantía. (Los tiene consigo, ¿verdad?; si no, consulte el Capítulo 29.)

> **Sugerencia**
>
> Cuando reúna material para apoyar su posición, intente encontrar palabras o quejas que pueda usar a su favor. Si el manual del usuario que viene con su computadora defectuosa a menudo resalta su fiabilidad, por ejemplo, subraye la palabra "fiable" cada vez que aparezca. Luego, cuando negocie, resalte siempre que pueda qué tan "confiable" se supone que debía ser la computadora y lo tan *poco* confiable que es. Esto le dará una poderosa ventaja en la negociación.

En negociaciones más complejas (como en la licitación de una empresa o en la compra o venta de una casa) se requieren archivos y documentos más complicados. Cuando se encuentra bajo mucha presión, no es deseable confiar sólo en la memoria durante la parte crítica del alegato. El tener toda la información que necesita por escrito, también le permitirá centrar su atención en lo que la otra persona le dice, que es donde su concentración *debería* estar.

Digamos que está a punto de solicitar un aumento de sueldo. Debe preparar un expediente que documente todo el trabajo pesado que ha estado realizando. En el expediente debe incluir

➤ Una lista de los proyectos exitosos que ha encabezado, los productos nuevos que salieron bajo su supervisión, los empleados que supervisa.

➤ Cualquier informe financiero favorable, como los que muestran un aumento de ventas o de utilidades, del cual pueda decir que usted fue el encargado.

➤ Cualquier carta de felicitación o de recomendación de sus compañeros de trabajo o de sus clientes.

Capítulo 2 ➤ *Determine su posición*

➤ Indagaciones comparativas sobre salario, si muestran que el salario promedio que se paga por su puesto es bastante mayor que lo que la compañía le paga.

Organícese

Ningún expediente del mundo le ayudará a lograr su objetivo si los documentos se caen de su portafolios al piso. No es deseable interrumpir una discusión mientras busca afanosamente un documento o una pieza importante de información. Si usted no es organizado, parecerá menos efectivo y menos competente y podría perder su impulso negociador.

Cuando entro en una sala de negociaciones, me gusta relacionar los documentos con cada tema que se vaya a tratar separados en carpetas individuales. Rotulo cada carpeta con un título escrito con letras grandes y gruesas que sean fáciles de leer. En ocasiones utilizo tinta de diferente color para ayudarme a localizar párrafos o ideas específicos en un expediente.

A continuación presento un ejemplo de sistema organizador que podría utilizar, con carpetas de diferente color, cuando negocie la compra de la casa de sus sueños:

> **Sugerencia**
> Si tiene más de una cuestión que negociar, por ejemplo, el precio de un automóvil y los aditamentos que le acompañan, invierta la mayor parte de su tiempo de organización en la cuestión más grande e importante.

> **Sugerencia**
> Si utiliza un sistema de código de colores, no use tinta roja (en especial si su contraparte es capaz de ver su material). La tinta roja está asociada con pérdidas o urgencias y su oponente puede mal interpretar su importancia.

Esta carpeta contiene información sobre todas las cuestiones financieras, incluyendo el precio por ofrecer, impuestos sobre bienes raíces y contribuciones sobre desagüe, agua y servicios públicos. Deberá incluir también cualquier agregado que pudiera elevar el precio de la casa, como el caso de aparatos.

En este expediente se deben tener los datos sobre ventas de casas parecidas (en especial aquellas que estén en el vecindario de la casa que desea comprar). Durante la negociación, deseará llamar la atención hacia casas parecidas cuyo precio de venta sea menor que el que le están pidiendo.

Parte 1 ➤ *Fundamentos de la negociación exitosa*

Este archivo contiene todas las ofertas o contraofertas por escrito que haya recibido o haya echo usted al vendedor. Deberá incluir también toda la correspondencia importante para la transacción, clasificada en orden cronológico.

En este expediente debe contener todas las cuestiones relevantes con respecto al título de propiedad, como seguros y defectos de la propiedad (como el árbol del vecino que la invade), que debe aclarar el vendedor antes de que el título de propiedad pase a sus manos, si adquiere la casa.

Este archivo contiene información sobre todas las condiciones que deben cumplirse antes de finalizar el trato: financieras, de inspección de la casa, investigación sobre la propiedad, etcétera.

Los rompetratos
Cuando esté en una negociación, nunca pierda de vista sus archivos, en especial durante las interrupciones que haya. Serán bastante vulnerables ante los ojos de los depredadores. Llévelos siempre consigo.

Si usted decide llevar a la negociación ilustraciones u otros datos gráficos, manténgalos en un archivo separado. Haga lo mismo con los documentos de exhibición como carteles, títulos y escrituras; no deseará presentarlos hasta que esté listo para utilizarlos. (En el Capítulo 6 aprenderá más acerca del uso de apoyos en la negociación.)

¿Quién más está de su lado?

En la mayoría de las negociaciones cotidianas que he analizado en el presente libro, usted puede representarse a sí mismo con éxito y confianza. Pero ciertas negociaciones que tienen importantes ramificaciones financieras o legales (como la compra o la venta de una casa o la negociación de cuestiones laborales) requieren ayuda profesional. En tales casos, podría considerar la contratación de los siguientes profesionales:

➤ *Abogado.* Un abogado es una persona que tiene conocimientos acerca de las leyes y tiene licencia para ayudar a la gente en situaciones legales. Algunos abogados tienen una práctica general y tratan una variedad de cuestiones; otros limitan su práctica a áreas particulares (ley de bienes raíces, ley de arrendamiento, ley de divorcio, etcétera).

➤ *Corredor de bienes raíces.* Puede utilizar los servicios de un corredor de bienes raíces cuando compre o venda una casa o un inmueble (*véase* la Parte 7).

➤ *Mediador.* Si no es posible llegar a un acuerdo con su contraparte, podría llamar a un mediador. Consulte el Capítulo 20 para más información sobre los mediadores.

➤ *Árbitro.* Un árbitro es otro personaje que puede poner fin a una disputa. *Véase* el Capítulo 20 para más información sobre los árbitros.

> **Sugerencia**
> ¿Cómo encontrar un buen abogado? Primero pida referencias a sus amigos y conocidos. Puede consultar la sección amarilla o preguntar en la barra o el colegio de abogados de su localidad. Muchos abogados ofrecen asesorías gratis, en las que pueden analizar su caso y decidir si desea contratar al abogado para que le represente.

Tenga presente que las responsabilidades y la definición de abogado, corredor, agente, mediador y árbitro difieren de un estado a otro y de un país a otro. Si viene considerando la posibilidad de contratar los servicios de uno de estos expertos, asegúrese de consultar la legislación local para enterarse de las reglas y reglamentos.

Prepárese psicológicamente para la negociación

Así pues, ahora ya conoce sus condiciones y está cargado con archivos y documentos que apoyan su caso. Hay una última pieza de artillería crucial que necesita obtener: confianza.

Antes de tener éxito en cualquier negociación, debe *creer* que puede salir victorioso. Una vez definida su posición, revise la cuestión desde todos los ángulos hasta estar completamente convencido de los méritos de su caso. Su convicción y entusiasmo serán evidentes en el momento de la negociación.

> **Verdades**
> "El mundo de los logros siempre ha pertenecido a los optimistas."
> —J. Harold Wilkins

Una de las mejores formas de fomentar una actitud mental positiva es practicarla todos los días, en todas las cosas que haga. No puede esperar emanar optimismo y competencia durante una negociación si se muestra pesimista y desesperanzado con respecto a todo lo que sucede en su vida.

Así pues, intente conservar una actitud mental positiva con respecto a las cuestiones grandes y pequeñas. (No sólo será capaz de ser un mejor negociador, ¡sino que se sentirá más contento de estar donde esté!) Tenga la seguridad de que puede cambiar una llanta, ganar un juego de tenis, hornear una pieza de pan que haga agua la boca, conseguir el último asiento vacío en el metro, vencer cualquier reto que enfrente. Esa creencia reforzará la actitud positiva que le ayudará a ganar casi cualquier negociación, grande o pequeña, sencilla o compleja.

Lo mínimo que necesita saber

- ➤ Defina sus metas principales y las alternas antes de que entre en cualquier negociación.
- ➤ Utilice su MOAN (Mejor Opción a un Acuerdo Negociado) como guía para evaluar todas las propuestas y todos los acuerdos.
- ➤ Prepare y organice todos los materiales que apoyarán su posición antes de que entre en la negociación.
- ➤ Una actitud mental positiva aumentará su poder de convencimiento y le convertirá en un mejor negociador.

Capítulo 3

Y, ¿qué piensa la otra parte?

En este capítulo

- ➤ Identifique a su oponente
- ➤ Entienda la posición de su oponente
- ➤ Prepárese para igualar la posición de su oponente
- ➤ Haga que su oponente sea su aliado

Aunque quizá suene agresivo, estoy utilizando el término *oponente* a lo largo del libro para diferenciar entre las partes opuestas de una negociación. Sin importar qué negociación se lleve a cabo, enfrentará a otra parte u oponente.

Es obvio que en muchas situaciones el oponente será un amigo, un colega o un integrante de la familia: alguien con quien simpatiza y cuya compañía disfruta. De modo que el término "oponente", aquí, no se utiliza para sugerir que tiene una relación antagónica con la persona con la que negocia.

Otros libros sobre negociación utilizan frases como "la otra parte" o "la persona con la cual se está negociando" para diferenciar las partes en negociación. Decidí no utilizar tales frases sólo porque oponente parece ser más fácil de entender y más precisa.

En este capítulo se le enseñará cómo entender y predecir los movimientos de su oponente, antes de que llegue a la mesa de negociación.

Llévame con tu líder

Antes de que inicie una negociación, <u>necesita entender quién tiene la autoridad para tomar las decisiones finales concernientes a la negociación</u>. Se trata de la persona que puede decirle a usted "sí". De hecho, refirámonos a este individuo como la "persona que dice sí". Si usted no trata con la "persona que dice sí", la negociación será difícil (e incluso imposible) debido a un cierto número de razones:

➤ No estará mostrando sus capacidades finamente afiladas a la persona que necesita verlas.

➤ No será capaz de observar e influir a la "persona que dice sí" durante el momento más candente de la negociación. La "persona que dice sí" estará aislada e inmune a cualquier argumento o debate que surja.

➤ Su posición puede no ser presentada de manera correcta a la "persona que dice sí".

Aclaremos términos
La *"persona que dice sí"* es aquella que tiene la autoridad para resolver la cuestión que se intenta negociar.

Por lo general resulta bastante fácil identificar a la "persona que dice sí". Si usted está interesado en comprar algo (una casa, un automóvil, un juego de té), puede suponer con toda confianza que el dueño de los productos es la "persona que dice sí". Si negocia con una empresa pequeña, por lo general negociará con el gerente o con el dueño de la compañía.

Los rompetratos

Los abogados no están obligados a presentar a su cliente durante las negociaciones. Si su oponente es un abogado, podría estar tratando con el profesional más que con la "persona que dice sí" (el cliente). De todos modos pregunte si el abogado llevará a su cliente a la mesa de negociaciones. Un abogado inexperto podría estar de acuerdo, lo cual le da a usted una excelente oportunidad de influir de manera directa en la "persona que dice sí".

En otras situaciones (por ejemplo, si usted está tratando con una empresa grande cuya jerarquía es complicada), podría ser que la "persona que dice sí" no fuera fácil de identificar. Si tiene dudas, pregunte quién tiene la autoridad para resolver la cuestión. Luego concerte una cita con dicha persona.

En ocasiones, la "persona que dice sí" podría no ser un individuo que tome decisiones, sino que prefiera pensar bien las cosas o consultar con otros antes de tomar una decisión. No ponga objeciones a eso. No es conveniente presionar demasiado y arriesgarse a que la "persona que dice sí" diga no.

En otras ocasiones, usted negocia con alguien que no es la "persona que dice sí", pero que actúa con decisión, como si pudiera llegar a un acuerdo. Si tal persona es agente de la "persona que dice sí" y está actuando dentro del alcance de su autoridad, entonces no vacile en cerrar el trato. Sin embargo, si llega a un acuerdo, estará corriendo cierto riesgo debido a que la persona con la que está tratando puede *no* tener la autoridad para comprometer a la "persona que dice sí" a cumplir con el trato.

En el análisis final, entonces, intente negociar con la "persona que dice sí" siempre que sea posible. Es la forma más segura de obtener resultados.

Si la "persona que dice sí" no se presenta (o si lleva amigos)

Cuando planee su estrategia de negociación, siempre dirija sus argumentos a la "persona que dice sí", incluso si hay otras personas presentes o si la primera no está. Debe ser cuidadoso y sutil cuando lo haga, pues debe tratar a todos con los que negocia con respeto y cortesía. Los compañeros de la "persona que dice sí", sin duda alguna le contarán sobre su comportamiento y le aconsejarán si conviene tratar o no con usted.

Los rompetratos

Si usted sabe que va a negociar con alguien que no es la "persona que dice sí", deberá asegurarse de mantener su discurso corto y sencillo. Cuanto más complicados sean sus argumentos, mayor será la posibilidad de que no sean transmitidos de manera precisa a la "persona que dice sí".

Digamos que usted compra un bote nuevo, que pronto empieza a hacer agua cada vez que intenta usarlo. En cada ocasión, el vendedor le envía a alguien a resolver el problema con su bote. Pero cuando el motor finalmente empieza a chisporrotear y casi le deja abandonado en alta mar, decide solicitar que le devuelvan su dinero.

Los empleados del vendedor le dicen que no desean reembolsarle su dinero, en lugar de ello, le ofrecen continuar reparando los defectos o conseguirle otro bote. Les dice a los empleados que desea hablar con el dueño del negocio: la "persona que dice sí". Ella es quien tiene más que perder o ganar si usted no está satisfecho o si está contento como cliente.

El dueño le evita (algo que no debe sorprender, tomando en cuenta la calidad de su producto) y se encuentra usted con que debe hablar con sus empleados. En este caso deberá seguir dirigiendo el grueso de sus palabras al dueño; mencione cuánto le gustaría continuar haciendo tratos con el dueño, diga cualquier otra cosa cierta que influya directamente en el dueño. Ésta es la forma de asegurar una suave navegación en la negociación. (Perdón por la analogía. ¡No lo pude evitar!)

Investigue a su oponente

Cuanto más sepa acerca de su oponente antes de la negociación, más efectivo y exitoso será usted en la mesa de negociaciones. Dependiendo del tipo de negociación que esté llevando a cabo, deberá verificar algunas de las siguientes fuentes de información:

➤ *Pregunte a otras personas que estén en el negocio*. La mayoría de la gente sabe mucho con respecto a sus colegas y competidores. Por ejemplo, si está a punto de negociar con un mecánico que no compuso bien su automóvil, podría pedir a otros mecánicos más información sobre qué tipo de reparación se necesita, cómo trabaja su mecánico, etcétera. La gente de negocios hacen, de manera rutinaria, este tipo de verificación.

➤ *Consulte una biblioteca*. Ésta es una buena fuente de información. Puede consultar revistas especializadas, directorios y enciclopedias (vea el punto siguiente). Pida ayuda al bibliotecario.

➤ *Consulte a las asociaciones*. La *Enciclopedia de Asociaciones* (Nota: En nuestro país esta enciclopedia puede sustituirse por la Sección Amarilla del Directorio Telefónico.) le proporcionará un listado de todas las asociaciones a las que su oponente pueda pertenecer (por ejemplo, la Barra de Ingenieros, asociaciones de bienes raíces, asociaciones médicas, etcétera). Muchas organizaciones de comercialización tienen biografías y directorios de sus miembros. Estos materiales pueden ser una buena fuente de información.

➤ *Consulte a los agentes de bolsa*. Si está implicado en una negociación empresarial, un corredor de bolsa puede proporcionarle valiosa información (informes anuales, cambios de personal ejecutivo, etcétera) sobre cualquier compañía cuyas acciones se comercialicen públicamente.

Supongamos que una compañía intenta convencerle de que acepte un puesto como gerente de ventas. Usted ha investigado completamente a la compañía revisando sus informes anuales y los periódicos de información industrial, y platicando con amigos que se encuentran en el negocio. Se entera de que la compañía está en desventaja ante sus competidores principales y que las ganancias han disminuido en los últimos tres años.

Sugerencia

Intente enterarse lo más posible sobre su oponente antes de iniciar la negociación. Esto le dará una posibilidad mucho mayor de encontrar cosas en común, fomentar una relación positiva e influir en su oponente para que se llegue a un acuerdo.

Ahora, cuando se siente a discutir las condiciones de su entrada a la compañía, tendrá usted la mejor mano. Sabe que su nuevo trabajo será difícil (y tal vez de corta duración, si las finanzas de la compañía no mejoran). De modo que puede negociar mejor sueldo y paquete de prestaciones.

Capítulo 3 ➤ *Y, ¿qué piensa la otra parte?*

Haga que su oponente se sienta satisfecho

Deberá también intentar imaginarse cuáles son los objetivos y las motivaciones de su oponente. (Cualquier cosa que influya a alguien a actuar es un *motivador.*) Si puede encontrar algo en su propuesta que sea atractivo o benéfico para la persona con la que está negociando, tendrá una mucho mejor posibilidad de tener una negociación con éxito.

Por ejemplo, la mayoría de los vendedores trabajan por una comisión directa sobre las ventas (es decir, el dinero que ganan está basado en las ventas que realizan, más que en un salario fijo o que en honorarios por hora). Si tiene la intención de comprar algo, usted aspira a hacer una buena compra, mientras que el vendedor desea hacer una venta. Si esto es posible, ambos quedan satisfechos.

Sugerencia

Su oponente desea sentirse satisfecho con respecto a cualquier acuerdo que alcance con usted. De modo que resalte cualquier beneficio que tenga su propuesta para su oponente.

O supongamos que desea adquirir una casa y el vendedor le informa que el dueño tiene prisa por venderla debido a que fue transferido a un nuevo empleo. Ahora puede suponer que el vendedor aceptará cualquier oferta razonable que le haga.

La siguiente hoja de trabajo le ayudará a identificar los objetivos de ambas partes. Por cada uno de sus objetivos, piense en lo que su oponente podría desear; luego piense en algún compromiso que sea satisfactorio para ambos.

Sus metas	Las metas de su oponente	Términos que satisfacen a ambas partes
_____	_____	_____
_____	_____	_____
_____	_____	_____
_____	_____	_____
_____	_____	_____
_____	_____	_____

>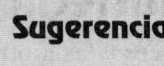
> **Sugerencia**
> Cuando están tratando de vender una casa, los agentes de bienes raíces están dispuestos a dar información sobre el vendedor pues desean hacer la venta. Si negocia con un agente, averigüe lo más que pueda sobre la situación del dueño. Si un agente de bienes raíces le está representando, tenga cuidado de no darle información que no desea que obtenga algún comprador potencial.

¿Qué sucede si ninguna de las dos partes puede ganar?

Lo malo es que en ciertas negociaciones no hay modo de que ambas partes salgan de la mesa de negociación sintiéndose satisfechos con el resultado. Esto es cierto, en especial, en las negociaciones que implican una demanda o un pleito. De hecho, la mayoría de los juicios legales en los que se tiene un pleito se derivan de negociaciones que no pudieron arreglarse en la mesa de negociación.

¿Cuál es su actitud cuando es obvio que su oponente no va a quedar satisfecho con el resultado? Esfuércese por lograr sus objetivos en la negociación. No mine sus metas de negociación sólo para hacer que su oponente se sienta bien con el resultado. Esto puede parecer violento, pero no lo es. Su oponente tiene el mismo cometido: lograr sus propios objetivos de negociación.

Anticípese a los movimientos de su oponente

Cuando ya haya determinado los motivos de su oponente, será capaz de predecir cómo actuará en la mesa de negociación. Cuando sabe con anticipación qué argumentos usará, usted será capaz de responder a cada uno de ellos.

El *equilibrio* es la capacidad de responder a las posiciones y los argumentos de su oponente con posiciones propias igualmente contundentes. El equilibrio es absolutamente esencial. Si su oponente trae a colación un asunto que usted no pueda equilibrar, su argumento permanecerá en el aire sin respuesta; entonces nunca le convencerá de acceder a sus términos.

Una manera en que es posible anticiparse y entender los movimientos de su oponente es pensar en lo que *usted* haría en la mesa de negociación. Con cualquier argumento que planee utilizar, suponga que su oponente estará pensando en los mismos términos: sólo que del lado opuesto.

Por ejemplo, suponga que usted está pensando en adquirir una nueva casa, y aquella por la cual se interesa está en una magnífica localidad y tiene un montón de potencial, sólo que el lugar tiene demasiados defectos. Los vendedores, Juan y Luisa Jones, piden mucho más dinero del que está dispuesto a pagar. Usted desea la casa, pero a un mejor precio.

Una de sus estrategias consiste en señalar los defectos de la propiedad: el techo que gotea, los aplanados viejos, las grietas en el camino de entrada, la vieja y asmática caldera. Piense entonces: ¿De qué manera los Jones va a contrarrestar mis argumentos? Señalando todos los lujos de la casa y, tal vez, minimizando los defectos.

Cuatro maneras de equilibrar la posición de su oponente

A continuación presento cuatro formas de equilibrar las posiciones de su oponente:

- ➤ *Muestre que la posición de su oponente no está bien fundamentada.* Suponga que piensa que los Jones resaltarán las virtudes de la casa: la nueva alfombra color aguacate de la sala, el frondoso césped y el enorme cobertizo del patio. Si usted puede probar que estas maravillas no compensan los costos de reparación del techo, los aplanados y la caldera, entonces no ha refutado su posición.

- ➤ *Diferencie la posición de su oponente.* Suponga que los Jones afirman que las casas parecidas del vecindario se venden en el mismo precio que el que están pidiendo. Usted verifica y se entera de que las otras casas son bastante más nuevas y tienen un mejor mantenimiento. Entonces usted está preparado para diferenciar la casa de los Jones de las demás.

- ➤ *Haga progresar su propia posición, que es igual o mejor que la de su oponente.* Usted hizo esto cuando afirmó que el trabajo de reparación que tiene que meterle a la casa (componer el techo, los aplanados, la entrada y la caldera) era mucho más que el trabajo que los Jones ya habían hecho en la casa.

- ➤ *Muestre que la posición de su oponente no es tan importante ni sólida.* Los Jones le dicen que tienen un buen amigo que piensa que lo que están pidiendo en ese momento por la casa es muy poco; sin embargo, a menos que el amigo se dedique a los bienes raíces, su opinión no es realmente importante para su negociación. Puede responder con eso para equilibrar la posición de los Jones.

Unas palabras más con respecto al equilibrio. Observe que, en ocasiones, cuando usted negocia algo, su oponente adopta posiciones extrañas, incluso risibles. Pero usted tiene que equilibrar cada una de las posiciones de su oponente. Si no lo hace, éste seguirá creyendo en ellas y las usará como una barrera que impedirá concederle lo que usted desea.

Parte 1 ➤ *Fundamentos de la negociación exitosa*

Equilibrio en acción

Para darle un ejemplo de una estrategia de negociación bien preparada, suponga que tiene que escribir un informe para su jefe que debe entregar a principios de la próxima semana. Necesita obtener algunos datos de Mónica, una compañera suya del departamento de comercialización. Pero Mónica dice que está saturada de trabajo y que no tiene tiempo de ponerse a hacer cálculos hasta el jueves siguiente, cuando menos. ¿Qué puede hacer?

Tiene que equilibrar la afirmación de que se encuentra saturada de trabajo. Puede hacer esto de muchas formas: haciéndole ver que la información que usted necesita no la va a quitar mucho tiempo; ofreciéndose a ayudarle con los cálculos; o prometiéndole hacerse cargo de algunos de los proyectos o tareas que ella tiene asignados. O puede resaltar su propia posición haciéndole notar la importancia que tiene el informe para su jefe y el crédito que obtendrán, usted y Mónica, si el informe es bien recibido. Cualquiera de estas sugerencias debe ser suficiente para equilibrar la posición de Mónica.

Hoja de trabajo de equilibrio

Llene la siguiente hoja de trabajo cuando prepare sus argumento y sus contraargumentos. Si planea con antelación algunos de sus puntos, será mucho más elocuente y persuasivo cuando llegue a la negociación real.

Su argumento	El argumento de su oponente	Su contraargumento
_____	_____	_____
_____	_____	_____
_____	_____	_____
_____	_____	_____
_____	_____	_____
_____	_____	_____

Capítulo 3 ➤ *Y, ¿qué piensa la otra parte?*

Lo mínimo que necesita saber

- ➤ Antes de iniciar una negociación, debe identificar a la "persona que dice sí", que es el individuo que tiene el poder de darle a usted lo que desea.
- ➤ Todos sus argumentos deben dirigirse a la "persona que dice sí", esté presente ésta o no durante la negociación.
- ➤ Averigüe todo lo que sea posible con respecto a su oponente antes de sentarse a la mesa de negociación.
- ➤ Usted tendrá la mejor oportunidad de éxito si puede cumplir cuando menos uno de los objetivos de su oponente.
- ➤ Cuando se prepare para una negociación, examine sus movimientos con el fin de determinar los movimientos que hará su oponente.
- ➤ Debe equilibrar todas las posiciones que adopte su oponente, incluso si considera que son ridículas.

Capítulo 4

En sus marcas... listos... ¡Negocien!

En el presente capítulo

➤ Determine el mejor lugar y el momento más adecuado para la negociación

➤ Defina su apariencia y cómo actuará cuando esté negociando

➤ Qué hacer cuando una negociación lo tome desprevenido

➤ Cómo abrir una negociación

➤ Cómo rescatar una negociación que empieza mal

En cierta ocasión tuve un cliente al que le gustaba llevar a cabo sus grandes negociaciones empresariales en la sala de conferencias de su oficina durante la hora de la comida. Sus negociaciones eran suntuosos encuentros en los que la comida se llevaba de un lujoso hotel de las cercanías. Sus oponentes quedaban deslumbrados por las vistosas bandejas de comida puestas sobre la mesa de la sala; se daban un festín con la exuberante comida mientras él nada más picaba un poco.

Mi cliente no era un tipo generoso ni hospitalario. Controlar el lugar y el momento de sus reuniones era una manera de asegurar el control de la negociación. Darles un momento de calma a sus oponentes ofreciéndoles rica comida, mientras él guardaba la compostura, era otra forma de mantener su ventaja.

En el presente capítulo aprenderá cómo preparar negociaciones abiertas de modo que mantenga su ventaja en ellas.

Establezca el escenario

Ahora que ya ha leído los capítulos anteriores y ha planeado sus argumentos y sus contraargumentos, está listo para empezar la negociación. Todo lo que necesita es acordar una reunión. Pero, ¡espere! Hay ciertas sutilezas con respecto al tiempo y al lugar que pueden funcionarle o ser desfavorables, y que debería tener en consideración antes de abrir la boca para iniciar la negociación. Lea.

Quédese en su propio terreno

Pregunte a cualquier equipo deportivo dónde prefieren jugar el gran juego y, sin excepción, le dirán que en su propia cancha. Ése es el lugar en donde se sienten más cómodos y donde no tendrán que moverse en un terreno desconocido. También es ahí donde sus oponentes estarán menos cómodos.

Ahí es donde <u>le conviene llevar a cabo el partido de negociación: en su *propia cancha*.</u> Ésta es cualquier lugar que usted conozca y donde se sienta <u>completamente a gusto</u>. Dependiendo de la negociación, podría utilizar como campo de juego su oficina, su casa, el automóvil y hasta un restaurante o un club que usted visite de manera regular.

¿Por qué es tan importante negociar en un terreno conocido? Cuando negocia en su terreno, su concentración no se verá rota al tratar de ajustarse a un medio desconocido (y, tal vez, incómodo), sino que su oponente estará en esa situación. Eso le da a usted la ventaja.

Si no está en posición de escoger su propio terreno, el mejor lugar será uno neutral. En éste, al menos, estará en una posición igual a la de su oponente, pues ninguno de los dos conocerá el lugar elegido. Entre los lugares neutrales podemos contar salas de conferencias, un restaurante o una cafetería a la que ni usted ni su oponente acudan de manera regular. Cualquier lugar que no sea terreno de usted ni de su oponente es un lugar neutral.

¿Cuál es el lugar menos conveniente para negociar? Adivinó. Evite a toda costa el terreno de su oponente.

En algunas negociaciones, es más fácil decirlo que hacerlo. Cuando va a comprar un automóvil nuevo, por ejemplo, sus primeras negociaciones se llevarán a cabo en la sala de exhibición del vendedor, el terreno de su oponente. No se puede evitar. Sin embargo, hay algunas medidas que puede tomar para ayudar a neutralizar la situación.

No entre a la oficina del vendedor a discutir el trato. Intente evitar también la sala de exhibición; es un territorio todavía más conocido por el vendedor. Si el día es agradable,

Sugerencia
Una de las señales de que su oponente no es un negociador habilidoso es si éste le pregunta a usted dónde desea reunirse para discutir la cuestión. ¡Ningún negociador experto lo haría!

Sugerencia
Nunca vacile en hacerle saber a su oponente en dónde desea llevar a cabo la negociación. En la mayoría de los casos se saldrá con la suya.

Capítulo 4 ➤ *En sus marcas... listos... ¡Negocien!*

salga a la calle y discuta el trato ahí; éste es un modo de sacar al vendedor de su cancha. Incluso si se ve anclado en la sala de exhibición del vendedor durante las primeras negociaciones, puede recuperar su ventaja al cambiar el lugar del cierre del trato. (En el Capítulo 22 aprenderá más acerca del arte de cerrar un trato.)

Habrá ocasiones en que se vea atrapado en una negociación en el territorio de su oponente. Su jefe, por ejemplo, puede acorralarlo en el pasillo y pedirle que lo siga a su oficina para analizar un importante proyecto que desea llevar a cabo (y para el cual usted no dispone de tiempo extra). ¿Qué hacer en esta situación?

➤ Intente desplazar la negociación a su propio territorio, si esto es posible, dando a entender que tiene que tomar algunos documentos o materiales de su escritorio.

➤ Si no puede salir del territorio de su oponente, intente imponerse quedándose de pie, ya sea en un solo lugar o cambiando de posición, en vez de quedarse sentado.

➤ No sea el primero en hablar. Deje que su oponente abra la negociación, de modo que tenga oportunidad extra de entender cuál es su posición y decidir cuál será su propio planteamiento.

Los rompetratos

Uno de los errores más grandes que cometen las personas cuando andan tras un aumento de sueldo o de un ascenso es atacar la cuestión en la oficina del jefe. Ahí es donde él se siente más cómodo y es más difícil de convencer. Mejor sería que preparara su oficina y llevara allí a su jefe. (No nada más estará usted en su propio territorio, sino que la cantidad de archivos y el murmullo de la computadora demostrará su productividad.) Si esto no es posible, intente conseguir una sala de conferencias neutral o un restaurante cercano.

La oportunidad lo es todo

Es importante que usted negocie cuando se encuentre en su mejor momento físico. Así que, siempre que sea posible, seleccione el momento que funcione mejor con su propia personalidad.

Cada uno de nosotros tiene un metabolismo que, junto con nuestros rasgos y hábitos, gobierna nuestras acciones. Si usted se levanta tarde y no empieza a funcionar sino hasta después de la comida, intente llevar a cabo todas sus negociaciones más tarde. Por el contrario, si es de las personas que están en sus cinco desde el instante en que abren los ojos en la mañana, entonces haga su negociación temprano.

¿Recuerda a mi cliente que "adormecía" a sus oponentes con comida? Una comida abundante adormecerá su mente y alentará sus respuestas. Así, como poco antes de la negociación: justo lo suficiente para despertar la mente, no más. Evite las bebidas alcohólicas; si se porta indulgente consigo mismo antes de una negociación, se estará castigando a usted mismo y cederá la ventaja a su oponente.

¿Cómo debe vestir?

Si usted se enfrenta a un problema grave y entra a la oficina de un abogado en busca de ayuda, se conmocionará si el abogado lleva la ropa arrugada y apestosa y necesita con urgencia un peluquero. (A menos de que el abogado sea Columbo, el personaje de la vieja serie de televisión.)

Al hacer una negociación (como casi cualquier cosa), usted será juzgado por su apariencia; la primera impresión que dé es la más permanente. Si usted se ve competente y profesional, es más probable que su oponente crea que usted lo es.

Verdades
"El mundo está gobernado más por apariencias que por realidades."
—Daniel Webster

Su objetivo es conseguir que su oponente centre su atención en lo que usted dice y hace, no en lo que lleva puesto. La clave consiste en ser natural. Póngase ropa con la que se sienta cómodo. Use colores no llamativos, como café, azul y gris, y evite estilos de ropa y accesorios muy ostentosos. Éstos llamaran la atención de su oponente sobre lo que viste, no sobre lo que usted dice o hace.

La forma como se viste tiene otro impacto más; no sólo afecta la manera en que sus oponentes escuchan sus argumentos, sino que también influye en la forma en que su oponente lo ve como persona. Si usted lleva puesta ropa carísima de Armani, por ejemplo, su oponente le verá como una persona con buenos bolsillos, que no es la imagen que le conviene proyectar si usted busca un buen trato comercial. Asegúrese de que la ropa que vista proyecte una imagen adecuada a su negociación.

Sugerencia
Se han escrito muchos libros y artículos acerca de cómo "vestirse de manera adecuada" cuando está en negociaciones; por ejemplo, usar un poderoso rojo cuando solicita de su jefe un aumento de sueldo. Durante mi larga carrera de negociaciones, me he enfrentado con todo tipo de esquemas de colores y de vestido, y el guardarropa de mis oponentes nunca ha tenido ningún efecto sobre mí.

¡Socorro! ¡No estoy preparado!

¿Qué sucede si alguien se le acerca con una negociación y usted sencillamente no está listo para ella? En esencia, tendrá que argüir algún tipo de táctica dilatoria. Puede intentar posponerla, si tiene una reunión o proyecto más urgente de atender. O puede reconocer: "Me gustaría discutir este asunto con usted, ¡pero aún no he tenido la oportunidad de pensar al respecto!" Acuerde una reunión para una fecha posterior.

Sus movimientos de apertura

La manera en que abra una negociación tendrá un impacto importante, incluso crucial, en su resultado final. Como dice el dicho: "Nunca tendrá una segunda oportunidad de causar una buena primera impresión." Una buena primera impresión hace que su oponente sea más receptivo con respecto a su presentación completa, y esto le puede llevar un paso más cerca de obtener lo que desea. Al llevar a cabo los movimientos de apertura adecuados establece el tono del resto de su partida de negociación.

Es deseable que usted gane el respeto de su oponente lo más pronto posible, y eso no sucederá si usted llega agitado, ojeroso y bastante tarde. Asegúrese de obtener la información precisa sobre el lugar y la fecha de la reunión, luego tome la decisión de llegar a la reunión a tiempo.

Nunca inicie una negociación hasta que esté cómodamente establecido. Cuelgue el abrigo, acomode la cartera y los demás elementos que no necesitará durante la negociación. Tómese un minuto para revisar su material, si tiene alguno, y asegúrese de que todo esté en orden. Revise las notas que haya hecho y que le serán de ayuda durante la negociación.

A pesar de que no pueda funcionar sin café (sé cómo se siente), debe hacer a un lado la taza antes de sentarse. No es conveniente que un recipiente se interponga entre usted y su oponente justo en el momento en que desea causar una impresión. (Tampoco querrá arriesgarse a sufrir una quemadura a la mitad de la reunión.) Tómese una taza después de que haber iniciado las discusiones y pasado el tiempo de la primera impresión.

Verdades
"Algo bien iniciado está casi terminado".
—Aristóteles

Establezca el ambiente

Cuando se encuentra con su oponente por primera vez, hágalo con una sonrisa cálida y genuina, incluso si se encuentra nervioso con respecto a la negociación que está a punto de iniciar. Una sonrisa significa que usted está preparado para plantear la negociación sobre una base objetiva, a pesar de que se vuelva difícil o controvertida. Su sonrisa es también una señal de confianza.

Después de presentarse con su oponente (si no lo conoce) y que le haya sonreído, es conveniente encontrar algún tipo de terreno común. Esto no sólo ayuda a romper el hielo, sino que también convence a su oponente de que usted es una persona capaz.

Muchas personas tienen dificultades para entablar una conversación, pero no es difícil. Hay muchas formas de abordar el problema y cualquiera será de utilidad, siempre y cuando recuerde una cosa: sea sincero. No querrá parecer falso en esta vital etapa, cuando está intentando causar una buena primera impresión.

Parte 1 ➤ *Fundamentos de la negociación exitosa*

Si usted siguió el consejo que di en el Capítulo 3 e investigó a su oponente, sabrá un poco sobre su experiencia laboral o sobre sus intereses personales. Si conoce el trabajo de su oponente, por ejemplo, tal vez convenga hablar sobre los proyectos que está manejando o sobre la situación en la industria. Si ha estado en la negociación de cuestiones similares, no se muestre reacio en señalar (de manera diplomática) también este hecho ("He hecho tratos con algunas otras empresas y todas han quedado satisfechas con Industrias ACME; estoy seguro de que nos llevaremos bien.")

Entre las pláticas que se pueden utilizar para empezar tenemos:

➤ El clima. Seguro que se trata de un lugar común, pero puede servir como trampolín para otros temas ("Está bonita la mañana: perfecta para salir a nadar." "¿No es horrible la lluvia? Me dan ganas de quedarme en casa y leer un buen libro que acabo de comprar.")

➤ Aficiones comunes como campismo, jardinería, deportes, cocina, lectura, música, etcétera. Busque claves que le digan qué aficiones pueda tener su oponente.

➤ Viajes y los lugares que ambos han visitado.

➤ Los sufrimientos y las tribulaciones de tener hijos (si usted y su oponente los tienen) o mascotas (he dicho).

Haga cualquier cosa que sea posible para poner a su oponente en una actitud mental positiva antes de pasar a la parte medular del caso. Si se presenta con el concesionario que le vendió una limosina para quejarse de ella, no le deje caer una letanía de quejas. Podría empezar diciendo que usted y su familia son buenos clientes suyos. Eso suavizará a su oponente, derretirá el hielo y hará que el concesionario esté dispuesto a atenderle: podría perder muchos clientes si no lo trata bien.

Los rompetratos
Si entra en materia demasiado pronto, antes de fomentar un medio ambiente de negociación positivo, es posible que su oponente se ponga a la defensiva y se resista a concederle lo que desea, incluso si su posición es sólida.

Si está tratando con su jefe un aumento de sueldo, puede establecer un ambiente propicio si primero menciona su último éxito en la oficina o si habla de algún proyecto importante que haya terminado recientemente ("Aquí está un registro de las ventas mensuales de la nueva línea de productos. Se venden como pan caliente.") Ahora ya tiene a su jefe en la disposición mental adecuada y ha allanado el camino a la siguiente fase: deslumbrarlo con el excelente desempeño que ha tenido en la compañía. Termine lo anterior con su solicitud de aumento.

Capítulo 4 ➤ *En sus marcas... listos... ¡Negocien!*

Métase de lleno

Cuando haya terminado con la plática introductoria, debe explicar por qué está ahí. Sea conciso y cortés. No diga: "El automóvil es una porquería." Diga: "Estoy desilusionado con el coche que compré aquí." Después mencione específicamente qué es lo que no funciona.

Es conveniente que empiece de manera moderada con el fin de probar la reacción de su oponente. Si éste no parece particularmente preocupado o enfadado, es una buena señal de que está dispuesto a escucharle.

Pero quizá las cosas no se den tan suavemente; tal vez cuando empiece a plantear el problema, su oponente haga muecas o interjecciones de incredulidad. Usted debe tomar en cuenta esta reacción y preguntarle por qué actúa de ese modo. Es posible que no tenga nada que ver con usted; tal vez no haya tenido un día bueno y sus problemas estén afectando la plática con usted. En ese caso, pregúntele si desea que se vean en otra ocasión. Mejor posponer una negociación que tratar con un oponente que no está en un buen momento.

¿Pero qué sucede si *usted* es la causa de la actitud de su oponente? Qué pasaría si le dijera: "El auto no tiene nada malo. Tal vez si lo manejara con más cuidado no tendría tantos problemas."

En la Parte 5 hablaré más sobre el hecho de dejar las emociones fuera de la negociación. Por el momento, tiene que actuar con tacto y convencer a su oponente que esa actitud negativa es injustificada. Es conveniente que lo lleve a una mejor disposición de ánimo, no convencerlo de lo justo de su posición.

En el caso del vendedor de automóviles, a nadie le gusta que le confronten con su producto mal hecho o defectuoso. Debe tratar de despejar el ambiente señalando que la discusión no es agradable para nadie, que le gustaría seguir siendo su cliente y que tiene la convicción de que ambos desean llegar a una solución "justa y razonable". La frase *"justa y razonable"* por lo general funciona como si fuera mágica. ¡Todo el mundo cree que son personas justas y razonables! De modo que sugiera en varias ocasiones que busca una solución "justa y razonable".

Al dar a entender que ambos tienen los mismos objetivos, un deseo de ser justos, de resolver el problema y de mantener la relación de negocios, hace parecer las cosas como si los dos estuvieran del mismo lado. Por lo general, este planteamiento calmará a su oponente. (También aumentará su confianza en su poder de negociación.)

Cuando ya ha establecido una buena disposición de ánimo y un terreno común, sumérjase de lleno en la parte medular de su posición. Refiérase a su documentación (si la tiene). Sea audaz.

> **Sugerencia**
> Hacer que su oponente diga "sí", deberá ser uno de sus primeros objetivos: usted desea formar un lazo de unión con su oponente y establecer una disposición de ánimo amigable y de concordia. Una forma de lograrlo es analizando algún interés, preocupación o punto de vista que tengan en común usted y su oponente.

35

Parte 1 ➤ *Fundamentos de la negociación exitosa*

¿Qué sucede si me rechazan?

Muy pocas personas le darán la espalda si abre la negociación de manera amistosa y profesional. Aun así, es posible que se enfrente a un oponente que no quiera tratar con usted. (Por ejemplo, un vendedor que dice: "Lo siento, no regresamos dinero, nunca.") ¿Qué hacer si lo desairan?

Sugerencia
Si su oponente le hace una observación válida y obvia, reconózcala. Eso promoverá un avance en la negociación y le dará ventaja. Si argumenta contra las observaciones válidas de su oponente, hará que éste sea menos receptivo a cualquier cosa que usted diga o haga.

➤ Manténgase cordial y sonría: eso desarma a su oponente.

➤ Responda de manera inmediata con algo razonable. Diga, por ejemplo, nos conviene a ambos llegar a una solución de manera cordial y profesional.

➤ No se enfade. (Analizo el problema del enojo en la negociación en el Capítulo 18.)

➤ Si todo lo demás falla, no se dé por vencido. Diga a su oponente que regresará a discutir la cuestión más adelante. (Fije una cita posterior si es posible.) Eso le dará a su oponente tiempo de tranquilizarse; también le dará a usted tiempo para planear una nueva estrategia.

Lo mínimo que necesita saber

➤ Trate siempre de negociar en su propio terreno, que es el lugar en donde se siente más cómodo.

➤ Escoja la hora del día en que está en mejor disposición mental para negociar.

➤ Use ropa cómoda cuando esté en una negociación. Seleccione la ropa adecuada para la situación.

➤ Si le cogen desprevenido en una negociación, prográmela para una mejor ocasión.

➤ Intente establecer su credibilidad y busque cosas en común con su oponente antes de lanzarse de lleno en la negociación.

➤ Abra la negociación con confianza. Si su oponente se muestra reacio a tratar con usted, sugiera que ambos tienen un interés común en resolver la situación.

Parte 2
En la mesa de negociaciones: técnicas básicas

Cualquier arte que se desee dominar está sustentado sobre técnicas. Hay técnicas de cocina, de jardinería, de manejo e hasta de respiración.

También hay técnicas de negociación. Constituyen el método o los medios para llevar a cabo su plan de acción. El propósito de éstas es motivar a su oponente a que llegue a un acuerdo con usted.

Si su morral de trucos de negociación contiene una variedad de técnicas de negociación, estará equipado con muchas formas distintas de alcanzar su objetivo. Puede seleccionar la técnica adecuada para obtener los mejores resultados. En esta parte, le muestro las técnicas básicas que necesita para negociar con éxito.

Capítulo 5

El poder de las palabras: el lenguaje de negociación

En este capítulo

➤ Conozca la importancia del lenguaje sencillo
➤ El lenguaje descriptivo
➤ Entienda el lenguaje de su oponente
➤ Conozca el impacto del silencio
➤ Incremente su poder de comunicación

En cierta ocasión negocié la compra de un edificio grande, por el cual el vendedor pedía más de medio millón de dólares. Comenté sobre el alto costo de reemplazar la tubería y la instalación eléctrica. Mi oponente respondió que el problema del cableado era "una obsolescencia funcional remediable". ¿Qué? ¿No pudo haber dicho que el cableado viejo podría sustituirse?

Las palabras, escribió Rudyard Kipling, son "la droga más poderosa utilizada por la humanidad". Las palabras que usted utiliza son la herramienta más poderosa de su arsenal de negociación. En este capítulo aprenderá cómo y cuándo utilizar las palabras adecuadas.

Hágalo sencillo

En todas las etapas de la negociación, es importante hablar claro, de modo que no haya peligro de una interpretación errónea. Evite el uso de palabras raras o frases generales que lo abarquen todo y que pueden no transmitir el mensaje que está tratando de enviar; éstas, a menudo, requieren una explicación adicional.

En la siguiente tabla se muestran algunos ejemplos de lo que quiero decir.

Difícil de entender	Más fácil de entender
Ejecución de documentos	Firma de documentos
Remuneración	Salario; sueldo; cualquier beneficio en dinero
A saber	Es decir
Desembolso	Pago
Garantías	Promesas

Procure evitar palabras, términos o frases que tienen varios significados. Si debe usarlas, asegúrese de definirlas en la negociación para evitar cualquier interpretación errónea más adelante.

Recurra al lenguaje descriptivo

He aquí una historia verdadera que ilustra con claridad el poder del lenguaje descriptivo. Un abogado representaba a un muchacho que había perdido los dos brazos en un accidente de ferrocarril. Cuando el abogado expuso su argumento final al jurado, dijo: "Señores y señoras, acabo de almorzar con él, como un perro." El lenguaje que utilizó captó la atención del jurado y éste se inclinó a favor del muchacho.

Eso es precisamente lo que le conviene que el lenguaje haga: atraer la atención de su oponente. Antes de que entre en la negociación, piense en las palabras y las frases más persuasivas que puede utilizar para darle impacto a su presentación. Recuerde que las palabras son vehículos que llevan los pensamientos desde su mente a la mente de su oponente. ¿Le gustaría mandar sus pensamientos en un auto del año o en un modelo listo para el basurero?

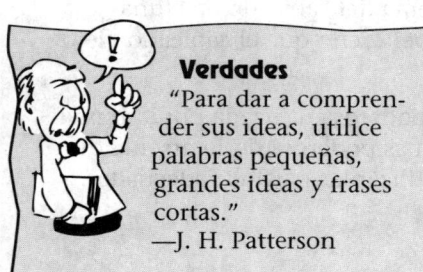

Verdades
"Para dar a comprender sus ideas, utilice palabras pequeñas, grandes ideas y frases cortas."
—J. H. Patterson

Use detalles concretos para describir una situación, en lugar de hacer un planteamiento general. Cuanta más capacidad tenga de darle vida a las cuestiones con intensas imágenes mentales, tanto más persuasivo será.

Evite frases generales que lo incluyan todo, son demasiado amplias para que tengan un impacto significativo. No cierre una negociación diciendo: "Eso incluye el paquete com-

Capítulo 5 ➤ *El poder de las palabras: el lenguaje de negociación*

pleto". Será mejor decir: "Ahora tenemos un acuerdo sobre el precio de venta, la cantidad, la fecha de envío y las condiciones de pago." La siguiente tabla muestra más ejemplos de frases que se deben evitar.

Frase general	Términos específicos
"Hemos determinado todo" (frase utilizada cuando se cierra una negociación)	"Hemos determinado los siguientes puntos: (lista de términos específicos)"
"Paquete financiero" (utilizado en negociaciones en empresas y salariales)	"Hemos acordado estos financiamientos:" (lista de términos específicos)
"Paquete de acuerdos"	"Los términos del acuerdo son los siguientes:" (lista de términos específicos)
"Bajo garantía"	"La garantía para (nombre el producto específico) incluye (lista de los términos específicos de la garantía)"
"Trabajo de reparación" o "trabajo de remodelación"	El (mencione el artículo específico) será reparado debido a (nombre el problema específico) por (menciones el precio acordado)

Salón de la fama de la negociación

Dos curas eran tan adictos al tabaco que necesitaban con desesperación seguir fumando hasta cuando rezaban. Ambos se sintieron culpables y tomaron la decisión de pedir permiso de fumar a su superior.

El primero le preguntó si estaba bien que fumara mientras rezaba. El permiso le fue denegado. El otro cura preguntó si podía rezar mientras fumaba. Su superior encontró que la dedicación de este último era digna de admiración y de manera inmediata accedió a su petición.

Suponga que desea vender su automóvil y quiere resaltar el buen mantenimiento que le ha dado. Puede decir que el auto está en muy buena condición o puede hacer una relación de todos las afinaciones, cambios de aceite y los lavados y pulidos que le ha hecho. La descripción detallada (apoyada, si es posible, con facturas) tendrá un impacto mucho mayor en su oponente.

Parte 2 ➤ *En la mesa de negociaciones: técnicas básicas*

Comprenda el lenguaje de su oponente

Cada profesión tiene su propio lenguaje especializado o *jerga*. Si va a negociar un trato que implique conocimiento técnico, como la negociación de bienes inmuebles o una complicada reparación automovilística, usted necesita conocer la jerga.

En la siguiente tabla se muestran algunos ejemplos de jerga que puede encontrar en situaciones particulares de negociación.

Compra de una casa	Alquiler de un automóvil	Evaluación de una propiedad
Póliza de garantía	Alquiler cerrado	Valuador
Gravamen	Arrendador	Valor de mercado
Carta-promesa	Arrendatario	Uso mejor u óptimo
Compostura	Contrato de arrendamiento	Depreciación
Evaluaciones especiales	Depósito de seguridad	Propuesta de costo
Investigación	Alquiler	Propuesta de ingreso de capitalización
Hipoteca	Normas de uso	Propuesta de ventas comparables
Deudor hipotecario	Valor de venta total al término del alquiler	
Acreedor hipotecario		
Título de propiedad		

El hablar el lenguaje de su oponente aumenta su poder de negociación debido a varias razones:

➤ Su oponente entenderá con prontitud y se referirá a lo que usted dice.

➤ Es mucho más probable que su oponente se vea influido por lo que usted dice.

➤ Su oponente le reconocerá como igual suyo.

Aclaremos términos
La jerga es el lenguaje especializado de una organización, ocupación o grupo en particular.

Piense en los anuncios de alquiler de automóviles que ha visto en los últimos días. Son semilleros de jerga y terminología especializada. Si desea alquilar un auto, el agente puede hablarle de un "contrato cerrado". De entrada, usted querrá que el agente le defina el término. (A propósito, significa que al término del alquiler puede regresar el automóvil sin tener mayores obligaciones.)

Capítulo 5 ➤ *El poder de las palabras: el lenguaje de negociación*

O si usted trabaja en bienes raíces, entiende la diferencia entre "contrato de alquiler neto", "contrato de alquiler neto, neto" e hasta "contrato de alquiler neto, neto, neto" (imagínese qué tan confuso debe ser usar estos términos en una conversación, ¡hasta por escrito se ven complicados!).

Así que cuando mencione un "contrato de arrendamiento neto, neto, neto" asegúrese de aclarar si está hablando de un contrato en el cual el arrendatario se compromete a pagar todos los impuestos, seguros, reparaciones y mantenimiento, y otros gastos y cargos de operación y mantenimiento de la propiedad, y que la renta que recibe el dueño de la propiedad está libre de todos esos cargos y gastos.

Si su oponente utiliza un lenguaje que usted no entiende, no vacile en pedirle que repita o aclare lo que dijo.

Cuando ya sepa qué es lo que significa el término y se sienta satisfecho con él, puede utilizarlo cuando guste durante las discusiones, con el fin de comunicarse con más efectividad con su oponente.

> **Sugerencia**
> Si usted no entiende las palabras o las frases que utiliza su oponente, pida que le explique. No es señal de debilidad; es hacer una buena negociación.

El sonido del silencio

El silencio, como observó Winston Churchill en cierta ocasión, "aumenta la propia autoridad". No suponga que tiene que apabullar con palabras a su oponente para ganar una negociación. También tiene mucho que perder si habla de manera indiscriminada en una negociación.

➤ Pierde la oportunidad de pensar acerca de lo que debe decir y cuándo deberá decirlo.

➤ Pierde la posibilidad de escuchar las posiciones de su oponente y formular la mejor respuesta a ellas.

➤ Puede, de manera involuntaria, soltar información que dañe su posición en la negociación.

Si tiene dudas de si debe hablar o lo que desea decir, la mejor posición es quedarse callado. Si usted revela sin querer información dañina para su posición, habrá hecho una buena jugada en favor de su oponente.

En cierta ocasión representé a una viuda cuyo mal redactado testamento de su marido le ocasionó una buena cantidad de confusiones financieras. Se hizo una auditoría a sus declaraciones de impuestos, y el agente fiscal que revisó el caso empezó afirmando que ella debía mucho dinero. Traté de convencerlo de que eso no era cierto, pero no cedía.

Después de varias candentes conversaciones, por fin dejó escapar la razón real por la que la perseguía con tanto empeño: ella era un "caso de prueba". A veces el gobierno trata estos casos con el fin de establecer políticas de impuestos futuras. Mi cliente, en otras palabras, servía de conejillo de Indias legal. Cuando me enteré de eso, imaginé cómo sacar su situación de la categoría de "caso de prueba" y la cuestión se resolvió.

Verdades
"Ni el caballo más ligero puede alcanzar a la palabra ya pronunciada."
—Refrán

Utilice el silencio de manera estratégica, después de que haya establecido un punto de vista sólido. Esto le dará a comprender a su oponente lo que quiere decir y le anima a llegar a sus conclusiones. Puesto que todos estamos influidos en gran medida por nuestras propias conclusiones, más que por lo que otra persona nos diga que debemos creer, el silencio es una poderosa herramienta de negociación.

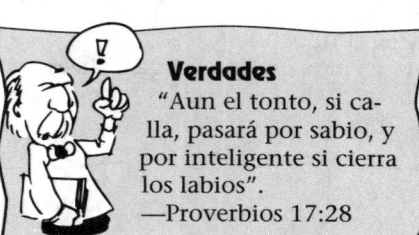

Verdades
"Aun el tonto, si calla, pasará por sabio, y por inteligente si cierra los labios".
—Proverbios 17:28

Permanezca en silencio después de que su oponente haya hecho una propuesta: su silencio daría a entender desilusión o desaprobación. Tal vez su oponente se precipite y le ofrezca concesiones que suavizarán las condiciones del trato. Siempre que un oponente haga una propuesta, ya sea buena o no, considere siempre darle el tratamiento del silencio.

¿Qué sucede si usted es un parlanchín irremediable y encuentra difícil permanecer en silencio? Si se siente incómodo con el silencio (muchos lo hacen), hay algunas técnicas sencillas que le impedirán abrir la boca:

➤ Tranquilícese respirando hondo. No hable mientras lo hace.

➤ Apriete con suavidad los dientes (¡no se haga daño!). Esto le dará un buen recordatorio físico de que debe quedarse callado.

➤ Si tiene a su disposición una bebida, tomé un buen trago, con lentitud. Esto le evitará decir cualquier cosa hasta que haya terminado.

Los rompetratos
Recuerde mantener un buen contacto visual mientras con toda intención se queda callado. Si mira hacia otro lado, su oponente puede pensar que usted no cree en realidad en lo que dice.

El arte de la extrapolación

Suponga que está pensando en ir a pescar pero quiere asegurarse de que podrá pescar más que una insolación. De modo que se acerca a un pescador que se encuentra en uno de los muelles y le pregunta: —¿Ha habido suerte?

—Ya casi termino la tercera bolsa de carnada y sólo llevo aquí media hora —le responde el desconocido.

¿Así que sigue pensando en ir a pescar? Con la sola consideración de los hechos, usted es capaz de llegar a la conclusión de que la pesca es buena. A esto se le conoce como *extrapolación*, que es el uso de hechos para llegar a una conclusión. Cuando usted extrapola, descubre una respuesta a sus propias preguntas, y lo mismo pasa con su oponente.

Aclaremos términos
La extrapolación consiste en establecer hechos de manera que sólo conduzcan a una conclusión ineludible.

La extrapolación es una poderosa herramienta de negociación porque siempre estamos más influidos por nuestras propias conclusiones que por las de los demás. Si puede establecer los hechos de manera que obligue a su oponente a llegar a sus propias conclusiones, aquellas a las que desea usted que llegue, tendrá una mejor oportunidad de ganar la negociación.

La mayor parte del tiempo, cuando llegamos a una decisión, la cumplimos. Eso es lo que sucede cuando permite que su oponente llegue a su propia conclusión sobre lo que *usted* desea. Su oponente actuará con rapidez para lograrla.

Extrapolación en acción

Suponga que quiere vender su empresa. Hay un comprador potencial que le pregunta: "¿Qué tipo de ganancias puede tener esta empresa?"

Puede expresar su opinión o la de otras personas con conocimiento de la empresa. Pero, ¿por qué no dejar que el comprador saque su propia conclusión? ¿Por qué no extrapolar? He aquí lo que podría decir:

"Las ventas han aumentado un promedio de diez por ciento durante los últimos tres años, y el aumento de las ganancias son de quince por ciento en ese mismo periodo. La compañía tiene dos nuevos productos que se venden bastante y otro producto en etapa de desarrollo que parece bastante prometedor."

Al establecer hechos acerca del desempeño de la empresa, usted permite que el comprador llegue a sus propias conclusiones acerca del potencial de su empresa.

Una última palabra sobre el lenguaje

Al igual que cualquier otra cosa, su dominio del lenguaje aumentará con la práctica, la práctica y la práctica. Lea una gran variedad de libros, revistas y periódicos de modo que adquiera un vocabulario amplio. (De esa forma no se desconcertará cuando alguien le diga al oído: "Obsolescencia funcional remediable.")

Practique hablar de manera directa en todas las situaciones. Esfuércese por comunicarse, no por impresionar. Aprenda a quedarse callado cuando no tenga nada que decir. Será un conversador más apreciado y un feroz negociador.

Parte 2 ➤ *En la mesa de negociaciones: técnicas básicas*

Lo mínimo que necesita saber

➤ Utilice un lenguaje sencillo en vez de una terminología compleja.

➤ Si su oponente utiliza términos que usted no entiende, pida que le explique.

➤ Sea lo más descriptivo posible. Evite las generalidades.

➤ Aprenda a permanecer callado cuando no esté seguro de lo que va a decir o cuando haya logrado un avance importante.

➤ Utilice la extrapolación para hacer que su oponente llegue a sus propias conclusiones. Esto tiene más probabilidad de motivar a su oponente que cualquier otra cosa que diga.

➤ Adquiera un amplio vocabulario en toda oportunidad que tenga.

Capítulo 6

El lenguaje corporal también cuenta... ¡y mucho!

En este capítulo

➤ Aprenda a servirse del lenguaje corporal para mejorar su negociación

➤ Sepa cómo interpretar el lenguaje corporal de su oponente

➤ Aprenda cuándo y cómo recurrir a los apoyos audiovisuales durante la negociación

Cuando James Ling decidió vender una compañía llamada Computer Technology, esperaba una oferta de entre 60 y 65 millones de dólares. Convocó a una reunión con los compradores interesados de Prudential. Él y sus asociados se sentaron en su lugar, del lado opuesto al que ocupaban los representantes de Prudential en la mesa de negociaciones. El ambiente era tenso. Entonces los representantes de Prudential anunciaron una oferta de apertura de 90 millones. En el libro *Ling*, de Stanley H. Brown (Atheneum, Nueva York, 1972) se registra la reacción de Ling:

"Me quedé sentado, intentando organizar mis pensamientos, porque ahí estaba, con una oferta inicial de 30 millones de dólares mayor de lo que esperaba... Mi rostro era una máscara, no mostraba expresión de ninguna especie... Sugerí que mis asociados y yo debíamos celebrar una reunión... No sonreí cuando salimos del salón de conferencias."

Aclaremos términos
Lenguaje corporal es una serie de gestos, posturas y movimientos intencionados que refuerzan o muestran lo que se quiere decir.

Si Ling o alguno de sus asociados hubiera sonreído, tal vez hubieran echado a perder la negociación. Una sonrisa hubiera podido interpretarse como: "¡Qué bien! Su oferta es mucho mayor de lo que esperábamos."

Incluso si usted no está negociando un trato de 90 millones de dólares, su lenguaje corporal es en extremo importante. En este capítulo aprenderá cómo controlar su lenguaje corporal e interpretar el de su oponente.

Haga sus movimientos

El gesto más importante que se debe incluir en su lenguaje corporal de negociación es un buen contacto visual. Ningún otro gesto conlleva su honestidad, su sinceridad y confianza. Desde el momento en que se encuentre con su oponente hasta el apretón que sella el trato, debe hacer y mantener el contacto visual. Siempre que esté argumentando algo, mire de frente a su oponente; si mira hacia otro lado, da la impresión que no cree en lo que está diciendo.

Gestos comunes

Puede depurar su negociación si apareja frases e ideas clave con algunos gestos físicos comunes pero poderosos. A continuación presento la traducción de cinco frases a su equivalente en lenguaje corporal. Tal vez sea conveniente que incorpore algunos de ellos en su próxima negociación:

- "¿Qué piensa de esto?" Para introducir una sugerencia o petición de ayuda, coloque la mano frente a usted, con la palma hacia arriba.

- "¡Me apasiona este asunto!" Si de veras desea poner determinación en el planteamiento de un argumento, levante el puño. Éste es un gesto poderoso, así que úselo a discreción.

- "Esto es importante." Levante el dedo índice para llamar la atención sobre una cuestión importante.

- "Uh-uh." Si desea desechar una sugerencia o una concesión, mueva la mano horizontalmente con la palma hacia abajo.

- "No nos metamos en eso." Para significar una advertencia o una nota de precaución, coloque la mano delante de usted con la palma vertical hacia fuera, como si deseara detener algo.

Cuando se trata de los gestos físicos, la cuestión más importante es actuar de manera natural y dar una apariencia relajada. Las personas son buenas detectores de lo artificial, y su oponente no responderá ni se dejará influir si siente que usted finge.

Sus movimientos, al igual que sus palabras, deben ajustarse a la cuestión que se trate. No se golpea el escritorio o se agitan los brazos cuando habla de una cuestión sin importancia. El uso de gestos exagerados creará una impresión artificial y no tendrán el impacto que se desea cuando sea tiempo de utilizarlos en una cuestión importante.

Si no se siente satisfecho con la técnica de utilizar el cuerpo para realzar sus palabras, debe practicar ante un espejo. Trabaje sus movimientos hasta que parezcan naturales y creíbles.

Ponga su mejor cara de jugador de póquer

Cuando usted negocia, los gestos que *no* hace pueden ser tan expresivos como los que *sí* realiza (recuerde la sonrisa de James Ling de 30 millones de dólares). Una expresión de asombro, una mueca o una sonrisa pueden decir mucho sobre su posición. Recuerde, su oponente está al pendiente de sus actitudes, de sus expresiones faciales y del tono de su voz; con la misma agudeza con que usted lo observa.

Si encuentra difícil de controlar sus expresiones faciales y sus gestos, a continuación le presento algunas técnicas para controlarse:

- Apriete con suavidad los dientes (no muy fuerte; se lastimaría y los demás lo notarían) para mantener inmóvil el rostro.
- Piense en algo triste. Éste es un truco que utilizan los actores cuando necesitan derramar lágrimas en una escena emotiva.
- Con lentitud, respire profundamente.
- Apriete los puños o tome con fuerza los brazos de su asiento para tensar el cuerpo y recordarse a usted mismo que debe permanecer impasible. Sólo asegúrese de que su oponente no lo vea hacer esto, puede interpretar mal sus gestos.
- Practique el control de sus reacciones en su vida cotidiana. Verá que es más fácil hacerlo cuando esté en una negociación.

Si intercambian palabras ásperas durante una negociación, no mire con fiereza a su oponente en lo que resta de la negociación. Exprese su disconformidad como tenga que hacerlo y luego siga adelante. Ésa es una buena manera de hacer ver a su oponente que no está dispuesto a que un intercambio de palabras altisonantes eche a perder la discusión completa.

En el otro extremo, no entre en la negociación con una sonrisa pegada con rigidez al rostro. No es realista; deje que las expresiones faciales fluyan de manera natural.

Cuando termine la sesión de negociación, retírese de manera amigable, con una sonrisa sincera y un cálido apretón de manos; incluso en el caso en que la negociación haya sido difícil. No muestre desagrado. Una sonrisa cálida demostrará su objetividad y puede ayudar a allanar el camino en reuniones o discusiones posteriores.

Parte 2 ▶ *En la mesa de negociaciones: técnicas básicas*

¿Qué dice el lenguaje corporal de su oponente?

Durante la negociación, es tan importante observar lo que hace su oponente como escuchar lo que dice. Fije su atención en el lenguaje corporal de su oponente, a menudo es posible recoger información significativa.

Así que observe a su oponente durante las negociaciones. No pierda el tiempo tomando notas; sólo escriba los términos de los acuerdos a los que han llegado o la información que no desea olvidar. No se distraiga con otras cosas. Las expresiones corporales y faciales de su oponente le enviarán todo tipo de señales y le conviene tener la seguridad de que se encuentra en una situación en la que puede captar todas las que sea posible y utilizarlas durante la negociación.

Recurra a la siguiente tabla para traducir los gestos comunes a su equivalente verbal. Sólo recuerde que esto no es para nada infalible, al igual que el lenguaje verbal, ciertos gestos se utilizan de manera diferente para significar cosas diferentes por gente diferente.

Lenguaje corporal	Qué podría significar
No hace contacto visual (no le mira a los ojos)	Falta de confianza en su posición de negociación
Exceso de contacto visual	Intenta intimidarlo o confundirlo
Mirada inquieta	Trata de engañarlo
Jugueteo con objetos, como el pelo, un lápiz o un papel	Falta de seguridad en la posición de negociación
Cruza y descruza las piernas	Impaciencia, desea terminar el trato lo más pronto posible
Deja los brazos o las piernas cruzadas	No es receptivo de su posición de negociación

Manejo de apoyos en la negociación

Una vez tuve un cliente que deseaba convencer a una persona célebre de que lo apoyara financieramente en una empresa. Yo tenía un llamativo diseño sobre la propuesta de nombre de la empresa y un logo, que yo mantuve oculto durante el inicio de la negociación. Luego, cuando mi instinto me dijo que lo hiciera, descubrí el diseño y lo puse sobre la mesa para que lo viera mi oponente. Su impacto fue inmediato; miró la réplica con detenimiento y con lentitud empezó a asentir con la cabeza. Después de eso, llegamos rápido a un acuerdo.

En el Capítulo 2 analicé los diferentes tipos de documentos que es deseable llevar consigo a la mesa de negociación. Todos los materiales que lleve con usted, archivos, informes, ilustraciones, diagramas, diapositivas, pinturas, videos, documentos, pueden utilizarse como apoyo.

Capítulo 6 ➤ *El lenguaje corporal también cuenta... ¡y mucho!*

¿Por qué el uso de apoyos?

Usted ha escuchado la frase "Una imagen vale lo que mil palabras". Esto es del todo cierto en la negociación. Una sola fotografía o documento puede hacer ganar o perder su caso con más efectividad que cualquier cosa que diga. Hay muchos beneficios en el uso de apoyos:

Aclaremos términos
Los *apoyos* son cualquier material, documento, diagrama o accesorio que le ayudan a precisar y fortalecer su posición en una negociación.

➤ Los *apoyos legitiman y documentan su posición*. Si está solicitando un aumento de sueldo, por ejemplo, y uno de sus argumentos clave son las ventas fenomenales de las que es usted se encargó, lleve consigo un informe de ventas y haga que lo vea su jefe. Luego deje el informe con las crecientes ganancias de la compañía a la vista mientras negocia. A lo largo de toda la negociación, servirá como un testimonio constante y silencioso de su contribución a la compañía.

➤ Los *apoyos dramatizan su posición de negociación*. Ésa es la razón por la cual los abogados que litigan en casos de asesinato tratan de hacer que las fotografías de la víctima y de la escenas del crimen queden como evidencia. Esas fotos hacen ver al jurado la maldad del crimen con más efectividad que cualquier cosa que se diga. Puede obtener el mismo resultado cuando utiliza apoyos en la negociación.

➤ Los *apoyos le permiten concentrarse en otra cosa*. En lo más álgido de la negociación, no es posible mantener el rastro de la miríada de cifras financieras o de los complejos términos legales. Los apoyos pueden comunicarle y mostrarle esa información. Le dejan libre para poner la atención en otros aspectos de la negociación.

➤ Los *apoyos interrumpen el impulso de negociación de su oponente*. Cuando muestra un apoyo, su oponente reaccionará de manera inmediata. Centrará su atención en éste y perderá la concentración sobre su propia posición.

Cuándo y cómo utilizar apoyos

Debido a que tienen bastante poder, los apoyos deben utilizarse de manera cuidadosa y delicada. He aquí algunos indicadores:

➤ Conozca bastante bien cualquier apoyo que lleve. No es deseable que un apoyo salga contraproducente. Por ejemplo, si lleva un contrato o una póliza de garantía, lea el documento completo, no nada más las secciones que apoyan su posición. Un oponente habilidoso podría descubrir una cláusula o condición oculta en caracteres diminutos y que vaya en contra de su posición. Igualmente, verifique todas las cintas de video y de audio, folletos, etcétera, antes de mostrarlos en la mesa de negociación.

- Si no está seguro con respecto al uso de un cierto apoyo, póngase en lugar de su oponente y pregúntese si lo que muestre tendrá un efecto drástico o favorable sobre usted. Si la respuesta es "sí", úselo.

- De igual modo, siempre tenga un objetivo definido cuando utilice apoyos. Asegúrese de que sus apoyos elevarán su posición de negociación. Si no está seguro de ello, no los utilice porque el impacto sobre su oponente podría ser fuerte.

- Si utiliza apoyos, asegúrese de que sean de la mejor calidad. Su oponente no lo tomará en serio si su caso se basa en copias ilegibles y videos confusos.

¿Cuándo deberá sacar sus apoyos?

Le conviene sacar los apoyos en el punto de la negociación cuando sienta que tendrán el mayor impacto y la mejor influencia sobre su oponente. Cuanto más experiencia de negociación adquiera, más fácil le será decidir el mejor momento para usar sus apoyos.

Si su apoyo es parte fundamental de su posición de negociación, como aquellas impresionantes cifras de ventas, muéstrelo a lo largo de la negociación completa. Refiérase a ella con frecuencia. La presencia del apoyo reforzará su posición, y cuanto más tiempo lo mire su oponente, tanto más convincente y formidable se volverá.

Si su apoyo sólo es una parte de su posición de negociación, muéstrelo nada más en esa parte. Luego póngalo fuera de la vista de su oponente. No es deseable que su oponente se distraiga con el apoyo cuando éste ya cumplió su cometido.

Cuando negocia el mismo apoyo

Si usted está negociando la compra o la venta de algo, una propiedad, una casa o un automóvil, por ejemplo, el objeto mismo sirve como apoyo. En cierta ocasión negocié el precio de venta de un lote de terreno; yo tenía un avalúo escrito, mi primer apoyo, sobre la cual mi oponente llegó a discutir a mi oficina. En la reunión, le di a mi oponente una copia del documento y se lo expliqué con detalle, página por página.

Luego salimos de la oficina y visitamos la propiedad, en donde de nuevo enumeré los detalles del avalúo mientras mirábamos el terreno, mi segundo apoyo. Demostré mi punto de vista a través de tres canales: mis palabras, el avalúo y la vista del terreno mismo. Al utilizar los apoyos con tanto poder, convencí a mi oponente de que aceptara el valor de la propiedad.

En ciertos casos los apoyos son la única manera de ganar un caso. En otra ocasión serví de mediador en una controversia sobre la calidad de la comida que se estaba haciendo para una gran cadena de restaurantes. Una parte aseguraba que la comida era buena; la otra parte decía que no era lo suficientemente buena. El experto en alimentos, que fue llamado para que hiciera pruebas de comida, llegó a la conclusión de que ésta era, en efecto, buena. En este caso, una sola prueba valió lo que mil palabras.

Lo mínimo que necesita saber

- ➤ Utilice el lenguaje corporal para subrayar sus argumentos cuando esté en una negociación.
- ➤ Su lenguaje corporal debe ser relajado y adecuado.
- ➤ Controle sus expresiones faciales de modo que no tenga que dar información extra a su oponente.
- ➤ Observe a su oponente en busca de gestos y expresiones reveladores que muestren su posición.
- ➤ Utilice apoyos como documentos o videos para legitimar, dramatizar y dar énfasis a su posición de negociación.
- ➤ Sólo utilice apoyos que tengan una apariencia profesional y que usted conozca completamente.
- ➤ Si su apoyo es una parte importante de su posición de negociación, muéstrelo durante la negociación completa. Si no, aléjelo de la vista de su oponente cuando ya lo haya utilizado para hacer ver su punto de vista.

Capítulo 7

Es cuestión de la oportunidad del momento: el paso y los tiempos límite

En este capítulo

➤ Por qué es importante una buena administración del tiempo

➤ Por qué una buena administración del tiempo es en especial crítica al hacer una oferta o una contraoferta

➤ Cómo recuperar el tiempo si se le va de las manos

➤ Cómo aumentan los plazos su poder de negociación

➤ Establecer, extender y evitar los plazos

Una vez pasé varias candentes sesiones negociando con un colega de negocios. Después de nuestra tercera reunión, me prometió hablarme en la semana para acordar otra reunión más. No supe nada de él durante tres semanas. Cuando por fin me llamó, me dijo que deseaba que nos viéramos ese mismo día.

En mi experiencia, las personas que están ansiosas por reunirse de manera inmediata, se encuentran por completo preparadas y deseosas de negociar. Todos mis instintos me gritaban: "¡Demóralo!" Y eso hice; me disculpé y le sugerí que nos viéramos la siguiente semana. Esto acabó con la ventaja de mi oponente, me dio un poco de tiempo para prepararme y regresó la negociación a su equilibrio.

La administración del tiempo tiene un impacto vital en su posición de negociación. Muéstrese muy ansioso y le darán gato por liebre. Deje que la negociación se deslice y que su oponente encuentre un mejor acuerdo en alguna otra parte. Si bien es cierto que es imposible enseñar un buen sentido de la administración del tiempo, también es cierto que éste mejora con la experiencia. En el presente capítulo, le muestro cómo hacer que el tiempo esté a su favor cuando negocia.

La importancia de una buena administración del tiempo

La primera cuestión sobre el manejo del tiempo surge cuando usted decide cuándo reunirse con su oponente. Analicé un poco esta cuestión en el Capítulo 4. Si su oponente está ansioso por negociar, puede suponer que está muy seguro de su capacidad para ganar. Si ése es el caso, retrase la negociación, pues el tiempo no le es favorable; dé a su oponente una razón creíble para posponer la reunión; por ejemplo, diga que necesita más tiempo para prepararse o que tiene otra reunión. Eso echa a perder los tiempos programados de su oponente y aumenta su poder de negociación.

Si su oponente parece renuente a celebrar una reunión, presiónelo lo más que pueda (sin llegar a ser ofensivo) para que se reúnan lo más pronto posible. Debe aprovechar la falta de preparación de su oponente.

Verdades
"Toda persona de éxito que he conocido lo tiene... es ese instinto o capacidad de sentir y aprovechar el momento adecuado, sin vacilar ni pensar en si es seguro o no..." —Moss Hart

Cuando ya esté en la mesa de negociación, tiene que preguntarse a usted mismo: "¿Es el mejor momento para decir o hacer lo que quiero?" Si su instinto le dice, "sí", entonces siga adelante. En la mayoría de los casos, sus tiempos serán los apropiados.

Una de las mejores formas de agudizar su sentido del tiempo es repasar cada una de sus negociaciones. Pregúntese si lo que hizo y dijo tuvo los máximos impacto e influencia sobre su oponente. Si se muestra cándido consigo mismo, este proceso de análisis le ayudará a afinar su sentido del tiempo.

Momentos oportunos para hacer ofertas y contraofertas

Una *oferta* es la primera propuesta que se hace, ya sea de su parte o por parte de su oponente. Una *contraoferta* es un réplica a la oferta inicial o a otra contraoferta.

Veremos las ofertas y las contraofertas con más detalle en el Capítulo 21. Por ahora, sólo sabrá que *el momento en que* usted hace una oferta o una contraoferta tendrá un efecto sobre la forma en que su oponente la reciba. Si hace una oferta de manera prematura, obtendrá un rechazo, aun si su propuesta es razonable, esto debido a que su oponente no estará preparado para aceptarla.

Capítulo 7 ➤ *Es cuestión de la oportunidad del momento: el paso y los tiempos límite*

No hay fórmula establecida para determinar el mejor momento para hacer una oferta o una contraoferta. Tiene que confiar en su instinto; si le nace la sensación interna de que el momento es el adecuado, adelante. Haga una oferta a su oponente que no pueda rechazar.

Sabrá de manera inmediata, por la reacción de su oponente, si el momento era el adecuado. Si su oponente se muestra receptivo, ¡perfecto! Presione en la negociación. Si obtiene una reacción negativa, retírela y continúe. Es posible que tenga que hacer algunas concesiones o adecuar sus expectativas, está bien; no se dé por vencido, tenga paciencia y no se desconcierte. Siempre y cuando se mantenga en la negociación, tendrá una oportunidad de ganar.

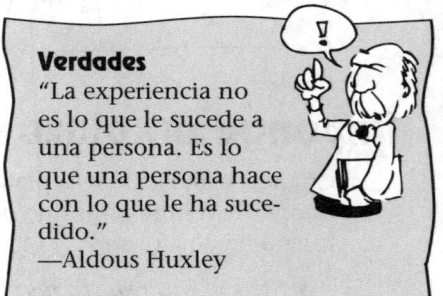

Verdades
"La experiencia no es lo que le sucede a una persona. Es lo que una persona hace con lo que le ha sucedido."
—Aldous Huxley

La experiencia, de nuevo, es su mejor maestra. Cuanto más negocie y revise sus experiencias de negociación, tanto mejor será su manejo del tiempo.

¡Auxilio! ¡Perdí el tiempo!

Cuando pierda el control sobre el manejo del tiempo, lo sabrá. Nada de lo que diga será bien recibido y nada de lo que sugiera será aceptado. Usted se mostrará a la defensiva. Una vocecita en su mente le preguntará: "¿Cómo me metí en esto y cómo puedo salir?"

La mejor manera es detener la negociación. Pida un descanso, una breve interrupción, si siente que puede recuperarse con rapidez; una pausa larga si siente la necesidad de más tiempo. Aproveche el tiempo de la interrupción para pensar en lo que dijo e hizo y por qué no está funcionando. Prepare algunas nuevas sugerencias que tengan la posibilidad de hacer que la negociación vaya de nuevo sobre ruedas. En la mayoría de los casos, será capaz de detectar sus errores e ideará una manera de corregirlos.

Negociación con plazo límite

A nadie le gustan los plazos. En una negociación, establecer un plazo es como poner una bomba de tiempo bajo el asiento de su oponente. Los plazos son poderosos motivadores y, si usted es un negociador agudo, su oponente se verá motivado para convenir en lo que usted desee.

Cuando esté en una negociación, utilice los plazos como desee; pero sólo si está preparado para afrontar las consecuencias de no recibir respuestas cuando el plazo se cumpla. Si no está preparado, no establezca un plazo hasta que tenga la confianza de que puede estar sin obtener el trato.

Sugerencia

La negociación en bienes raíces es un área fértil en la que los plazos juegan un papel importante. Cuando yo negocio sobre bienes raíces, rara vez le doy a mi oponente más de tres a cinco días para aceptar una oferta o una contraoferta. Eso hace que mi oponente llegue a una decisión pronto y limita el tiempo que tiene para buscar un mejor trato.

Imponga un plazo a su oponente

Cuando usted establece plazos, el miedo se convierte en su aliado en la negociación. Su oponente tendrá temor de perder el trato, el dinero y su negocio. Los plazos manejan el miedo de dos formas:

➤ *Los plazos reducen las opciones de su oponente*. Si no establece un plazo, le está dando a su oponente la oportunidad de buscar un mejor acuerdo. Si encuentra uno, usted está fuera del negocio. Eso le pone en una posición de negociación defensiva.

Sugerencia

Cuando negocie con alguien que no establezca plazos cuando usted sienta que debería hacerlo, de inmediato sabrá que su oponente no tiene experiencia en el arte de la negociación.

➤ *Los plazos le dan una mayor flexibilidad en la negociación*. Suponga que un cierto número de compradores están interesados en comprarle la casa. Usted recibe una oferta firme de un comprador, pero desea escuchar otras ofertas antes de cerrar el trato. De modo que hace una contraoferta con un plazo de cinco días. El plazo le permite planear un curso de acción definido si el plazo expira sin que haya aceptación. De inmediato busque otros compradores, o acepte la oferta de uno de los compradores con los que ya está en pláticas. Espere entonces a que pase el periodo de cinco días antes de aceptar cualquier otra oferta.

Los rompetratos

En la mayoría de los estados, la ley dice que una oferta o una contraoferta permanece abierta durante un tiempo razonable si no se establecen plazos en el momento en que se hace la oferta. Qué se entiende por "tiempo razonable" depende de los hechos y de las circunstancias del caso en particular. Hacer ofertas o contraofertas sin fijar un plazo definitivo para su aceptación, entonces, resulta arriesgado para los negocios.

Capítulo 7 ➤ *Es cuestión de la oportunidad del momento: el paso y los tiempos límite*

Cómo determinar un plazo

Establezca el mínimo plazo que pueda justificar. A ninguna persona le gusta tener plazos muy apretados; si el periodo para tomar una decisión es muy corto, hará que su oponente se moleste. Pero un plazo que parezca lejano no motivará a su oponente a actuar con rapidez.

Tal vez tenga que ajustar la duración del plazo a la luz de las circunstancias particulares de su negociación. Tome en cuenta la personalidad, la experiencia y la competencia de su oponente. Por lo general, cuanto más experimentado y competente sea, tanto más corto deberá ser el plazo que establezca. Puede ser que su oponente proteste, pero estará esperando un plazo corto.

Esté preparado siempre para ofrecer una razón legítima del porqué establece el plazo. Puede argumentar que necesita tiempo para tratar con otras partes interesadas (éste es un buen planteamiento porque crea el temor de pérdida en su oponente), o que tiene otros negocios que tratar y desea dejarlos terminados lo antes posible.

> **Sugerencia**
> Si su oponente dice que el plazo que le pone es demasiado corto, pídale que le explique por qué. Si la explicación es razonable (estará de viaje, tiene una emergencia familiar o debe consultar con otras personas), entonces extienda el límite.

> **Sugerencia**
> Cuando explique la razón de un plazo corto, minimice el riesgo por el cual su oponente se sienta molesto.

¿Debe conceder una extensión?

Hay dos reglas muy importantes que debe seguir cuando se esté ante la posibilidad de extender un plazo:

➤ Cuando establezca un plazo, tenga absoluta certeza de que puede cumplirlo.

➤ No extienda su plazo a menos de que haya una razón legítima para hacerlo.

Las dos reglas funcionan juntas. Si usted establece un plazo que no puede cumplir, tendrá que extenderlo sin ninguna razón aparente. Si lo hace, su oponente no tomará en serio ninguno de sus plazos, lo cual significa que perderá buena parte de su poder de negociación.

Si usted establece un plazo razonable y éste expira, debe estar completamente preparado para retirarse de la negociación. Si su oponente le da una razón válida de por qué necesita una extensión (como cuestiones personales, la necesidad de obtener más información o la necesidad de asegurar un financiamiento), podrá hacer la extensión con toda seguridad; en tal caso su nuevo plazo seguirá tomándose en serio.

Manejo de los plazos que le impongan

Si su oponente establece un plazo que pueda cumplir, cúmplalo. Si no puede, pida una extensión bastante grande del plazo. Si espera hasta el último minuto, sufrirá mucha ansiedad preguntándose si obtendrá el tiempo extra que necesita.

Sugerencia
Explique siempre a su oponente por qué necesita más tiempo. Cuanto más pueda justificar una extensión de plazo, más probabilidad tendrá de obtenerlo.

Si su oponente está de acuerdo en concederle más tiempo, pida más de lo que necesita. De este modo, si su oponente le da menos tiempo del que solicita, todavía estará dentro del tiempo real que requiera.

Si su oponente de plano se niega a darle más tiempo y no puede tomar una decisión con el plazo que tiene, *insista* en que necesita una extensión. Explique con claridad que no puede establecer un trato a menos que disponga de más tiempo. En la mayoría de los casos, obtendrá lo que pide.

Sugerencia
Está en la naturaleza humana la preferencia a diferir las cosas, a ponerse a hacer las cosas cuando es absolutamente necesario hacerlas. Ésa es la razón por la cual los plazos de negociación son tan útiles, obligan a usted y a su oponente a tomar decisiones y actuar en el tiempo específico.

Evite imponerse plazos

Tenga mucho cuidado de no dañar su posición de negociación al imponerse plazos. Incluso una observación casual e inocente acerca de sus planes podría imponerle un plazo.

Capítulo 7 ➤ Es cuestión de la oportunidad del momento: el paso y los tiempos límite

Por ejemplo, si le insinúa a su oponente que tiene otra cita o que debe tomar un vuelo, estará imponiéndose un plazo. Un oponente habilidoso utilizará cualquier cosa que le ponga restricciones de tiempo. A menudo he alargado una reunión hasta que el plazo de mi oponente se acerca a su fin, con el conocimiento de que el tiempo lo motivará a concederme lo que deseo.

Los rompetratos
Los plazos autoimpuestos tienen el mismo impacto sobre usted que los plazos que impone sobre su oponente.

Los rompetratos
Las ventas de casa son un área fértil para los plazos autoimpuestos. Muchas veces, el dueño de una casa revela que necesita mudarse de inmediato, ya sea porque ya terminaron su nueva casa o porque tienen que empezar en un nuevo empleo. Si usted es el comprador y está en tal situación, el tiempo está a su favor. Si usted es el vendedor, no reconozca ante el comprador o el agente que está con el tiempo encima; esto lo hará vulnerable a aceptar un trato desventajoso.

Si su oponente es un negociador experto, intentará ver si tiene usted plazos autoimpuestos. Por lo general le hará preguntas como: "¿Cómo van los negocios?" o "¿Está haciendo algo de dinero?" Pueden parecer preguntas inocentes, pero que no lo sorprendan.

Podría estar lanzando anzuelos para ver si tiene algún compromiso personal o de negocios, o algún viaje en puerta que signifique un plazo para usted. Al responder a tales preguntas, sea breve. Las respuestas cortas no revelan ninguno de sus planes o compromisos y, por tanto, no revelan ningún plazo que tenga que cumplir.

Siempre que estoy en una negociación intento descubrir si hay plazos autoimpuestos. En ocasiones no obtengo nada; pero muchas veces doy en el blanco y utilizo el plazo autoimpuesto de mi oponente en mi favor.

Lo mínimo que necesita saber

➤ En toda negociación, piense siempre en el *momento* en que debe decir o hacer lo que intenta decir o hacer. Si el momento es el correcto, las posibilidades de tener éxito se elevarán bastante.

➤ Cuanto más experiencia de negociación tenga, más dominio tendrá sobre la administración del tiempo.

- Si siente que ha perdido el control sobre el tiempo, pida de inmediato un receso. Contrólese, piense en lo que ha sucedido y por qué, y en la mayoría de los casos podrá determinar qué es lo que salió mal y cómo lo puede corregir.

- Los plazos aumentan su poder de negociación debido a que reducen las opciones de su oponente y aumentan las suyas. Establezca los plazos más cortos que pueda justificar.

- Asegúrese de que pueda cumplir con cualquier plazo que usted imponga. No extienda el plazo a menos de que haya una razón válida para hacerlo.

- Si puede cumplir con los plazos que su oponente le imponga, hágalo. Si no, solicite una extensión lo más pronto posible y pida siempre más tiempo del que necesita.

- Tenga cuidado de no imponerse plazos a sí mismo, y no admita ante nadie que tiene plazos que cumplir.

Capítulo 8

Preguntas, preguntas y más preguntas

En este capítulo
➤ Por qué las preguntas son una parte importante del proceso de negociación
➤ Pregunte cuando esté en una negociación
➤ Preguntas de diversas índoles
➤ Ciertas preguntas para ciertas negociaciones

¿Cómo se defienden las personalidades políticas o sociales en los medios durante un escándalo? Por lo general lo hacen con dos palabras sencillas pero sugerentes: "Sin comentarios."

A menos de que esté acostumbrado a ser perseguido por los reporteros, lo reto a hacer lo contrario. Tal vez responda a preguntas cuando no debería o no querría hacerlo. La mayoría de las personas lo hace. (¿Cuántas veces ha querido decirle a algún pariente empecinado o a algún vecino ruidoso que no se meta en sus asuntos y no sabe cómo hacerlo?)

Lo mismo sucede cuando está en una negociación. La mayoría de los negociadores inexpertos responderán a preguntas incluso cuando no deberían. Al formular preguntas a discreción, usted mejora en su postura de negociación. En el presente capítulo, le muestro cómo hacer las preguntas adecuadas en una negociación.

El porqué preguntar ¿por qué? Los beneficios de las preguntas

Las preguntas son una excelente herramienta por dos razones:

Sugerencia
Una pregunta oportuna introduce dudas en la posición de negociación de su oponente porque implica que usted no está convencido de que la sustentación sea válida.

➤ Le ayudan a obtener información que sólo su oponente sabe o que, de otro modo, le sería muy difícil obtener.

➤ Le dan más control sobre el tono y el flujo de la negociación.

Hay de preguntas a preguntas, y cada una de ellas tiene un propósito y un lugar diferentes en la negociación. En las siguientes páginas describiré cada una de ellas. Antes de empezar, ¿hay preguntas?

Valore la situación: preguntas generales

Sugerencia
Pregunte con frecuencia cuando esté en una negociación. Si sus preguntas son importantes, escríbalas antes para ayudarse a plantearlas de modo que tengan el mayor impacto y obtenga los mejores resultados.

Las *preguntas generales* son útiles para explorar hechos y buscar información. El mejor momento para servirse de ellas es durante las primeras etapas de la negociación, cuando usted y su oponente aún se están conociendo y antes de que se establezcan los términos en la mesa de negociación. En ese momento, su oponente responderá sin sospecha a la mayoría de las preguntas, si no es que a todas. Así que haga todas las preguntas generales que quiera.

Si vuelve a leer los Capítulos 2 y 3 sobre investigación antes de la negociación, estará tan bien preparado para la negociación que no tendrá necesidad de hacer preguntas generales. ¡Pero hágalas de todos modos! La forma en que responda su oponente puede darle nueva información sobre su personalidad.

Ejemplos de preguntas generales

La cantidad de preguntas generales es ilimitada. Pero aquí tenemos algunos ejemplos de preguntas que convendría preguntar.

Durante una negociación empresarial:

➤ "Así que la compañía Z manejaba sus cuentas. ¿Qué opina de ella?"

➤ "Cuánto tiempo lleva en este negocio? ¿En esta compañía?"

Al comprar una casa:

- ➤ "¿Cómo es el vecindario? ¿Cómo andan las escuelas? ¿Y los lugares de diversión?"
- ➤ "¿En qué condiciones está la casa?"
- ➤ "¿Por qué la venden?"

Cuando vende una casa:

- ➤ "¿Qué es lo que desea de una casa?"
- ➤ "¿Se interesa en esta zona porque hay muy buenas escuelas?"

El riesgo de hacer preguntas generales

Debe dejar las preguntas generales a medida que avanza la negociación. La razón es que al hacer preguntas más generales corre el riesgo de volver a abrir cuestiones sobre las que ya se había llegado a un acuerdo.

Lo que es más importante, si sigue haciendo preguntas generales a medida que la negociación se va consolidando, su oponente se preguntará qué tan preparado está usted y si de veras sabe algo acerca de lo que se está discutiendo. No estará de acuerdo con nada de lo que usted diga si siente que no sabe de qué está hablando.

O puede ver un motivo siniestro en sus preguntas generales; tal vez llegue a la conclusión de que su posición de negociación es débil y que usted está tratando de fortalecerla sacando más información.

> **Los rompetratos**
> Todas sus preguntas deben tener un objetivo. Si hace preguntas sin sentido, su oponente puede darle una respuesta que lo ponga a usted en desventaja. Esto puede ponerle a usted a la defensiva y forzarle a perder el control de la negociación.

Sea concreto: preguntas específicas

A diferencia de las preguntas generales, las *preguntas específicas* requieren respuestas bastante más limitadas. Utilice preguntas específicas en cualquier momento de la negociación, pero son más adecuadas si las formula en las etapas posteriores, cuando usted tiene mayor certeza de saber con exactitud qué es lo que pretende con la pregunta.

Ponga atención en la forma en que plantea las preguntas específicas. Cuanto más precisa sea la pregunta, tanto mejor oportunidad tendrá de obtener una respuesta precisa, sin exponer su estrategia de negociación ni abrirse usted mismo a otras preguntas.

Suponga que busca comprar un terreno para construir un restaurante. Si le preocupa la zona, debe preguntar: "¿El terreno está en la zona conveniente para construir un restaurante?" No debe preguntar: "¿Para qué es buena esta zona?" La primera pregunta tiene mayor probabilidad de obtener la información que usted desea.

Resultados al instante: preguntas de respuesta inducida

Las *preguntas de respuesta inducida* son afirmaciones sencillas convertidas en interrogantes. Las preguntas de respuesta inducida siempre piden un "sí". Cuando usted formula una pregunta de respuesta inducida, ya conoce la respuesta que espera obtener de su oponente. Este tipo de preguntas le ayudan a mantener el control de la negociación y quizá aumenten más el impulso de la misma.

Ejemplos de preguntas de respuesta inducida

Estas preguntas se formulan cambiando sus oraciones. Observe los siguientes ejemplos:

Pregunta de respuesta inducida: "Es una compañía muy rentable, ¿verdad?"

Qué es lo que desea que su oponente reconozca: "Es una compañía bastante rentable."

Pregunta de respuesta inducida: "Iba manejando muy aprisa, ¿o no?"

Qué es lo que desea que su oponente reconozca: "Iba manejando aprisa."

Pregunta de respuesta inducida: "He realizado un excelente trabajo y merezco un aumento, ¿no es cierto?"

Qué es lo que desea que su oponente reconozca: "Se merece un aumento."

Las preguntas de respuesta inducida que requieren un sí por parte de su oponente son poderosas, no nada más porque hacen que el otro responda lo que usted quiere escuchar, sino porque ponen a su oponente en un estado de ánimo positivo, el humor que usted desea que tenga su oponente.

Considere la pregunta, "Me he ganado un aumento de sueldo, ¿no es cierto?" Si su jefe responde "Sí", le será más difícil retractarse y no concederle el aumento, a menos de que haya problemas en la compañía que le impidan dar cualquier tipo de aumento.

El riesgo de las preguntas de respuesta inducida

Quizá haya visto más de una película donde se lleve a cabo un juicio y donde el testigo principal impresiona al jurado con una confesión sorpresiva que nadie, ni siquiera los abogados, había previsto. Ése es el riesgo de hacer preguntas de respuesta inducida: puede echar a perder todo si no está seguro de cuál será la respuesta. De manera automática se pondrá a la defensiva, luchará por recobrar algo de control y disminuirá sus posibilidades de ganar la negociación.

Nada más imagine lo rápido que se desplomará su campaña por la obtención de un aumento de sueldo si al preguntar "Me he ganado un aumento de sueldo, ¿no es cierto?", su jefe responde, "Con toda franqueza, señor mío, yo creo que no", y a continuación se lanza a exponer una serie de razones. Incluso un negociador experto tendrá bastantes dificultades para recuperarse de un golpe como ése.

Verdades
"Quien tiene miedo de preguntar tiene vergüenza de aprender."
—Proverbio danés.

Haga preguntas sugerentes

Como el nombre lo da a entender, en las *preguntas sugerentes* está implícito un curso específico de acción o una sugerencia. Por ejemplo, "¿No cree que sería mejor firmar el contrato ahora?", "¿No sería mejor que me devolviera el dinero ahora?" o "¿No es un buen momento para darme un aumento de sueldo?" son preguntas sugerentes.

En todas estas preguntas su oponente debe comprometerse con el curso de acción sugerido o explicar por qué no. Si está de acuerdo con su sugerencia, felicidades, ha ganado. Si intenta explicar por qué no acepta su sugerencia, tiene que ponerse a la defensiva. De todos modos usted está dentro, las preguntas sugerentes son una excelente herramienta de negociación. Úselas a menudo.

Las tiendas de menudeo son un semillero de preguntas sugerentes. Sólo piense en todas las ocasiones que ha comprado un traje o un vestido y escucha al vendedor decir: "¿Qué le parece esta blusa para acompañarlo?"

Si el vendedor hiciera una pregunta de respuesta inducida, diría: "Puede usar esta blusa con el vestido, ¿no es cierto?" Pero con toda seguridad que esa forma de acercarse no funcionaría. Una pregunta de respuesta inducida es más agresiva y dominante que una sugerente.

Sugerencia
Utilice preguntas sugerentes cuando le pregunte a su oponente algo delicado y no tenga la intensión de molestarlo o de provocar su enojo.

Obtención de una respuesta favorable: preguntas obvias

Son parecidas a las preguntas de respuesta inducida, pero las *preguntas obvias* están diseñadas para obtener una respuesta favorable pues su oponente no querrá parecer estúpido, incluso en el caso en que no conozca la respuesta correcta.

Por definición, las preguntas que requieren una respuesta obvia tienen que relacionarse con cuestiones de conocimiento común. Si está negociando un aumento de sueldo, podría gritar: "¿Nadie se ha enterado que el costo de la vida ha aumentado?" Si está tratando de comprar una casa, podría decir, "¿No es del dominio público que el mercado favorece al comprador?" Aunque su oponente no sepa distinguir un mercado de consumidores de un supermercado, de todos modos responderá, sólo para no parecer ignorante.

Parte 2 ➤ *En la mesa de negociaciones: técnicas básicas*

Sugerencia

Cuando esté negociando, haga a discreción preguntas que requieran respuestas obvias. No sólo ponen a su oponente en un estado de ánimo cooperativo, sino que también le darán a usted un buen impulso en la negociación.

Café, té o yo: preguntas que requieren una elección

Las opciones que presente cuando formule estas *preguntas de elección* deberán ser todas favorables para usted. "¿Me daría la combinación de sofá y sillón por 700 dólares o esa otra sala por 600?", "¿Me daría la gratificación en una sola suma al término del año o en pagos trimestrales?", "¿Preferirías hacer tu tarea antes o después de la comida?"

Sugerencia

El uso de preguntas de elección es una buena táctica cuando su oponente se muestra evasivo y usted desea que se defina.

Observe que en las tres preguntas son favorables para el que las hace. Comprará cualquier juego de sala siempre y cuando accedan en el precio. Usted anda tras una gratificación, no importa la forma en que se lo den, al año o cada trimestre. A usted no le importa cuándo su hijo haga la tarea, siempre y cuando la haga.

Si la vendedora intenta venderle el sofá con tapicería de imitación de cuero, si su jefe intenta cambiar el tema a la cuestión de la cuenta de los Sánchez o si su hijo sigue evadiendo la cuestión de la tarea, sus preguntas de elección los sujetará.

Mantenimiento del control: preguntas sucesivas

Las *preguntas sucesivas* son excelentes para mantener el control y fomentar un impulso de negociación positivo.

Suponga que el contrato de alquiler de su casa está a punto de expirar. Desea renovarlo, pero con un alquiler más bajo. He aquí cómo debe utilizar preguntas sucesivas para obtener lo que desea:

"¿Por qué no puedo tener una reducción en la renta? ¿No he sido un buen inquilino? ¿No he mantenido el lugar en perfectas condiciones? ¿No he cooperado con usted siempre que necesita entrar al departamento? ¿No debería valer algo todo eso? ¿No cree que sea justo y razonable hacerme un descuento de diez por ciento en la renta?"

Observe cómo sus preguntas van sirviendo de base para la pregunta final, el gran final, su objetivo máximo, que es un alquiler más bajo. Puede añadir todas las preguntas que quiera; la estructura de preguntas sucesivas es como un sandwich de varios pisos. (Sólo asegúrese de no quedarse sin aliento mientras formula las preguntas.)

Su propósito cuando utiliza preguntas sucesivas no es confundir, sorprender o intimidar, es establecer su posición sin que le interrumpan, de modo que la suma total de sus preguntas tenga un impacto mucho mayor.

> **Sugerencia**
> Las preguntas sucesivas son una excelente herramienta para mantener el impulso de la negociación apuntando a su favor. Para cuando llegue a la pregunta final, será muy difícil que su oponente se resista.

Sin comentarios: cómo evitar responder a preguntas

Si su oponente le hace una pregunta que sienta que es adecuada, no vacile en responder. Si no la responde, su oponente sospechará de sus motivos; quizás empiece a sentirse resentida con usted por no cooperar.

Pero a veces encontrará preguntas que no debe responder. A continuación presento algunos planteamientos que puede utilizar para evitar una pregunta sin rechazar a su oponente:

➤ *Argumente irrelevancia.* Diga algo como "No estoy seguro de qué tanto sea oportuna su pregunta" o "No sé por qué lo pregunta". Su respuesta es moderada y no rechazará a su oponente.

➤ *Argumente ignorancia.* Sólo diga que no conoce la respuesta. Sin embargo, dése cuenta de que con esta actitud usted parecerá que no está informado o que no está preparado.

➤ *Sálgase por la tangente.* Sugiera, de manera diplomática, que la pregunta requiere información que no prefiere no revelar, al menos no en esta etapa del proceso de negociación.

➤ *Responda que es muy personal.* Si la pregunta requiere información personal que prefiere no revelar, dígalo. Su oponente deberá respetar su derecho a la privacidad.

➤ *Responda con otra pregunta.* El responder a la pregunta de su oponente con otra pregunta es una manera excelente de evitar la pregunta y recuperar control en el proceso de negociación.

Lo mínimo que necesita saber

➤ Las preguntas son una excelente herramienta de prueba que ayudan a obtener información que, de otro modo, no podría obtener.

➤ Tenga siempre un objetivo cuando haga preguntas.

➤ Las preguntas generales son mejores al inicio de la negociación. Las preguntas específicas requieren respuestas más limitadas y son útiles en cualquier etapa de la negociación.

➤ Las preguntas de respuesta inducida buscan una respuesta afirmativa y ponen a su oponente en un estado de ánimo positivo. Nunca las haga a menos que esté seguro de que la respuesta de su oponente será "sí".

➤ Use preguntas sugerentes y preguntas que requieren una elección para obtener un compromiso de su oponente.

➤ Las preguntas que requieren respuestas obvias ponen a su oponente en un estado de ánimo cooperativo y le dan a usted un buen impulso en la negociación. Úselas con toda libertad.

➤ Las preguntas sucesivas le ayudan a controlar la negociación. Hágalas sin detenerse, pues no le conviene que su oponente responda hasta que haya terminado.

Capítulo 9

La correspondencia debe ser efectiva para negociar

> **En este capítulo**
> ➤ Por qué la correspondencia es una parte medular de la negociación
> ➤ La correspondencia profesional
> ➤ A quién debe mandar su correspondencia

En cierta ocasión uno de mis clientes convino en un trato grande y complicado con un grupo de personas ansiosas por cerrar el trato. Después de once horas, revisó los términos y decidió que no podía cumplir con ese arreglo. Me preguntó si yo podía resolver la situación.

Cuando revisé el caso, me di cuenta de que si mi cliente no aclaraba sus deseos, era probable que lo atacaran con una serie de demandas legales.

Sugerencia
Su correspondencia es una parte importante de su imagen de negociación. Si se ve bien en papel, la impresión de su oponente sobre usted será buena; si se mira mal en papel, la impresión que cause será mala.

Escribí una carta en su nombre y pasé tres días puliéndola y afinándola. Traté de imaginarme lo que sentirían mis oponentes y qué podrían hacer cuando la recibieran.

Cuando me convencí de que la carta estaba bien, la envié. Después esperé, esperé y esperé un poco más. Por fin recibí una respuesta: mis oponentes ya no estaban interesados en llegar a un acuerdo ni en demandar a mi cliente.

La correspondencia juega un papel poderoso en el proceso de negociación. En el presente capítulo, le mostraré cómo escribir y presentar correspondencia con apariencia profesional.

Los usos de la correspondencia

La correspondencia y la papelería sirven para muchos propósitos a lo largo del proceso de negociación, desde la apertura, pasando por las etapas de oferta y contraoferta hasta el cierre.

Apertura de la negociación

Muchas negociaciones, en particular las empresariales, empiezan con una oferta escrita u otro "documento de introducción", con la posición de uno de los negociadores. Este documento establece las cuestiones que desea negociar y sus expectativas de que haya un proceso de negociación.

Si usted tiene que preparar un documento de introducción, redáctelo con cuidado, pues establecerá el tono y la dirección de la negociación que está por venir. También, si alguna expectativa o alguna promesa se establecen en el escrito de apertura (por ejemplo, estipulaciones de honorarios o de derechos legales), estará comprometido a cumplirlas y será muy difícil retractarse una vez que ya se ha comprometido a ello por escrito.

A continuación presento algunos indicadores sobre cómo redactar con efectividad ofertas por escrito u otros escritos de apertura de una negociación:

➤ Sea breve. Cuanto menos escriba, tanto menor será a lo que se comprometa.

➤ Sea conciso.

➤ Si tiene dudas con respecto a un término o una propuesta en particular, ¡déjelos fuera! Siempre tiene la posibilidad de plantear la cuestión más adelante.

➤ Ordene sus ideas y posiciones de modo que cada punto fluya de manera lógica a partir del anterior. Esto evita confusión acerca de lo que ha escrito.

➤ Póngase en el lugar de su oponente y lea la carta. ¿Cómo suena? ¿Tiene sentido? Esto le ayudará a aclarar lo escrito.

Despeje el ambiente

Estoy seguro de que ha escuchado el dicho: "No hagas una tormenta de un vaso de agua." Eso es lo que sucede a menudo cuando negocia. Las cuestiones sencillas se tornan complicadas.

La correspondencia es el vehículo perfecto para regresar a las cuestiones básicas. Al delinear y organizar la cuestión en papel, puede diferenciar los puntos importantes de los insignificantes.

Por ejemplo, una vez tuve un cliente que deseaba cambiar el uso de suelo de su propiedad. Lo que se inició como una simple petición, se convirtió en una pesadilla burocrática a medida que departamentos del gobierno, comisiones de planeación y asociaciones comunitarias se iban implicando en la cuestión, expresando puntos de vista, intereses y requisitos contradictorios. Tuve que redactar una carta sencilla donde establecía la situación actual de la petición para regresar al camino a todo aquel que tuviera algo que ver en la negociación.

Además, al informarse a sí mismo sobre las cuestiones importantes, usted controlará la dirección de la negociación. Puede restarle importancia a cuestiones que no la tienen para usted colocándolas entre paréntesis o haciendo mención de ellas en un breve anexo.

También puede restarle importancia a cualquier punto que sienta que no es importante utilizando un lenguaje como "Pongo poco énfasis en..." o "Veo poco mérito en..." y continuando con la explicación de por qué piensa de ese modo.

Póngalo por escrito

Las palabras impresas o escritas adquieren credibilidad. Las personas se inclinan más a creer lo que ven que lo que escuchan.

Al seguir sus discusiones con una carta en donde se detallen las cuestiones resueltas es una forma excelente de evitar malos entendidos. Este planteamiento es en especial útil cuando la negociación es complicada o se lleva más de una sesión de negociación. Los detalles pueden interpretarse de manera distinta e incluso olvidarse. Su versión de los acuerdos alcanzados puede ser diferente de la de su oponente. Al establecer de nuevo su interpretación podría traer serios problemas cuando ya esté ansioso por cerrar la negociación.

Deje un rastro de papel

No sólo las cartas posteriores aclaran las cuestiones, también sirven como prueba oficial de los compromisos hechos, los términos acordados y las acciones que se llevaron a cabo. Firme y feche su correspondencia y tenga un archivo con todas las cartas que envíe y reciba. Nunca se sabe cuándo las vaya a necesitar.

El correo normal, las agencias de paquetería, los faxes y el correo electrónico son buenos medios para enviar documentos y cartas normales. Si desea enviar documentos delicados o importantes, el servicio postal ofrece varias opciones que garantizan la llegada de la correspondencia a su destino:

> *Con el correo certificado* se le proporciona un recibo y se tiene un registro de su entrega en la oficina postal donde se recibe el documento.

> *El correo registrado* es considerada por el servicio postal como la opción más segura.

> *Entrega restringida* significa que la entrega se hace únicamente al destinatario o a alguien que tenga autorización para recibir la correspondencia del destinatario.

Véase bien en papel: cualidades de una correspondencia efectiva

La forma en que presenta un escrito es tan importante como se presenta usted mismo en persona. Estoy sorprendido del número de personas que todavía envían cartas manuscritas o copias fotostáticas de bastante mala calidad. Si desea que le tomen en serio en papel, debe seguir unas cuantas reglas básicas:

> *Sea preciso.* Relea todo lo que vaya a enviar a su oponente, dos veces. En la negociación, cada palabra puede significar una gran diferencia; si desea informar a su oponente que su oferta no es aceptable, pero omita la palabra *no*, tendrá que hacer un montón de explicaciones.

> *Sea pulcro.* Escriba la carta en máquina. Si desea agregar un toque personal, escriba a una nota a mano (asegúrese de que su letra sea clara).

> *Utilice un diseño serio, con un tipo de letra clásico y grandes márgenes.* No es tiempo de mostrar sus habilidades creadoras o su estilo innovador.

> *Utilice con moderación elementos que resalten lo importante, como negritas, subrayados o signos de admiración.* Si resalta demasiados puntos en su carta parecerá odiosa, estridente o demasiado testaruda.

> *Evite chistes, sarcasmos o ironías en su carta, a menos de que tenga la certeza de que el destinatario entenderá y apreciará su sentido del humor.* Su carta no tendrá la capacidad de comunicar las sutilezas de cambio de tono y los gestos que indican que se trata de un chiste.

> *Sea rápido.* Al retardar su correspondencia, parecerá poco profesional, desorganizado y poco confiable con respecto a su posición de negociación.

Uso de formatos

Un cierto número de cuestiones que negocia implicarán documentos impresos como formatos de contrato de arrendamiento, de alquiler de automóviles, contrato por servicios, de reparación o contractuales. El uso de formatos en negociaciones particulares se

Capítulo 9 ➤ *La correspondencia debe ser efectiva para negociar*

cubre con más detalle en la Parte 7. Por el momento, presento algunas reglas generales que debe seguir cuando se enfrenta con un documento impreso o un formato:

➤ Nunca firme un documento en el momento de recibirlo. Obtenga una copia al principio de la negociación si es posible, de modo que usted (o alguien en quien confíe) pueda revisarlo con detalle. (Asegúrese de leer los párrafos de letra menuda.) Si anda buscando un departamento, por ejemplo, sería conveniente que comprara en la papelería una forma de contrato estándar de arrendamiento. Después, cuando se le presente un contrato para su firma, ya tendrá una idea general de lo que está estipulado en él.

➤ Cuando esté en una negociación, tome notas sobre los documentos, de modo que tenga una referencia básica y precisa en que trabajar. Si no desea marcar el original, saque una copia y utilícela.

➤ A menudo los documentos impresos están escritos con una complicada terminología legal. ¡No deje que eso le intimide! Busque una explicación de cualquier cosa que no entienda.

➤ Ponga atención a cualquier condición establecida de antemano, si el contrato de alquiler de un departamento establece que usted es responsable financiero de cualquier daño que ocasione al inmueble, debe revisar el departamento antes de mudarse y anotar por escrito cualquier daño que ya tenga (agujeros, grietas, sistemas de calefacción o de tubería defectuosos, etcétera). De otro modo, en los términos del contrato, pueden hacerle responsable de daños que usted no ocasionó.

➤ Tenga en mente que ningún documento es oficial hasta que ambas partes lo firmen. Y, a menudo, cualquier cambio, adición o eliminación señaladas en un documento también tienen que ser conocidos por ambas partes antes de hacerlos oficiales. Todo el mundo implicado en la negociación debe tener una copia idéntica del formato.

➤ Todas las partes deben tener, para su archivo personal, una copia firmada del documento.

¿Quién debe recibir su correspondencia?

Si negocia con más de un oponente, envíe el original a la "persona que dice sí" y copias a los demás negociadores.

Si no trata directamente con la "persona que dice sí", envíe el original al individuo con quien esté negociando y una copia a la "persona que dice sí".

Si su negociación es controvertida y no está seguro qué va a resultar de ella, su correspondencia escrita debe contener una referencia en donde se indique que envía copia a su abogado (si tiene uno). Esto le hace saber a su oponente que usted es serio y que la negociación la revisa un profesional.

Parte 2 ➤ *En la mesa de negociaciones: técnicas básicas*

Lo mínimo que necesita saber

➤ La correspondencia le ayuda a controlar el proceso de negociación.

➤ Utilice la correspondencia para aclarar su posición y crear un rastro escrito de promesas y responsabilidades.

➤ Su correspondencia debe ser limpia, libre de errores y oportuna.

➤ Envíe la correspondencia original a la persona con la que negocia de manera directa. Mande copias a cualquier otra persona implicada en la negociación.

➤ Mande copia de su correspondencia a su abogado si siente que necesita más apoyo en la negociación.

Capítulo 10

Mis principales técnicas de negociación

En este capítulo

- ➤ Ocho técnicas de negociación seguras
- ➤ Los beneficios y desventajas de ciertas técnicas de negociación
- ➤ Cómo manejar las técnicas de negociación para persuadir a su oponente
- ➤ Cuándo aplicar las técnicas para persuadir a su oponente

En los capítulos anteriores le he mostrado cómo aprovechar las virtudes de la comunicación (tanto verbales como no verbales), las preguntas, la correspondencia y la administración del tiempo para elevar su poder de negociación. Ahora me gustaría darle algunas de mis técnicas de negociación favoritas y cómo funciona cada una de ellas.

Cuando se prepare para una negociación, decida cuál de estas técnicas funcionará mejor para persuadir a su oponente. Utilice tantas como necesite y con la frecuencia que crea necesaria, y en cada oportunidad que se presente, sin importar qué tan irrelevante sea ésta.

Sugerencia
Actúe de manera natural cuando utilice las técnicas de negociación. Esto les dará gran impacto. Si se siente nervioso y tenso, su oponente sospechará alguna cosa y no responderá de la forma que usted espera. Eso puede dañar su posición de negociación y su confianza.

La técnica del "ladrillo"

Esta técnica está diseñada para impresionar a su oponente con la preparación y el conocimiento que tiene usted sobre la situación de negociación. Con la técnica del ladrillo, usted construye su caso con hechos y cifras, mejorando así su posición (y su imagen) ante los ojos de su oponente.

Los rompetratos
La técnica del ladrillo requiere paciencia. No se muestre muy ansioso por revelar demasiado pronto los hechos que apoyen su posición. Hágalo poco a poco como si fueran gotas de una llave mal cerrada.

Si la negociación se lleva sólo una sesión (como es el caso de muchas), su objetivo consiste en dividir sus hechos y exponerlos a lo largo de toda la negociación en lugar de establecerlos de inmediato. Eso hace que parezca como si usted tuviera más apoyos de los que en realidad tiene.

En negociaciones más largas, divida sus recursos de apoyo y expóngalos en diferentes sesiones de la negociación. El efecto acumulativo de este procedimiento dejará a su oponente con la impresión de que su posición de negociación es más fuerte de lo que es en realidad.

Siempre que divida sus recursos ya sean en una sesión o en varias, empiece siempre con los hechos más fuertes, pero deje algunos como reserva. Después exponga sus recursos más débiles y termine con los recursos fuertes que tiene en reserva. El efecto es como el de una montaña rusa. Este procedimiento produce un fuerte impacto porque tiende a conservar en primer y último lugares las piezas más grandes de información. Todo lo que queda en medio se olvida en gran parte.

La técnica del "vinagre y la miel"

Las situaciones de "vinagre y miel" se presentan todos lo días. Hace poco, me encontraba en un avión que estaba a punto de aterrizar cuando el piloto anunció que habría una hora de retraso a causa del intenso tráfico en el aeropuerto. Todos los pasajeros murmuraron su inconformidad y se prepararon para una larga y aburrida espera.

Pocos minutos después, el piloto anunció que el retraso se iba a reducir a media hora. Cinco minutos más tarde, nos informó que le habían dado la orden de aterrizar de inmediato. Estábamos contentos con las noticias, a pesar de que ya estábamos retrasados.

Al desanimar a su oponente con malas noticias (el vinagre) y después darle las buenas (la miel) hace que estas últimas parezcan aún más mejores, incluso si las buenas noticias no lo eran tanto como esperaba su oponente.

Una probada de vinagre y de miel

Supongamos que usted es jefe y un valioso empleado le pide un aumento de diez por ciento. El diez por ciento es muy alto, pero tiene la intensión oculta de darle el cinco por ciento, que es lo más que puede concederle, pues desea mantener a su empleado en la empresa. De modo que no rechaza el diez por ciento de manera inmediata, le dice:

"Bueno, en realidad no sé... Hay una congelación de salarios en la compañía, y con respecto a concederle un aumento, no estoy seguro de qué pueda hacer."

Es obvio que su empleado se va a desilusionar debido a que no le ha concedido de inmediato el aumento. Pero no ha cerrado la posibilidad por completo. Acuerde un reunión posterior.

En la siguiente reunión, empieza con malas noticias. Usted le dice: "Bueno, en realidad lo intenté, pero me fue imposible obtenerle el diez por ciento. No hubo manera de lograrlo." En ese momento, su empleado estará preocupado porque parece que no obtendrá ningún aumento. A continuación viene la miel: "Pero me las arreglé para conseguirle un cinco por ciento." Su empleado se sentirá contento, a pesar de que no obtuvo el aumento que pedía.

> **Sugerencia**
> Actúe con mucha naturalidad cuando utilice la técnica del vinagre y la miel. No es conveniente revelar que su objetivo oculto es diferente del que expone verbalmente.

Si usted es el que pide el aumento de sueldo, invierta el proceso. Si su objetivo es un aumento de diez por ciento, pídale a su jefe un veinte por ciento y cuando éste le salga con el cuento acerca de que un veinte por ciento es demasiado elevado, bájese poco a poco hasta llegar a su oferta final del diez por ciento.

Evite hacer grandes concesiones

La técnica del vinagre y la miel funciona mejor cuando usted hace concesiones en pequeños aumentos. Si hace una concesión grande de inmediato (¿Qué sucede, señor Pérez? ¿No se puede un aumento del veinte por ciento? ¿Qué le parece uno por ciento? Bueno, en ese caso ¡uno por ciento está bien!) echará a perder su negociación completa (habrá más al respecto en el Capítulo 21). Las concesiones más pequeñas son más convincentes y le dejan más espacio para negociar.

La técnica del "cansancio"

En cierta ocasión tuve una negociación en la cual mi oponente andaba tras más de trece millones de dólares. Sabía que iba a librar una difícil batalla, que es lo general cuando hay tal cantidad de dinero de por medio. Decidí utilizar la técnica del "cansancio".

> **Sugerencia**
> Tenga paciencia cuando utilice la técnica del cansancio. Si su confianza o su concentración vacilan, haga una pausa. Utilice los recesos como parte de su estrategia de negociación.

Dispuse llevar a cabo la negociación en un cierto número de sesiones pequeñas en vez de hacerlo en una o dos reuniones. El plan consistía en conseguir una pequeña concesión en cada reunión. Por último, los trece millones se redujeron a menos de uno.

Cuando usted utiliza la técnica del cansancio, siempre corre el riesgo de que su oponente amenace con romper la negociación debido al sentimiento de frustración; por eso, la técnica funciona mejor cuando está negociando algo que su oponente no puede permitirse perder, como la venta de una casa o la resolución de una demanda de algún cliente.

La técnica del "cambio de velocidad"

Cambiar velocidad significa pasar de una cuestión a otra del mismo modo en que los choferes de camión cambian la velocidad de su vehículo cuando suben por una cuesta muy empinada. Cuando utilice esta técnica, su oponente nunca sabrá cuándo va a cambiar a otra cuestión. Esto le mantiene fuera de equilibrio e inclina la ventaja hacia usted.

Supongamos que está negociando la compra de algunos productos para su compañía. La representante de Productos Maravilla le promete un descuento si adquiere un lote de mil unidades, que son muchos más productos de los que va a necesitar. También le garantiza su entrega para el primero de octubre, pero usted necesita sus productos cuando menos un mes antes. Por último, quiere que se pague la factura en un plazo de quince días. El departamento de contabilidad de su compañía por lo general no funciona de esa manera.

Usted tiene tres puntos en su agenda de negociación. Éste es un caso clásico en el que usted podría utilizar con éxito la técnica de "cambio de velocidad" en su provecho. He aquí cómo la puede utilizar en esta situación.

Inicie con la cantidad de productos que necesita, pero no acuerde una cantidad final. Después cambie a la cuestión de la fecha de entrega. Consulte su calendario y empiece a mencionar fechas posibles en las cuales necesita los productos. Deje esa cuestión sin resolver y, por último, cambie a la revisión de los términos del pago y, de nuevo, deje las cosas sin resolver nada.

Pronto, su oponente se sentirá desorientado y dispuesto a escuchar cualquier oferta razonable. Entonces arregle sus propuestas sobre cada cuestión de la manera que a usted le convenga.

La técnica del "conducto"

En el Capítulo 3 le dije cómo prepararse para una negociación en la que tenga varios oponentes, incluyendo a la "persona que dice sí". En esta situación, podría convenirle sacar a relucir la técnica del "conducto" de su arsenal de negociación.

Un conducto es un canal para transportar algo. Cuando no le sea posible persuadir a la "persona que dice sí", enfoque sus esfuerzos en persuadir a sus colegas y utilizarlos para que le ayuden a convencer a la "persona que dice sí". Se convierten en sus aliados de negociación.

Una razón por la cual la técnica del conducto es tan efectiva es porque utiliza una poderosa arma de negociación: la repetición. Cuando trata con los colegas de la "persona que dice sí", repita sus argumentos, pero no palabra por palabra. Dígalo de otra manera, señalando otros beneficios y posibilidades de su propuesta.

Otra razón por la cual la técnica del "conducto" es tan poderosa es que la "persona que dice sí" no se ve influida de manera directa por usted. Es influida por su colegas y compañeros de trabajo en los que confía y quienes ya se han convencido de su propuesta. Es más probable que les escuche a ellos que a usted.

En cierta ocasión tuve una negociación con cinco oponentes; no estaba llegando a la "persona que dice sí", de modo que centré mi atención a convencer a los otros cuatro. Mientras hablaba, observé que uno de los oponentes empezaba a asentir su aceptación. Eso mejoró mis posibilidades de 5 contra 1 a 4 contra 2. Seguí hablando y llegó un momento en que tres de ellos estaban a mi favor. En ese momento, la "persona que dice sí" también estaba convencida.

La técnica del "conductor de televisión"

Esta técnica es una de mis favoritas. Usted puede obtener agua de una roca con ella. Le proporciona una manera de abordar cuestiones delicadas o enojosas sin ofender a su oponente.

Los conductores de programas de televisión utilizan esta técnica todo el tiempo cuando desean obtener alguna información personal amarillista de su invitado. Le dicen: "No me gustaría meterme en cosas personales, pero..." o "No quisiera entrometerme, pero..."

Esta técnica se basa en el uso de palabras clave como *pero, sin embargo, no obstante* y *excepto*. Cuando se formula una pregunta con una o más de estas palabras, es casi imposible no obtener una respuesta, a continuación usted se entera que el invitado reconoce ser el hijo de un extraterrestre de tres cabezas y con graves problemas de personalidad.

La técnica es muy útil cuando negocia con miembros de su familia o con amigos. Suponga que su hijo de nuevo le pide prestado el automóvil, pero no ha hecho la tarea. Eso va en contra de las reglas de la casa, de modo que no le presta el auto.

Puede darle una negativa rotunda, pero ésa es una manera segura de mandarlo echando pestes a su cuarto y se quede ahí todo el día. Una mejor manera de abordarlo es: "Ya sé que tienes muchas ganas de salir esta noche. Sabes bien que siempre te presto el coche después de que haces la tarea, pero ..." Ésta es una píldora más fácil de tragar, pues le está haciendo ver que *a)* el automóvil significa mucho para su hijo y *b)* le prestaría el auto si cumpliera con su parte del trato. En lo profundo, su hijo sabrá que usted tiene razón (a pesar de que no lo reconozca).

Parte 2 ➤ *En la mesa de negociaciones: técnicas básicas*

La técnica del "autodesprecio"

Las afirmaciones de autodesprecio rompen las barreras entre usted y su oponente. Hacen que su oponente sea "como" usted. Convencen a su oponente sin que éste lo sepa.

Cuando presente una propuesta a su oponente y crea que puede encontrarse con algo de resistencia, intente un poco de autodesprecio. Suponga que su hijo tiene problemas en la escuela y le piden que hable con el director. Mientras observa las fotos que hay en la oficina del director, se da cuenta de que él también es padre. De modo que abre la discusión comentando lo difícil que es la paternidad. De inmediato, el director se identifica con lo que usted dice. Será también más comprensivo con usted, su problema y cualquier sugerencia de solución que haga.

La técnica de "qué lástima"

Cuando usted negocia más de una cuestión a la vez, y pocas de ellas se han establecido, tiene oportunidad de utilizar la técnica "qué lástima".

Sugerencia para hacer tratos
La técnica de "qué lástima" promueve una negociación exitosa mediante un lenguaje sencillo con el cual es difícil no estar de acuerdo. Evite el uso de frases que le lleven a un callejón sin salida, como "Yo nunca..." o "no puedo..." Si hace una afirmación tan radical y luego tiene que retractarse, se verá débil a los ojos de su oponente.

Es sencilla. Suponga que ha llegado a un punto muerto en algunos puntos delicados de su negociación. Sale del atolladero diciendo: "Está bien, hemos sido muy cuidadosos. *Qué lástima* que hayamos avanzado tanto sin resolver los últimos dos puntos. Hagamos un esfuerzo." La mayoría de las veces su oponente accederá. Si llega a un acuerdo sobre el quinto punto y su oponente se resiste de nuevo, sólo repita la misma técnica.

"Qué lástima" es sólo el nombre de la técnica. Se pueden utilizar frases como "Qué mal que...", "qué pena que..." o "hemos llegado hasta este punto, ahora..." La cuestión es que, al usar una frase clave, utilice las cuestiones ya acordadas como una base para motivar a su oponente a continuar con la negociación de los puntos no resueltos.

Capítulo 10 ➤ *Mis principales técnicas de negociación*

Lo mínimo que necesita saber

➤ Mientras se prepara para una negociación, debe tomar en cuenta qué técnicas de negociación funcionarán en el proceso.

➤ Utilice la técnica del "ladrillo" para impresionar a su oponente con su conocimiento y su preparación.

➤ La técnica del "vinagre y la miel" funciona ver una mala situación de negociación o una concesión mejor de que en realidad es.

➤ Las técnicas de "cansancio" y de "cambio de velocidad" funcionan mejor en negociaciones grandes y complejas.

➤ La técnica del "conducto" funciona cuando se enfrenta a más de un oponente y no pueda convencer de manera directa a la "persona que dice sí".

➤ Las técnicas del "conductor de televisión" y "autodesprecio" sirven para formar un lazo de unión con su oponente.

➤ La técnica "qué lástima" funciona cuando una negociación está casi terminada y sólo quedan unos cuantos puntos sin resolver.

83

Parte 3
Usted y la otra parte

En el análisis final, una negociación exitosa significa influir en la mente de su oponente, en su forma de pensar, para que esté de acuerdo con los términos de negociación que usted imponga. De modo que cuanto más sepa acerca de cómo funciona la mente, tanto más efectivo será como negociador.

A medida que adquiera experiencia en la negociación, verá lo fácil que es leer la mente de su oponente y cómo usar este conocimiento para negociar con éxito. En esta parte, le mostraré cómo hacerlo.

Capítulo 11

Los que están al otro lado de la mesa

En este capítulo

➤ La mejor manera de influir en su oponente
➤ Cómo toma decisiones su oponente
➤ La mejor manera de negociar con cada tipo de oponente

Tanto en las negociaciones como en la vida, se encontrará con todo tipo de personas, gente cuya capacidad y talento apuntan en direcciones muy distintas. Algunos trabajan con toda laboriosidad con listas de números para integrar complejas estadísticas en un análisis coherente; otros tienen un notable instinto visual, una capacidad aguzada para detectar colores, formas y diseños; otros más son buenos jueces del carácter, capaces de "captar" con prontitud el ego de la gente que conocen y con sorprendente precisión.

Si usted puede hacerse una idea de qué aptitudes y preferencias lleva su oponente a la mesa de negociación, puede determinar una estrategia que funcione bien para convencer a su oponente de que le conceda lo que usted quiere.

En el presente capítulo, aprenderá acerca de los diferentes tipos de oponentes en una negociación y cómo influir mejor en cada uno de ellos.

¿Cuáles son sus influencias?

Puesto que es imposible clasificar a toda la gente en una categoría bien definida, usted se puede dar una idea general de qué tipo de información es más valiosa para su oponente. En las siguientes páginas, hago una clasificación de las personas en tres "tipos" generales: analíticas, estéticas e intuitivas; en términos de la forma en que se ven influidos con más intensidad. Estos "tipos" pueden utilizarse como una "taquigrafía" psicológica general para ayudarse a evaluar a su oponente y determinar una estrategia de negociación.

Si ya ha investigado a su oponente (*véase* el Capítulo 3), tal vez sea conveniente revisar esa investigación al tiempo que lee el presente capítulo. Vea si la información que ha obtenido le da alguna clave sobre el "tipo" de oponente con que se enfrenta.

El tipo analítico

Este tipo de persona se ve influida con más profundidad por las cuestiones financieras, estadísticas y objetivas. Le gusta estar completamente preparada antes de entrar en cualquier discusión o negociación; desea tener "todos los hechos" antes de tomar una decisión.

Un tipo analítico llega a tomar decisiones con las que no está de acuerdo en lo personal si los números apoyan dicha decisión; por ejemplo, podría comprar una casa que no le agrade mucho si promete una buena oportunidad de inversión. En el trabajo, podría sacar al mercado un nuevo producto que el mismo no compraría si la investigación de mercado indica que se venderá al instante.

> **Sugerencia**
> Identifique, como práctica, los diferentes "tipos" a los que pertenecen todas las personas con las que entre en contacto. Cuando esté en una negociación, será más fácil determinar a qué tipo pertenece su oponente.

No es sorprendente encontrar el tipo analítico en ocupaciones que requieran disposición a tratar con números, trabajando como contadores, analistas financieros, administradores de empresas, gerentes financieros y asesores sobre impuestos. A menudo, los presidentes y los dueños de empresas también tienen un lado analítico, pues todo el tiempo tienen necesidad de analizar declaraciones de ganancias y de pérdidas, gastos, presupuestos, etcétera.

He aquí algunas señales que le indican que está negociando con un tipo analítico:

- ▶ De inmediato pide hechos concretos, como cifras de ventas, precios, ganancias potenciales, opciones de financiamiento u honorarios.

- ▶ Se muestra interesado en la historia financiera del producto o del servicio que está negociando. ¿Qué tan bien el producto se vendió en el pasado? ¿Cuánto recuperó del capital invertido? ¿Cuánto obtuvo de aumento durante el año pasado? Estas cifras le darán una idea del potencial que tiene el acuerdo.

- ▶ Solicita ver documentos (facturas, informes, recibos) que avalen lo que usted está diciendo.

Capítulo 11 ➤ *Los que están al otro lado de la mesa*

A continuación presento algunas sugerencias para ayudarle a influir en un tipo analítico:

➤ Adquiera y prepare toda la información posible relacionada con la parte financiera y objetiva del trato. Por ejemplo, si está negociando la venta de una casa, tenga a mano cifras con respecto al costo, el precio que pagó por la casa, los costos de reparación que haya hecho, los impuestos pagados, etcétera.

➤ Evite exponer argumentos estéticos o intuitivos, cómo "qué agradable se ve tu casa" o "es un buen vecindario, ¿verdad?" El oponente analítico desea oír los hechos concretos primero.

➤ Cuantas más cosas pueda documentar por escrito (como gráficas sobre ventas, facturas o estimaciones de costos), más influirá en el tipo analítico.

El tipo estético

Este tipo de persona centra su atención en cómo se ven y se sienten las cosas, y en qué tipo de impacto tendrán sobre los sentidos. Puede comportarse abiertamente desdeñoso o indolente con respecto a los hechos a las cifras, en favor de consideraciones más artísticas. En términos de la suposición de que está vendiendo su casa, por ejemplo, un tipo estético podría pagar más por su casa (si de veras le gusta cómo se ve) que un tipo analítico.

Muchos artistas, escritores, actores, diseñadores y otras personas que trabajan en cuestiones creativas tienden a ser del tipo estético.

He aquí algunos signos que le indicarán que está negociando con un tipo estético:

➤ Pone gran importancia en la apariencia de las cosas. Por ejemplo, si usted le está mostrando su casa, puede mostrarse sorprendido si mira su hermoso jardín. Por el contrario, no hay nada que le cause mayor molestia que ver un cuarto o un jardín sucio y sin mantenimiento.

➤ Señala con prontitud vistas (incluso olores y sonidos) que le agradan o que no le agradan.

➤ Los tipos estéticos también pueden ser más sensuales que otros tipos, a menudo tocan los objetos (pasan la mano por una cubierta, sienten una pieza de tapicería o de tela, etcétera).

A continuación presento algunas propuestas que le serán de utilidad para influir a un tipo estético:

➤ Resalte la apariencia, la condición y la calidad del producto o del servicio que esté negociando. Asegúrese de que el producto o el servicio tenga una apariencia espectacular.

➤ Más allá de la apariencia obvia de cualquier cosa que esté negociando, resalte cuestiones estéticas sutiles que sean de importancia. Por ejemplo, si está mostrando su casa, señale el flujo del diseño del piso o el juego de luz y sombra de las ventanas.

El tipo intuitivo

El tipo intuitivo se ve influido por una consideración principal, la forma en que "siente" acerca de lo que está usted negociando. Si su sensación "visceral" con respecto a su negociación es buena, se sentirá satisfecho de trabajar con usted. Si no tiene una "buena sensación", por el contrario, tendrá que trabajar mucho más duro para vencer su mala impresión y sellar el trato.

Los tipos intuitivos tienden a tomar decisiones con mucha rapidez. A menudo, si se les presiona para que den una explicación, ni siquiera pueden decir por qué tomaron esa decisión. Eso se debe a que proceden básicamente por instinto.

Las personas que laboran en trabajos en donde se requieren rapidez en análisis, diagnósticos y acciones, como los doctores, los abogados y los vendedores, a menudo son del tipo intuitivo. Los abogados, por ejemplo, invierten mucho tiempo analizando los problemas de un cliente y después deben tomar decisiones en el momento cuando tratan el caso frente a un jurado.

He aquí algunas pruebas de que se trata con un tipo intuitivo:

➤ Le proporciona toda clase de información verbal y física para mostrarle qué piensa de su propuesta. Si le gusta lo que mira y escucha, asentirá con la cabeza muy a menudo y dirá exclamaciones como "Ah, sí" o "Ya veo". Si no le gusta lo que usted está diciendo, fruncirá las cejas, negará con la cabeza o expresará su molestia de alguna otra forma.

➤ Puede hacer juicios rápidos y generalizados: "No me gusta. No siento que esté bien." "Tengo una buena sensación. Creo que va a funcionar."

Puede ser difícil negociar con los tipos intuitivos, debido a que si usted no les agrada, se verá bastante presionado para ganárselos. A continuación presento algunas sugerencias que la ayudarán a influir en el tipo intuitivo:

➤ Tenga especial cuidado de cultivar un lazo con este tipo. (Consulte el Capítulo 14 para obtener consejos sobre cómo construir una buena voluntad en su oponente.) Debe hacer esto con todos sus oponentes en una negociación, pero en especial con los del tipo intuitivo, pues éstos ponen especial interés en la confianza que sienten con la persona con quien negocian.

➤ Resalte lo mucho que les convendrá el trato a los dos. Los tipos intuitivos se muestran deseosos de actuar en negociaciones que sienten que están bien y que parecen justas para todos los negociadores.

Una palabra de advertencia sobre los tipos

Es imposible encajonar a una persona con una miríada de experiencias, emociones y preferencias en un solo "tipo". La razón es que las personas tienen características de uno o más tipos. Un gerente de comercialización, por ejemplo, puede estar preocupado con la estética del diseño de un producto y por el análisis financiero de las futuras ventas del producto. Un vendedor, por el contrario, puede funcionar en los niveles intuitivo y analítico cuando intenta colocar una venta.

Además, mientras usted se prepara para una negociación, debe estar bien versado en argumentos que convenzan a los tres "tipos". No suponga, por ejemplo, que debido a que está negociando con un tipo estético, puede ignorar o eludir el aspecto financiero de su negociación. Es algo poco realista e insultante para su oponente.

Así que utilice estos "tipos" como una referencia general, no como la palabra final sobre la mentalidad de su oponente.

Cómo toma decisiones su oponente: el continuo fuerte-débil

Hay otra cuestión sutil que podría utilizar cuando intenta evaluar a su oponente. Además de descubrir la forma en que su oponente se ve influido de la manera más intensa, puede determinar cómo toma decisiones.

Ya sea que su oponente sea principalmente analítico, estético o intuitivo, también funciona en un continuo de toma de decisiones, desde débil hasta fuerte. Un tipo estético que es fuerte en la toma de decisiones, por ejemplo, tal vez haya desarrollado una alta capacidad para determinar lo que se ve bien y lo que no; tiene un fuerte sentido del diseño. Un tipo estético que es un débil tomador de decisiones, por el contrario, puede tener poca capacidad detectar el diseño.

Así como la clasificación en analítico, estético e intuitivo son guías generales, no juicios determinantes, también lo es el continuo fuerte-débil. La mayoría de los negociadores estarán en medio. Utilícelo como una guía para determinar cómo negociar mejor con su oponente.

El tipo fuerte (no tan silencioso)

Ya sea que funcionen, principalmente, sobre una base analítica, estética o intuitiva, los tipos fuertes toman decisiones de manera rápida y con firmeza. Analizar con rapidez información complicada, pero en ocasiones, cuando hacen juicios muy a la ligera, resulta que sus decisiones apresuradas no son las correctas.

Si intenta venderle su casa a un tipo fuerte, por ejemplo, irá sobre su propiedad de manera agresiva si en realidad le interesa. Es posible que quiera apresurar el trato sin negociar, incluso si eso significa pagar un precio mayor por el lugar.

La mayoría de los tipos fuertes muestran algunas o todas las características que presento a continuación:

➤ Interrumpen con frecuencia y a menudo responden a sus preguntas antes de que haya terminado de formularlas.

➤ Utilizan mucho la palabra "yo", pues tienen un fuerte deseo de que se les reconozca.

➤ Hablan con un tono de voz firme, sin vacilaciones. Siempre hablan y actúan como si supieran qué es lo que están haciendo, incluso si en su fuero interno tienen dudas.

➤ Se enojan con rapidez y lleva mucho tiempo calmarlos.

Negociación con un tipo fuerte

A pesar de que los tipos fuertes parecen dominantes y autoritarios, es fácil tratar con ellos si utiliza las siguientes estrategias:

➤ Los tipos fuertes responden mejor a posiciones claras y lógicas que no dejan preguntas sin responder ni áreas abiertas a la interpretación. De modo que si usted está negociando con un tipo fuerte, preséntele sus propuestas de manera clara y respáldelas con toda la documentación posible.

Piense en la casa que está vendiendo. Es probable que el tipo fuerte le pague sin chistar el precio que le pide si usted le presenta una valuación por escrito que pruebe que la casa lo vale.

➤ Los tipos fuertes tienden a apegarse a sus puntos de vista o a sus juicios, incluso después de que se les ha demostrado que están equivocados (lo cual, dicho sea de paso, no sucede con mucha frecuencia). Esto es así porque es insoportable para ellos reconocer que han cometido un error. (¿Le suena conocido?)

Sugerencia
Ya que haya definido el tipo de oponente con el que está negociando, no deje ver que ya lo tiene clasificado. Continúe actuando como siempre, al tiempo que idea las estrategias convenientes para lidiar con el tipo de persona que es su oponente.

Si sorprende a un tipo fuerte cometiendo un error, puede obtener la ventaja en la negociación al señalarle el error. (Sólo que tenga cuidado: no se muestre ofensivo.) La mayoría de los tipos fuertes tienen un sentido definido de lo que está bien o mal, y si usted le señala un error, por lo general, harán concesiones, en ocasiones, grandes concesiones para "poner las cosas en su lugar".

➤ Los tipos fuertes se enojan con facilidad y permanecen enojados. De modo que no diga ni haga nada que pueda molestarles.

Una de las formas más fáciles de hacer que se enoje un tipo fuerte consiste en no tomarlo en serio. Si tiene que rechazar la oferta de un tipo fuerte, debe explicarle con detalle por qué la rechaza; y nunca se ría de una propuesta que una persona de este tipo le haga ni la minimice, no importa que tan ridícula parezca.

El tipo "indeciso"

A diferencia del tipo fuerte, quien tendrá una visión inmediata y decisiva sobre cualquier cuestión o negociación, el tipo "indeciso" necesita más tiempo y le gusta llegar a un consenso antes llevar a cabo alguna acción. A continuación presento algunas claves que le ayudarán a identificar este tipo:

- A los tipos "indecisos" les gusta sentir que han agotado todos los planteamientos posibles antes de tomar una decisión final. Acumulan toda la documentación escrita relacionada con el punto, y tienden a consultar con otros (colegas, familiares, amigos, expertos) para obtener una amplia variedad de opiniones.

- Por lo general pedirán más tiempo para consultar con otros antes de tomar una decisión final sobre las principales propuestas, pero están dispuestos a ceder con prontitud en cuestiones menores.

> **Verdades**
> "La indecisión debilita; se alimenta de sí misma; es, casi lo podría jurar, creadora de hábito. A menudo hay mayor riesgo en posponer una decisión que en tomar una equivocada."
> —H. A. Hopt.

Negociación con un tipo "indeciso"

A continuación presento cómo puede romper la indecisión del tipo "indeciso":

- Cuando un "indeciso" deja la negociación para consultar con otras personas, a menudo regresa a la mesa de negociación con todo tipo de cambios y variaciones. ¡No deje que se vaya! Explíquele sus propuestas con todo detalle e intente "forzarlo" a tomar una decisión en ese momento.

- Si otras personas, cuya opinión es importante para su oponente, están de acuerdo con su posición de negociación, debe mencionarlo al tipo "indeciso", que le gusta alcanzar consensos. Por ejemplo, podría decir, "escuché decir que su administrador de negocios piensa que 50 centavos por pieza se ajusta a su presupuesto".

El tipo débil

Los tipos débiles, ya sean éstos analíticos, estéticos o intuitivos, no son buenos negociadores. Se muestran renuentes a tomar decisiones, preferirían con mucho dejar la responsabilidad a cualquier otra persona, familiares, asociados o amigos. Se quedan atascados, tartamudean, imploran se les dé más información y más tiempo. Intentan posponer las decisiones hasta que se les fuerza a tomarlas.

Parte 3 ➤ *Usted y la otra parte*

Verdades
"La indecisión es un signo de debilidad."
—Charles C. Colton

He aquí algunas otras claves que le serán de ayuda para identificar a los tipos débiles:

➤ Tienden a ser tímidos y a hablar de manera pausada. Dejan que usted hable todo el tiempo y sólo de manera ocasional asienten con la cabeza o le conceden un "ajá". Casi nunca le interrumpen.

➤ Debido a que la toma de decisiones les altera los nervios, son propensos a malos hábitos como morderse las uñas y parpadear mucho.

Negociación con un tipo débil

Si presiona demasiado a un tipo débil, simplemente dejarán la responsabilidad de la decisión a otra persona. En vez de eso, tenga paciencia; explique con detalle cada propuesta que haga; anímelo a hacer preguntas, de modo que puedan participar en el proceso de negociación. A menudo, ése es el único modo en que se pueden lograr progresos.

Lo mínimo que necesita saber

➤ Intente determinar lo más pronto posible si su oponente es del tipo analítico, estético o intuitivo.

➤ Los tipos analíticos se ven más influidos por cifras, datos estadísticos y hechos concretos.

➤ Los tipos estéticos se ven más influidos por cosas que ven, sienten, prueban, huelen y les suenan bien. Fomente muchos "atractivos visuales" cuando negocie con estos tipos.

➤ Los tipos intuitivos a menudo actúan siguiendo presentimientos o su instinto. Concéntrese en propiciar un lazo de unión con ellos antes de negociar.

➤ Si usted negocia con un tipo fuerte, tome sus propuestas en serio y proporciónele mucha información escrita que documente sus propuestas.

➤ Si usted negocia con un tipo "indeciso", presiónelo para que tome decisiones sin que tenga que consultar con otros.

➤ Si usted negocia con un tipo débil, tenga paciencia y explique cada detalle de su propuesta.

Capítulo 12

Conozca la personalidad de su oponente

En este capítulo

➤ Por qué es importante llegar a conocer la personalidad de su oponente

➤ Cómo promover su posición aprovechando la personalidad de su oponente

➤ Asegúrese de que su oponente no se aproveche de la personalidad de usted

Poco después de haberse cambiado de vecindario, Sara acudió a desayunar al café que estaba en su cuadra. La comida no era muy buena que digamos y el servicio fue más bien malo. Al día siguiente, comentó lo malo que era el café a uno de sus vecinos.

Unas semanas después, Sara volvió a ir al café; en esa ocasión, el dueño salió a saludarla en persona. Él mismo le sirvió y se aseguró de que todo estuviera perfecto.

Sara comentó con el mismo vecino el cambio en el servicio:

—Me pregunto qué habrá sucedido. ¿Le comentaste al dueño sobre mi queja? —preguntó.

—En realidad —respondió el vecino—, le dije que estabas muy impresionada con su buen servicio y que ésa debe ser la forma en que se construye un excelente negocio.

¿Cuál es la lección de esta anécdota? Uno siempre obtiene más de las personas si se les hace un cumplido en vez de criticarlas. Los negociadores llamamos a esto recurrir a la personalidad del oponente. En el presente capítulo usted sabrá como reconocer —y recurrir a— las partes esenciales de la personalidad de su oponente.

Parte 3 ➤ *Usted y la otra parte*

Su personalidad: todo lo que usted considera que es suyo

Rápido: describa su "personalidad".

Es difícil, ¿verdad? La razón es que hay muchas facetas distintas de su "personalidad". Usted está definido, en parte, por la gente con la que tiene trato: su familia, sus amigos, su jefe y sus compañeros de trabajo. Ellos forman parte de su personalidad. También lo son parte de ella las cosas que posee: su ropa, la casa, dinero y automóvil. Las cosas intangibles como su reputación y sus valores son parte de usted también. Todo con lo que usted está conectado es parte de su identidad.

> **Verdades**
>
> "Ni las amenazas ni las súplicas pueden conmover a un hombre, a menos de que toquen alguna parte potencial o real de su personalidad. Sólo de esta manera, como regla, podemos obtener algo de la voluntad de otro. Lo primero que deben cuidar los diplomáticos, los líderes y toda aquella persona que desee gobernar o influir a los demás es encontrar la parte más importante del amor propio de su víctima y hacerlo el blanco de todos los llamados.
> —William James

Usted está unido de manera emocional a todas estas cosas, pero no con la misma intensidad. Usted está unido con más fuerza a su familia, por ejemplo, que a un vecino o a su automóvil (espero). De modo que el grado de unión depende de qué tanto considere que algo forma parte de usted mismo.

Si tiene hijos, piense en qué tan protector se muestra con ellos. Cuando alguien los critica, usted los defiende de inmediato, pero no por la crítica misma, sino porque usted piensa que si alguien ataca a sus hijos es como si le estuviera atacando a usted. Del mismo modo, cuando sus hijos hacen lo correcto, usted se llena de orgullo, no sólo por ellos, sino también por usted. Sus hijos son, a ese grado, parte de usted. Cualquier cosa que les suceda le llega a usted en lo más hondo.

Si descubre una parte importante de la personalidad de su oponente, puede usted establecer un lazo de unión con él; y esto hará que la negociación sea más fácil, más fructífera y más placentera para ambos.

Descubra qué es lo que anima a su oponente

En el Capítulo 13 hablé de cuán importante es investigar a su oponente antes de entrar en la negociación. En el curso de su investigación, intente descubrir algunos de los intereses y valores de su oponente. Mejor aún, busque aquellos intereses y valores que usted y su oponente tienen en común.

Vea si es posible encontrar alguna mención de su oponente acerca de:

➤ Los logros profesionales,

➤ La vida familiar,

➤ Las inclinaciones artísticas,

➤ Las aficiones deportivas,

- Logros intelectuales,
- Trabajo voluntario, y
- Pasatiempos

Si no encontró nada de las cosas anteriores previo a la negociación, sólo tiene unos cuantos minutos antes de iniciarla para buscar evidencias de la personalidad de su oponente. Observe bien su oficina, si es ahí donde está. (Desde luego, es conveniente que no esté ahí, pues es su propio terreno.) Cuadros y diplomas en las paredes, libros, fotografías. Si su oponente está en el territorio de usted, haga un rápido estudio de su apariencia en busca de claves (pero no se le quede mirando con insistencia).

La conversación inicial que tenga con su oponente antes de iniciar la negociación le ofrecerá también un cúmulo de oportunidades de aprender más sobre él. Haga preguntas sobre su negocio, sus estudios e incluso sobre sus pasatiempos si siente que es adecuado.

Hágalo con tacto y de manera sincera. No es deseable que su oponente piense que se está entrometiendo en áreas que no son de su incumbencia. Pero a la mayoría de las personas les gusta hablar de ellas mismas y le dirán muchas cosas sin vacilar.

Cuanto más y más pronto sepa usted de su oponente, tanto mejor. Se debe tener el mayor tiempo posible para utilizar lo que sabe de su oponente durante la negociación.

¿Por qué aprovecharse de la personalidad de su oponente?

Usted tiene tres objetivos cuando recurre a la personalidad de su oponente:

- Desea crear una relación más compatible con su oponente como persona.
- Desea formar un lazo de unión entre ambos.
- Desea saber cuál es la mejor manera de influir y persuadir a su oponente.

Aunque sea algo difícil, tiene que separar la cuestión que está negociando de la persona con la cual hace la negociación. Incluso si ésta es controvertida y las discusiones se vuelven más acaloradas, aun así debe tratar a su oponente como persona.

Usted será un negociador muy duro, pero también debe ser una persona respetuosa, cortés y paciente. Esa es la única manera de llegar a la personalidad de su oponente. Si se olvida esa regla de oro y la negociación se viene abajo, las cuestiones terminan en la corte, los sindicatos se van a la huelga y los amigos se vuelven enemigos.

Negociar es mucho más fácil cuando usted y su oponente tienen un lazo de unión, como el pertenecer a la misma organización. El tener lazos en común le hace a usted parte de la personalidad de su oponente.

Cuando negocio con un abogado, por ejemplo, siempre verifico sus antecedentes para ver si tenemos algo en común (como ser miembros de la misma fraternidad universitaria). Si encuentro algo, lo menciono lo más pronto posible en la negociación. Eso me hace parte de su personalidad y lo hace a él parte de la mía.

Cómo aprovecharse de la personalidad de su oponente

Suponga que su hija tiene un problema con sus maestros en la escuela y tiene que hablar con el director al respecto. En la última gaceta de la escuela leyó usted que recientemente el director recibió un reconocimiento como administrador escolar excelente. Puede suponer que el director se siente orgulloso de haber recibido el reconocimiento, pues representa sus logros y todo el trabajo duro que ha hecho durante muchos años. Es parte de su personalidad.

Cuando se sienta usted a platicar con el director, inicia la plática con un cumplido: "Estoy muy contento de que mi hija esté en su escuela; las clases y las actividades son bastante buenas. Y felicidades por el reconocimiento como administrador escolar excelente. Debe estar orgulloso." Eso es todo, ha llegado al fuero interno de su oponente. Ahora ambos se relajan y comienzan la discusión en un ambiente de cooperación mutua y concordancia.

Sugerencia

La mayoría de las personas se dan cuenta de que hay algo de adulación en el interés que muestra el adulador, pero por alguna razón, en la mayoría de los casos la adulación funciona de todos modos. Sólo cuando la adulación es a todas luces fingida, usted se meterá en problemas.

O suponga que su oponente comenta que pertenece al mismo grupo de caridad que usted, ambos son voluntarios del Ejército de Salvación durante los días festivos para recabar fondos. El hablar sobre los intereses mutuos hará un llamado a la personalidad de su oponente y formará un lazo entre los dos que hará que la negociación proceda con más suavidad.

Muchas veces su oponente buscará el momento en que usted le haga un cumplido. Manténgase alerta y podrá ver las claves. Si su oponente, por ejemplo, se preocupa por su apariencia, es posible que haga, de manera inconsciente, gestos que apunten a mejorar su apariencia, como arreglarse la corbata o sacudirse una pelusa imaginaria de su saco. Si siente que se impone un cumplido, hágalo. Dígale a su oponente que el traje que lleva puesto es magnífico. Verá que hay una reacción inmediata. Su oponente se mostrará más cálido con usted. Lo ha tocado en el lugar donde es más sensible, su ego.

Capítulo 12 ➤ *Conozca la perosnalidad de su oponente*

Los rompetratos

Procure siempre que sus cumplidos suenen sinceros. Su oponente se sentirá insultado si sospecha que lo engaña.

Lo que pasa cuando abre la boca, mete la pata y ofende el ego de su oponente

Está nervioso, llega tarde a la reunión con su oponente debido a que su vuelo se retrasó. Se presenta en su oficina y le dice:

—Lo siento, pero el aeropuerto era un desastre; nadie sabía qué pasaba. Terminé sentado en un avión durante más de una hora antes de que dieran la orden de despegar. Usted sabe cómo son esas malditas aerolíneas.

Su oponente frunce el entrecejo y responde:

—Sí, claro que sé cómo es eso. Mi padre, mi hermano y una hermana son pilotos aviadores.

¡Uups! Puede pasar cualquier cosa cuando ha cometido el error de ofender la personalidad de su oponente; éste puede tragarse el coraje o reclamarle de manera airada. Cualquiera que sea la reacción, una cosa es cierta: la negociación con esta persona no será fácil.

Suponga que su oponente, de manera casual, le comenta que acaba de regresar de un fabuloso viaje que hizo con su familia a acampar en el bosque. Si a usted no le agrada estar a la intemperie y el solo pensamiento de acampar le produce comezón, no lo exprese. Diga algo imparcial como: "¡Qué bien! Parece que fue divertido." El comentario es positivo y, lo que es más importante, no insulta el ego de su oponente.

Algunas cuestiones que debe evitar para no atacar la personalidad de su oponente:

➤ Opiniones negativas o chismorreos acerca de la empresa, los productos o los colegas de su oponente.

➤ Opiniones negativas sobre pasatiempos, películas, libros o intereses, a menos de que esté seguro que su oponente estará de acuerdo con usted.

➤ Chistes (a menos de que esté seguro de que su oponente tiene buen sentido del humor).

➤ Cualquier cosa que tenga que ver con religión o política.

Desde luego, usted es humano y habrá ocasiones en que, sin tener la intención, ofenda a su oponente. ¿Qué hacer si eso sucede? Sencillo: ¡Discúlpese! Ahí mismo, en el mismo instante. Si espera mucho para pedir una disculpa, su oponente puede pensar que no es sincero, y entonces estará perdido.

Parte 3 ➤ *Usted y la otra parte*

No se ofenda: cómo manejar insultos a su personalidad

En cierta ocasión negocié con un oponente que abrió las discusiones acusándome de haber insultado su inteligencia. Estábamos negociando la compra de su propiedad, un campo de golf que había ayudado a diseñar, y yo había mencionado que mi cliente necesitaba hacer cambios en la propiedad. Intentaba lograr que bajara el precio de venta para cubrir el costo de los cambios.

Mi oponente estaba ligado tan estrechamente al campo y al diseño de éste que me atacó por haber sugerido que habría que cambiar algo en el campo. Permanecí tranquilo, sonreí y luego, con cuidado, le expliqué que no había nada personal contra él en los cambios sugeridos; todo era cuestión de inversión y los cambios se proponían por razones económicas, nada más, no para ofenderlo en lo personal. Eso fue la clave para tranquilizarlo. Se calmó y reiniciamos la negociación.

> **Verdades**
> "Un juicio tranquilo vale más que mil consejos apresurados."
> —Woodrow Wilson

El objetivo es que usted aprenda a ser duro cuando está en una negociación. (Ya sé, ya sé, es mucho más fácil decirlo que hacerlo.) Usted negociará con muchos oponentes que tal vez lo insulten, ya sea porque no tienen experiencia o porque tienen mala voluntad. En el Capítulo 20 hablaré más acerca de qué tiene que hacer los conflictos de personalidad se salen de control.

Cuide su personalidad; no deje que su oponente se aproveche de ella

Mientras usted dice cosas agradables con respecto a la experiencia profesional de su oponente, a su hermosa familia o a la bien atendida colección de productos, su oponente, al igual que usted, estará dispuesto a golpearle a usted con cumplidos, comentarios acerca de su familia y sobre sus intereses. Bien sabe que está tratando de aprovecharse de cómo es usted. ¿Qué debe hacer?

Sea cortés, agradezca a su oponente. Luego continúe con la discusión tan pronto como sea posible. No se detenga en los señalamientos de su oponente. (Otro consejo que es más fácil decir que llevar a cabo.) Si se detiene en los señalamientos de su oponente, estará aumentando la probabilidad de que acceda a hacer concesiones.

A todos nosotros nos gustan las personas que nos llegan y alimentan nuestro ego. Pero no deje que un poco de adulación le persuada de hacer concesiones que funcionen en contra de sus intereses. Es un precio muy alto por un poco de adulación.

Capítulo 12 ➤ *Conozca la perosnalidad de su oponente*

Lo mínimo que necesita saber

➤ Aprenda lo más que pueda con respecto a su oponente antes de iniciar la negociación, de modo que sepa qué es lo mejor para aprovechar la personalidad de su oponente.

➤ El aprovechar detalles de la personalidad de su oponente establece una relación más estrecha, que aumenta la probabilidad de que su oponente le dé lo que usted desea.

➤ Los cumplidos sinceros apelarán a la personalidad de su oponente. Lo mismo pasará si se sabe que se tiene algo en común, como la pertenencia a un mismo club o el desempeño en las mismas labores de caridad.

➤ Nunca dé cumplidos que no sean sinceros.

➤ Nunca critique nada que no sea importante para la negociación pues, sin tener la intención, puede ofender el ego de su oponente.

➤ Si ofende a su oponente, discúlpese.

➤ No haga ninguna concesión cuando su oponente apela a su personalidad. Centre su atención en obtener lo que usted desea.

Capítulo 13

Apele a los sentimientos de su oponente

En este capítulo
➤ Por qué debe recurrir a las emociones de su oponente
➤ Los tres factores que influyen con intensidad las emociones de su oponente
➤ Sírvase de esos factores cuando se encuentre en una negociación

Todos nosotros somos un manojo de emociones. Miedo, ira, pena, gozo, coraje y vergüenza, sólo por nombrar unas cuantas, son emociones que yacen dentro de nosotros, esperando a que llegue el estimulante correcto para despertar.

Jugar con las emociones es una práctica antigua, un comercio que los políticos, dramaturgos y poetas, entre otros, han practicado durante siglos. También los negociadores lo practican. En el presente capítulo le mostraré cómo reconocer el disparador de las emociones de su oponente y luego utilizar ese conocimiento para influir en la negociación.

> **Verdades**
> "Las emociones vienen por completo desde adentro y sólo tienen la fuerza que nosotros les demos. Las emociones son el color de la vida; sin ellas, seríamos seres sin color. Pero debemos controlarlas, para que ellas no nos controlen."
> —John M. Wilson

¿Por qué debe jugar el ángulo emocional?

Cuando usted está implicado de manera emocional en algo, no lo considera de manera objetiva ni imparcial. Sustituya su juicio emocional por un juicio basado en los méritos de una posición. Recurrir a las emociones de su oponente es una forma de persuasión independiente del intento de convencer a su oponente sobre los méritos que usted logre en la negociación.

Verdades
"Hay un camino del ojo al corazón que no pasa por el intelecto."
—G. K. Chesterton

Ahí yace su valor real. Si su posición de negociación es débil en cuanto a méritos, usted puede recurrir a las emociones de su oponente. Es conveniente hacer que su oponente se olvide de su débil posición de negociación y quede motivado de manera emocional para concederle lo que usted desea.

Tres formas de apelar a las emociones de su oponente

Verdades
"Cuando trate con personas, recuerde que no está tratando con criaturas de la lógica, sino con criaturas de la emoción."
—Dale Carnegie

Hay muchas maneras de influir en las emociones de su oponente. En una negociación, las tres rutas más directas hacia una influencia emocional son:

➤ Riqueza
➤ Reconocimiento
➤ Autoprotección

En cada una de las secciones siguientes veremos las diferentes influencias emocionales y cómo afectan a una negociación.

Dame dinero (eso es lo que quiero)

Para muchos de nosotros, una parte del gran "sueño americano" es ser ricos. Tenemos un fuerte deseo por la riqueza, en la que incluimos dinero, propiedades, objetos de valor o cualquier otra cosa a la que le demos valor. La riqueza nos da poder, libertad y seguridad (sin mencionar la capacidad de largarse a Bora Bora cuando se nos pegue la gana). Casi todos nosotros tenemos un intenso deseo de acumular más riqueza y proteger la que ya tenemos.

Muchos de nuestros oponentes tendrán ese fuerte deseo por la riqueza. De modo que si su estrategia de negociación consiste en cerrar un trato que incremente su riqueza o que les ayude a preservar la que ya tienen, estará tocando su nervio emocional.

He aquí cómo reconocer a oponentes con un ardiente deseo por la riqueza:

➤ Les gusta hablar de sus pertenencias y mostrarlas: automóvil caro, casa, ropa, etcétera.

- ➤ A menudo les gusta hablar sobre cualquier cosa que se relacione con dinero, como las grandes operaciones que hicieron en la bolsas de valores o las ganancias de su compañía.

- ➤ A menudo saltan en su conversación expresiones que tienen que ver con el dinero: "lana", "money", "feria", etcétera.

- ➤ Con frecuencia hablan del dinero de otras personas con un dejo de envidia.

- ➤ Tienden a tener una actitud negativa, casi condescendiente hacia las personas que no tienen mucho dinero.

Amo los reflectores: reconocimiento

Las personas tienen un fuerte deseo de ser reconocidas por sus logros. Una actriz con talento desea que sus admiradores y colegas reconozcan y admiren sus técnicas. Un poderoso hombre de negocios desea que otros le paguen tributo a su llamativas formas de proceder. Un atleta de altos vuelos desea ganar medallas por sus proezas deportivas.

A continuación le doy algunas formas de reconocer a oponentes con un fuerte deseo de ser reconocidos:

- ➤ A menudo se sienten obligados a verse a sí mismos y sus logros esparcidos en los medios que accedan a ello, ya sea periódicos locales, revistas, televisión e incluso los comentarios personales.

- ➤ Por lo general andan bien acicalados y llevan ropas ostentosas.

- ➤ Sus bienes materiales, como regla general, son impecables y tienen su casa y su auto bien atendidos y conservados.

- ➤ Es posible que, en las conversaciones, se refieran con frecuencia a sí mismos; sus palabras favoritas son "yo" o "mí".

- ➤ A menudo trabajan ante un público (actores, políticos, deportistas, ejecutivos, etcétera).

- ➤ Con frecuencia trabajan con uniforme (oficiales del ejército, pilotos aviadores, policías).

Dame asilo: autoprotección

La autoprotección es el deseo de estar física y financieramente a salvo y seguros. Cualquier cosa que aumente o amenace esa seguridad, tendrá una respuesta emocional. Si alguien le pone una pistola en la cara y le pide que haga alguna cosa, usted lo hará debido a que valora su vida. Si alguien amenaza su trabajo, tal vez tenga la misma reacción protectora, pero con menos intensidad.

La autoprotección será el deseo más fuerte de muchos de sus oponentes. Todos queremos estar a salvo y seguros, pero algunas personas llevan ese deseo hasta los extremos. Dan a cuentagotas cada centavo, a pesar de que tienen dinero suficiente para que les dure toda la vida. Respetan los límites de velocidad, cruzan las calles sólo en las esquinas y respetan todas las reglas y leyes porque les da una sensación de seguridad.

Sugerencia

Mientras esté negociando, intente descubrir qué motivará a su oponente, desde un punto de vista emocional. ¿Es la riqueza, el reconocimiento, la autoprotección? Cuando se entera del motivador más fuerte de su oponente, puede pensar en una estrategia para recurrir a él, en particular si los méritos de su posición de negociación son débiles.

He aquí cómo reconocer oponentes con una fuerte inclinación a la autoprotección:

➤ En general, no son agresivos. Son buenos escuchando, le dejarán hablar debido a que se sienten más seguros cuando saben qué intenciones tiene usted.

➤ Por lo general son tranquilos. No se emocionan o se enojan con facilidad.

➤ Se visten de manera sencilla, pues no se sienten deseosos de llamar la atención hacia su apariencia o hacia su posición económica.

Cómo recurrir a las emociones de su oponente

Cuando sepa qué interés emocional es más fuerte en su oponente, riqueza, reconocimiento o autoprotección, tendrá un arma adicional en su arsenal de negociación. Le dará más flexibilidad de negociación.

Ofrezca dinero a su oponente

Cualquiera de sus posiciones de negociación que aumente o que conserve la riqueza de su oponente propiciará una respuesta emocional. Cuanto más desee su oponente tener riquezas, tanto más rápida y fuerte será su respuesta emocional.

Por ejemplo, una vez tuve un empleo de cobranza para un vendedor de automóviles. Envié una sencilla carta a los deudores, en donde les indicaba que si no pagaban, el dueño tomaría "las medidas pertinentes" que les haría tener "gastos extra". Además de utilizar el miedo como motivador (que veremos en el Capítulo 19), en realidad les estaba avisando que podrían conservar su riqueza si pagaban pronto su deuda. Estaba recurriendo a su deseo de riqueza.

Capítulo 13 ➤ *Apele a los sentimientos de su oponente*

Sugerencia

El intenso deseo de su oponente por la riqueza es un área para recurrir a sus emociones. Cuando esté en posibilidades de mostrar que sus propuestas aumentarán o conservarán la riqueza de su oponente, entonces tendrá una sólida estrategia de negociación.

Si les hubiera ofrecido un descuento de diez por ciento por pronto pago, también habría recurrido a conservar su riqueza. Hubiera sido lo mismo si les ofreciera una bonificación de 100 dólares, pues serían 100 dólares más ricos.

Veamos otro ejemplo más, suponga que usted anda vendiendo su casa, cuyo terreno tiene una superficie adicional de terreno que vale 10,000 dólares. Acaba de convencer al comprador de que pague el precio completo de la casa, pero todavía no firma el contrato. De modo que le aplica un suavizador: el derecho de comprar el terreno adjunto por 8,000 dólares, en cualquier momento que lo desee en un plazo de tres años a partir de la fecha en que compre la casa. Si el deseo más intenso de su oponente es la riqueza, responderá de manera emocional a la oportunidad de obtener un buen trato sobre el terreno adicional.

Verdades

"La adquisición de riquezas es un trabajo muy laborioso; la posesión es una fuente de grandes temores; su pérdida es una fuente de pena excesiva."
—Proverbio latino

Ofrezca reconocimiento a su oponente

Si su oponente siente un gran deseo por el reconocimiento, se mostrará receptivo a cualquier trato que aumente su visibilidad. Y si su deseo de reconocimiento es lo bastante intenso, la parte monetaria del trato se vuelve algo secundario. Cualquier cosa que haga usted para apelar a su deseo de reconocimiento lo motivará de manera emocional.

Los rompetratos

Cuando recurre a las emociones de su oponente, acceda a concesiones menores. No es conveniente que se vea enfrascado en disputas sin importancia y correr el riesgo de enfadar a su oponente. Si lo hace, su oponente no responderá al llamado de sus emociones.

Por ejemplo, durante una negociación sugerí a mi oponente que si llegábamos a un acuerdo, tendríamos una conferencia de prensa para anunciarlo. Sabía que tenía un fuerte deseo por el reconocimiento y que estaría radiante frente a las cámaras. Al deslizar la sugerencia de la conferencia de prensa en la mesa de negociación, estimulé de manera emocional a mi oponente para cerrar el trato.

O suponga que está negociando con un jardinero para que rehaga el diseño de los arbustos y de los macizos de flores de su jardín frontal. Le promete al jardinero que pondrá un letrero a la vista con sus datos durante 30 días, después de que termine el trabajo, de modo que todo el que pase por ahí sabrá que Jardinería Smith hizo el trabajo. Esto no sólo le prometerá más oportunidades de conseguir clientes, sino que de manera directa recurre a su deseo de reconocimiento por un trabajo de jardinería bien hecho.

Ofrezca seguridad a su oponente

Cualquier cosa que diga o que haga para conservar o aumentar la autoprotección de su oponente ocasionará que responda en el campo emocional.

Por ejemplo, digamos que usted posee un hermoso y elaborado reloj de pared que perteneció a sus abuelos, después a sus padres y ahora es suyo. Tiene la intensión de heredar el reloj a sus hijos algún día. Pero el tiempo ha cobrado su precio (¡qué poético!) y el delicado mecanismo necesita reparación. Un especialista revisa el reloj y estima que una reparación completa costará aproximadamente mil dólares.

Usted no posee esa cantidad de dinero. Pero siente un gran deseo por la autoprotección. El reparador se da cuenta de esto y lo aprovecha sugiriéndole que el mecanismo se descompondrá por completo si no hace algo de manera inmediata.

Su necesidad de conservar el reloj en buen estado será muy fuerte debido a que forma parte de su familia y de "sí mismo". Tal vez consiga el dinero porque desea conservar las cosas que le son cercanas y queridas. Al conservar tales cosas, está protegiendo parte de su ser.

Lo mínimo que necesita saber

- ➤ Cuando su posición de negociación es débil en cuanto a sus méritos, deberá considerar el recurrir a las emociones de su oponente para obtener lo que desea.
- ➤ Todas las personas tienen una inclinación por la riqueza, el reconocimiento y la autoprotección.
- ➤ Deberá determinar cuál de estos tres deseos motiva con más fuerza a su oponente y hacer un llamado a dicho deseo cuando esté en una negociación.

Capítulo 14

Recurra a la buena voluntad (pero no a la caridad)

> **En este capítulo**
> ➤ Significado del concepto de buena voluntad cuando se está en una negociación
> ➤ Imbuya la buena voluntad en su oponente
> ➤ Cómo imbuir la buena voluntad

Al principio de mi carrera, cuando trabajaba para el Departamento del Tesoro en Chicago, constantemente me llamaban a negociar con abogados de altos vuelos representantes de herederos ricos.

En una ocasión, un abogado no deseaba incluir una propiedad en particular en el patrimonio de su fallecido cliente. Eso aumentaría los impuestos sobre las propiedades. Pero yo conocía una manera de incluir la propiedad y que eso no aumentara el monto de los impuestos, y se lo hice saber. Terminamos nuestra negociación de manera exitosa y con toda cordialidad. Después me llamó para agradecerme de nuevo por haberle dado esa información.

Al hacerle a mi oponente ese pequeño pero significativo favor, hice que hubiera buena voluntad entre nosotros. En el presente capítulo, usted aprenderá lo que es la buena voluntad y cómo puede hacer uso de su poder en la negociación.

Parte 3 ➤ *Usted y la otra parte*

Por qué es necesario crear buena voluntad

La buena voluntad sólo significa hacerle un favor a su oponente, como lo hice cuando le señalé aquella reducción en los impuestos al abogado. Cuando usted crea buena voluntad con su oponente, lo que hace es fomentar una relación de confianza mutua y de compatibilidad.

Aclaremos términos
Buena voluntad se define como "benevolencia"; consentimiento; el valor de un negocio como resultado del patrocinio, la reputación, etcétera; más allá de sus propiedades tangibles.

Ese tipo de medio ambiente de negociación es donde usted y su oponente tienen más posibilidades de sellar un acuerdo exitoso. Su oponente concederá puntos y cuestiones que en otras circunstancias ni siquiera soñaría en conceder, por el solo hecho de que tiene una percepción favorable a usted.

Hay innumerables beneficios políticos, sociales y psicológicos por hacer cosas buenas a los demás. Pero en estrictos términos de negociación, hay cuatro razones específicas por las que se debe crear buena voluntad:

➤ Sirve como puente de confianza entre usted y su oponente. Cuando su oponente tiene confianza en usted, es más fácil convencerlo. Aceptará lo que usted diga, junto con sus afirmaciones y cualquier material escrito que le presente. Entonces estará practicando el arte de la persuasión con la mayor finura. Está influyendo en su oponente.

➤ La buena voluntad asegura que usted le agradará a su oponente. Reconozco que la amabilidad no parece sonar como una cualidad que debe fomentar un negociador duro, pero sí lo es. Si le agrada a su oponente, habrá más probabilidad de que le dé lo que usted desee.

➤ Si usted crea un ambiente de buena voluntad con su oponente la primera vez que negocian, las cosas serán más fáciles cuando negocien de nuevo.

➤ Cuando usted crea buena voluntad con su oponente, éste tenderá a contar a otros lo placentero que fue trabajar con usted. Es parte básica de la naturaleza humana hablar de la gente que nos gusta o nos disgusta. Si su oponente es un embajador con buena voluntad hacia usted, tarde o temprano surgirán los beneficios. A menudo he negociado con oponentes nuevos que me dicen que se sienten cómodos conmigo por el solo hecho de que han oído hablar de mí a otros oponentes. Eso es aparte de mi reputación como negociador duro y tenaz.

Verdades
"La capacidad de hacer que la gente crea y confíe en usted es una de las cualidades fundamentales del éxito."
—John J. McGuirk

Capítulo 14 ➤ *Recurra a la buena voluntad (pero no a la caridad)*

Sugerencia

Las personas que se caen bien tienden a lograr acuerdos muy rápidos, al contrario de las que no se agradan.

¿Cómo puede usted crear buena voluntad?

Hay muchas maneras en que se puede construir un puente de buena voluntad hacia su oponente:

➤ *Informe a su oponente de cualquier beneficio oculto que haya en su propuesta.* Eso fue lo que hice cuando le informé al abogado sobre los beneficios que no había visto. Ésa es una de las mejores maneras de poner a su oponente en el estado mental adecuado. Cada favor que haga usted a su oponente es como colocar una plancha más en el puente hacia su confianza, incluso si golpea duro en la mesa de negociación.

➤ *Señale cualquier error que cometa su oponente, tan pronto como sea posible y con mucho tacto.* Su oponente le deberá un gran favor si le ayuda a salvar el pellejo en la negociación.

Por ejemplo, en una ocasión negocié con un oponente que confundió el valor de 750 000 dólares de un inmueble con 75 000 dólares. Rápidamente le hice ver su error, antes de que se sintiera molesto y metiera la pata en el trato. Desde ese momento, se mostró más amable conmigo y fue mucho más receptivo a mis propuestas.

Observe, aquí, que me estoy refiriendo a errores obvios que tienen un gran impacto sobre la negociación. No tiene que revisar el caso completo de su oponente, sino que los errores evidentes salen a la luz tarde o temprano. Usted evita problemas y crea un ambiente de buena voluntad si los señala lo más pronto posible.

Los rompetratos

Señale de inmediato los errores evidentes de su oponente. Si espera mucho tiempo, éste pensará que está pensando en una manera de sacar provecho del error. Esto hará que se sospeche de usted, y es poco probable que un oponente receloso esté de acuerdo con la negociación.

> *Haga sugerencias que ayuden a su oponente si se concluye la negociación de manera exitosa.* En el Capítulo 13 mencioné una ocasión en que hice lo anterior al sugerir una conferencia de prensa a un oponente para satisfacer su fuerte deseo de reconocimiento.
>
> Cuando negocie un trato sobre la compra de algo, ropa, un automóvil, una casa nueva, prometa siempre hablar bien del vendedor si está satisfecho con la compra. Eso hará que su oponente se sienta bien con respecto al trato y con respecto a usted.
>
> Piense en cualquier cosa "extra" que pueda prometer y que motive a su oponente a seguir considerando sus propuestas y sentirse bien cuando termine la acción.
>
> *Fomente un toque personal.* Aquí es donde entra en juego la investigación que realizó sobre su oponente (consulte el Capítulo 3). Pregunte sobre la familia, la carrera, pasatiempos de su oponente, cualquier cosa que se le ocurra. Sólo asegúrese de ser sincero. Si en realidad no le importa o no puede soportar a su oponente, no intente "ser agradable".
>
> *Exprese su apreciación.* Debe hacer cualquier cosa que se le ocurra y que sea bien acogida por su oponente. Piense en todos los gestos generosos que tienen las empresas para conseguir a un cliente: boletos para algún partido o para obras de teatro, regalos navideños, botellas de champaña al término de un proyecto, etcétera. Usted no tiene que enviar a su oponente a un partido o a una obra en Broadway para ganarse su buena voluntad, pero una agradable tarjeta en la que reconozca el gusto por haber trabajado con su oponente no sería mala idea.

Cuando no debe mostrar buena voluntad: nota de advertencia

En casi todas las circunstancias, la buena voluntad es un valor importante en su negociación. Pero hay una importante excepción: sus intentos por mostrar buena voluntad no debe dañar su *posición de negociación*. No tiene por qué revelar su estrategia de negociación ni señalar las fallas en su argumentación ni renunciar a sus términos ni comprometer su propia posición sólo para crear un ambiente de buena voluntad con su oponente. Recuerde, no es su trabajo ayudar a ganar la negociación a su oponente.

Verdades
"Los beneficios de hoy son la maduración de la buena voluntad de ayer."
—Eugene P. Berten

Lo mínimo que necesita saber

➤ Trate siempre de crear buena voluntad con su oponente. La buena voluntad crea confianza, hace más fácil la negociación y aumentará su reputación como buen negociante.

➤ Puede crear un ambiente de buena voluntad haciéndole a su oponente un favor, señalando los errores que cometa, accediendo a ayudarle a promover sus intereses, mostrando preocupación por él o haciendo cualquier cosa que lo beneficie.

➤ Nada de lo que haga usted para crear un ambiente de buena voluntad con su oponente deberá dañar su propia posición de negociación.

Parte 4
Aumente su poder negociador

La palabra "poder" significa la capacidad de lograr objetivos. Cuando usted negocia, tiene un objetivo. Puede ser el que le devuelvan dinero, comprar a un precio justo lo que desea u obtener algo de tranquilidad.

Aquí es donde entra en juego el poder. Si usted tiene poder de negociación, la tarea de lograr sus objetivos de negociación será mucho más sencilla. En esta parte, le muestro cómo el aumentar su poder de negociación le sirve para obtener cualquier cosa que usted decida negociar.

Capítulo 15

La capacidad para negociar: cómo adquirirla, cómo manejarla

En este capítulo

- ➤ Su poder para negociar
- ➤ Cómo sacar a relucir su poder de negociación
- ➤ Mantenga a su oponente consciente de que usted tiene poder de negociación
- ➤ Ensayo mental para aumentar su poder de negociación

Por lo general, la palabra "poder" invoca una fortaleza física o una influencia financiera o política de largo alcance. Cuando pensamos en gente poderosa, podríamos imaginarnos al célebre basquetbolista Michael Jordan o al presidente de Estados Unidos.

Por fortuna, el poder de negociación no recae en una presencia imponente o en un trabajo influyente (aunque ambos pueden ser parte del poder de negociación). Esto es así porque cuando usted negocia, confronta su mente con la de su oponente. Su cajón de poder de negociación contiene toda la preparación que hizo para negociar, la familiaridad con la materia a negociar, y el conocimiento que tenga de su oponente y la forma en que juega las cartas de la negociación.

El truco consiste en descubrir qué poder tiene usted y cómo y cuándo utilizarlo. Después de haber leído el presente capítulo, sabrá todo sobre el poder y cómo usarlo en una negociación.

Parte 4 ➤ *Aumente su poder negociador*

¿Qué es el poder de negociación?

El poder de negociación es cualquier cosa que usted utiliza para motivar a su oponente a darle lo que usted desea. En esta amplia definición se incluye:

➤ Su conocimiento de la situación de negociación.

➤ El conocimiento de lo que motiva a su oponente.

➤ Las opciones de negociación que tiene usted y las que están abiertas para su oponente y cómo las utiliza durante la negociación.

➤ Su experiencia de negociación y cómo la aprovecha.

➤ Su reputación o la de su compañía.

➤ Todas las técnicas de negociación que tiene a su disposición (*véase* la Parte 2).

Si responde a las preguntas de la siguiente hoja de trabajo sobre Poder de Negociación, será más capaz de localizar con toda precisión las fuentes exactas de su poder de negociación.

Poder de Negociación

1. ¿Qué estoy dispuesto a ofrecer a mi oponente para obtener mis objetivos?

    Dinero: _____

    Programa de pagos: _____

    Tiempo: _____

    Servicio: _____

    Mejoras: _____

    Reembolsos: _____

    Negocios futuros: _____

    Trato voluminoso: _____

    Otros: _____

2. ¿Cuánto necesita mi oponente de lo que estoy dispuesto a ofrecer?

    Dinero: _____

    Programa de pagos: _____

    Tiempo: _____

Capítulo 15 ➤ *La capacidad para negociar: cómo adquirirla, cómo manejarla*

> Servicio: _____
>
> Mejoras: _____
>
> Reembolsos: _____
>
> Negocios Futuros: _____
>
> Trato Voluminoso: _____
>
> Otros: _____
>
> 3. ¿Cómo recurriré a la personalidad de mi oponente durante la negociación?
>   _____
>
> 4. ¿Cómo puedo recurrir a las emociones de mi oponente durante la negociación?
>   _____
>
> 5. ¿Cuál es mi reputación como negociador o la reputación con mis socios? (corredor, empresa, etcétera)
>   _____
>
> 6. ¿Cómo puedo construir un ambiente de buena voluntad con mi oponente?
>   _____
>
> 7. ¿Qué otra cosa tengo o puedo hacer para motivar a mi oponente?
>   _____

Cuando usted utiliza con habilidad su poder de negociación, su oponente *estará* motivado de manera favorable para alcanzar un acuerdo. Eso es seguro.

Las reglas del juego: uso del poder de negociación

Hay unas cuantas reglas básicas que debe cumplir cuando se hace necesario mostrar a su oponente su poder de negociación y, en su caso, utilizarlo. En las páginas siguientes, le mostraré los diferentes tipos de poder de negociación y cómo usarlos.

Cuando esté en una negociación, tenga en mente el poder de negociación que posee de modo que si tiene oportunidad de usarlo pueda hacerlo.

Primero, diferencia entre el conocimiento del poder y uso del poder. El hacerle ver a su oponente el poder que usted posee, es diferente de utilizarlo.

Parte 4 ➤ *Aumente su poder negociador*

¿Recuerda la película de Woody Allen, *Robó, huyó y lo atraparon*? El desventurado personaje de Woody intenta asaltar un banco, pero no obtiene nada pues el cajero lee mal la nota: "tengo un alma". Una pequeña tropa de funcionarios del banco se reúnen alrededor del banquero y Woody, el frustrado ladrón equipado con un arma mortal, observa en vano cómo tratan de descifrar su nota. Inútil decirlo, como en todas sus películas, Woody no llega muy lejos.

Los rompetratos

Nunca se guarde en reserva la verdadera magnitud de su poder de negociación; con tacto, haga saber a su oponente el poder que tiene o lo perderá.

En términos de negociación, el esfuerzo de Woody fue inútil porque su oponente no reconoció la fuente de su poder, el arma. Con esto no quiero decir que lleve un arma a su próxima reunión de negociación, sino que debe hacer saber a su oponente el poder de negociación que usted posee.

Muchos negociadores piensan que deben mantener para sí el conocimiento de su poder, "en reserva", en caso de que lo necesiten más adelante. Por lo general, el resultado es una negociación fallida. Recomiendo que nunca se guarde ningún hecho que constituya su poder de negociación.

Puede, como parte de la estrategia, reservar el *uso* de su poder. Pero incluso si lo hace, debe estar completamente seguro de que su oponente conoce la magnitud de su poder.

Cuando alerte usted a su oponente sobre su poder de negociación, hágalo de manera sutil. Si golpea a su oponente en la cabeza con una demostración de su poder, éste podría resentirse.

Por ejemplo, suponga que usted está interesado en comprar una casa y sabe que el vendedor tiene dificultades para encontrar un comprador. Si le dice "No ha podido vender la casa, ¿verdad?", puede ser que se encuentre con que el vendedor no quiera vendérsela, aunque sea el último comprador en la Tierra. Pero si se enfrasca en una discusión general sobre el número de casas en venta que hay y cuántos vendedores tienen dificultades para hacer una venta, el vendedor recibirá su mensaje indirecto: que tendrá que hacerle una buena oferta para que firme el contrato de compraventa.

Todo está en el uso correcto del tiempo, cuando revela o utiliza su poder de negociación

La pregunta clave que debe hacerse es: ¿cuándo tendrá mayor impacto la revelación o el uso de mi poder de negociación, y la mayor influencia para motivar a mi oponente a cerrar el trato?

Capítulo 15 ➤ *La capacidad para negociar: cómo adquirirla, cómo manejarla*

Los rompetratos

Si su oponente subestima su poder de negociación, de inmediato corríjalo. Si no lo hace, perderá ese poder y debilitará su propia posición de negociación.

En el caso de Woody, la clave era enseñar el arma antes de exigir el dinero. En otras negociaciones, sin embargo, tal vez no le convenga revela o utilizar su poder, sus relaciones o el conocimiento de la situación, antes de que haya llegado a un entendimiento con su oponente. Cuando se prepare para negociar y determine la fuente de su poder de negociación, también debe considerar el mejor tiempo para usarlo.

Diseñe un plan de práctica durante la preparación y decida cómo y cuándo le gustaría revelar su poder de negociación. Pero haga que su plan sea flexible, no se ate las manos usted mismo.

Cuando inicie la negociación, manténgase alerta para ver si su plan es aún el mejor planteamiento. Si no, no vacile en cambiar la dirección y revelar o utilizar su poder en el momento que considere adecuado. Confíe en su instinto para decidir el momento correcto. Cuanta más experiencia tenga, tanto más certero será su instinto.

Mantenga recargando su poder de negociación

Ya que haya determinado y revelado su poder de negociación, tiene que asegurarse de que su oponente está consciente siempre de él. Si su poder de negociación es de alta presión, prolongado o implica un gran intercambio de información, su oponente puede, con facilidad, olvidarse de él. Si eso sucede, su poder es inútil.

Suponga que desea contratar a una compañía para que remodele su cocina, mejores instalaciones, más luz, nuevos gabinetes, etcétera. Es un trabajo bastante grande y usted sabe que tendrá que buscar el mejor precio. Cuando se prepare para negociar, se da cuenta de que tiene varias posiciones de poder de negociación:

➤ Podría esperar al invierno, pues entonces los contratistas estarán buscando trabajos interiores a causa del frío.

➤ Sus vecinos, los Sánchez, también están pensando en remodelar. Le han dicho que les gustaría considerar al mismo contratista que usted, si le hace un buen trabajo en su cocina.

➤ Está dispuesto a pagar 25% del costo total antes de iniciar el trabajo, como un incentivo más para obtener un buen precio.

En su primer encuentro con el contratista, Armando Casas, usted le revela sus tres fuentes de poder. Aun así, Armando le sale con un precio demasiado alto. Usted habla con otros contratistas, obtiene algunos otros precios y luego decide ver a Armando de nuevo. ¿Cómo le recuerda su ventaja de negociación? Hay dos buenas formas de mantener fresco su poder en la memoria de su oponente.

Repita, repita, repita...

La repetición es la mejor manera de recordarle a su oponente su poder de negociación y magnificar su impacto. De nuevo, esta técnica implica un poco de diplomacia y buena administración del tiempo. Desea recordarle a su oponente su poder, no golpearle la cabeza con él.

> **Sugerencia**
>
> Los oponentes olvidadizos son comunes, en especial si su oponente es una persona ocupada que juega con muchas pelotas al mismo tiempo. Así que nunca vacile en ser repetitivo cuando negocie. Recuerde a su oponente su poder de negociación, con tacto, cada vez que tenga oportunidad.

En su segundo encuentro con Armando, por ejemplo, deberá repetir, con sutileza, sus tres elementos de poder de negociación para refrescarle la memoria. Podría decir algo como: "He hablado con otros contratistas y parecen dispuestos a realizar el trabajo entre mi cocina y la de los vecinos, por lo que tendrían trabajo para todo el invierno."

Preguntas para establecer su poder

Otra forma de mantener su poder de negociación fresco en la mente de su oponente consiste en hacer preguntas al respecto. Podría preguntarle a Armando: "Sería agradable trabajar en interiores cuando el frío arrecia, ¿no cree?" Él se verá forzado a responder afirmativamente y usted habrá planteado lo que deseaba.

Asegúrese de que sus preguntas no sean demasiado obvias; sólo así tendrán mayor impacto y su oponente no se molestará con ellas.

Práctica mental: la forma de aumentar su poder de negociación

Los actores y los atletas conocen bastante el poder de visualizar su desempeño. Usted también puede aprovechar ese poder para aumentar su poder.

Cuando piensa en "práctica", tal vez esté pensando en el desempeño físico de ciertos actos. Cuando acude con sus pelotas a un campo de golf, usted practica físicamente su juego de golf. Pero la práctica mental también puede mejorar su desempeño.

Capítulo 15 ➤ *La capacidad para negociar: cómo adquirirla, cómo manejarla*

Es importante cuando se tiene una negociación en puerta, pues no va a tener una oportunidad de realizar un verdadero "ensayo con vestuario" antes de iniciar la negociación. Pero la práctica mental puede servir al mismo propósito.

Sugerencia

Recuerde: cuando negocia está enfrentando su mente contra la de su oponente. Cuanto más preparado esté usted en su mente, mayor poder de negociación tendrá.

Qué significa el "ensayo mental"

Cuando practica en su mente, se ve a usted mismo en la mesa de negociación. Piense en todo lo que intenta decir y hacer. Imagine cómo podría responder su oponente. Sea específico.

Cuando llegue a la negociación real, a menudo encontrará que la negociación se lleva a cabo de manera muy parecida a como lo había previsto. Eso le da a usted una ventaja. En cierto sentido, usted "ha estado ahí antes". Con un ensayo mental, la negociación real será más fácil para usted (no estará tan nervioso o presionado) y disfrutará mucho más el proceso de negociación. Además, descubrirá que el alcance de su éxito aumentará radicalmente.

Verdades

"El conocimiento es un tesoro, pero la práctica es la clave para conservarlo."
—Thomas Fuller

Imagine esto: una muestra de ensayo mental

Suponga que ha decidido solicitar un aumento de sueldo largamente merecido. Póngase cómodo e imagine cada detalle del proceso de negociación completo. Imagínese a usted mismo al entrar en la oficina de su jefe y cómo inicia una charla superficial. Obsérvese cómo se lanza con firmeza a plantear su solicitud. (Imagine, de preferencia, al menos dos o tres formas de abordarlo. Eso le da la flexibilidad de escoger el mejor planteamiento cuando esté en la negociación real.) Imagínese a usted mismo haciendo un buen contacto visual y sentado derechito como le enseñó su mamá.

Sea realista, incluso en su imaginación. (¿Qué tan probable sea que su jefe le responda: "¿Un aumento de quince por ciento? ¡¿Por qué no lo hacemos de cincuenta!"?) Imagine cada excusa posible que podría utilizar su jefe para no acceder ("tenemos una congelación de salarios en este momento", "no hay dinero para aumentos, ha sido un mal año para la empresa", etcétera) y piense en una respuesta.

Sea gráfico. Imagine el rostro de su jefe y su reacción física cuando le haga la solicitud. Imagine el suceso completo, desde el inicio al final, con todo detalle.

Finalmente, imagine a su jefe diciendo "sí".

Ensaye una media docena de veces o más hasta que tenga todo el proceso bajo control. Cuando por fin llegue el momento de negociar, se sentirá más a gusto, más confiado, más poderoso y tendrá más probabilidad de obtener lo que desee.

Lo mínimo que necesita saber

- ➤ Determine su poder de negociación cuando se prepare para negociar.
- ➤ Siempre revele a su oponente la magnitud real de su poder de negociación, incluso si no tiene que utilizarlo.
- ➤ Revele o use su poder cuando su instinto le señale que el momento es el adecuado.
- ➤ La repetición y las preguntas son buenas formas de mantener fresca en la memoria de su oponente la magnitud real de su poder de negociación.
- ➤ Antes de iniciar la negociación, ensáyela completa mentalmente para aumentar su poder de negociación.

Capítulo 16

Los hábitos, buenos y malos

En este capítulo

➤ Los buenos hábitos para negociar
➤ Elimine malos hábitos
➤ Cómo tratar los malos hábitos de su oponente

Piense en cuántas de las cosas que hace están gobernadas por la costumbre. Lavarse los dientes, arreglarse el cabello, conducir el auto al trabajo o a la escuela... Su mente está en "piloto automático" en la mayoría de tales actividades. Esto se debe a que se han convertido en hábitos.

Los hábitos, como lo señala William James en su libro *The Principles of Psychology*, no son otra cosa que caminos trazados en su cerebro. Cuanto más repita una actividad, tanto más profundo será el trazo. Al adquirir hábitos, su mente se ve libre para concentrarse en otras cosas. Pero como sabe cualquiera de nosotros que haya intentado bajar de peso o dejar de fumar, cuanto más profundo sea el trazo, tanto más difícil será cambiarlo. En el presente capítulo, aprenderá cómo aumentar sus buenos hábitos y minimizar o eliminar los malos.

El efecto de los hábitos sobre la negociación

Cualquier cosa puede suceder (y a menudo sucede) en la negociación. Los buenos hábitos de negociación lo colocarán en una mejor posición para lidiar con lo inesperado, porque tendrá la capacidad de concentrarse en la situación variable sin que haya distracciones.

Verdades
"El hábito es un cable; trenzamos un hilo de él cada día."
—Horace Mann

Por el contrario, los malos hábitos de negociación dañarán su posición de negociación debido a que dificultan su desempeño. Por ejemplo, si usted interrumpe a menudo cuando alguien está hablando, interrumpirá también durante una negociación, a pesar de que no debería. Eso funciona en su contra ocasionando que se pierda de información importante y que moleste a su oponente. De igual modo, si siempre se muestra inquieto, distraerá a su oponente cuando no desea hacerlo. Eso, también, puede tener resultados desfavorables.

Buenos hábitos de negociación

Hay un cierto número de cualidades que todo buen negociador debería tener. Practique los siguientes buenos hábitos todos los días y se reflejarán en su negociación:

- Haga un buen contacto visual con todas las personas que conozca. El no mirarles al rostro da a entender falta de confianza, ¡y no es ésa la impresión que desea dar cuando está en una negociación!
- Vista de manera pulcra y profesional.
- Hable con claridad.
- Elimine las muletillas de su conversación (los "estes" y los "¿no?", etcétera).
- Escuche con cuidado (¡sin interrumpir!) y haga las preguntas pertinentes.
- Siéntese con buena postura.
- Párese y camine con la cabeza levantada, los hombros hacia atrás y el cuerpo erguido.
- Diseñe un método estándar de preparación de sus reuniones de negociación (*véanse* los capítulos 2 y 3).
- Si todo el tiempo llega tarde, intente llegar temprano a todas sus citas. Adelante unos cuantos minutos su reloj si lo considera necesario.

Estos hábitos tienen dos beneficios inmediatos. Le ayudan a ser buen conversador, a escuchar con atención, a plantear preguntas precisas y a pensar bien. También le ayudan a transmitir un aire de confianza que apoyará su posición de negociación. Su confianza le hace parecer más creíble y habrá más probabilidad de que su oponente lo respete y se vea influido por su posición de negociación.

Hábitos difíciles de romper

¿Alguna vez se ha sorprendido por el sonido de su propia voz grabada en alguna máquina contestadora de teléfono? ¿Alguna vez se ha sorprendido al verse en el aparador de alguna tienda? La mayoría de nosotros no nos damos cuenta de la forma en que nos ven los demás. Muchos de sus malos hábitos, el hablar con mucha rapidez o con bastante lentitud, el adoptar posturas encorvadas, evitar el contacto visual, pasan desapercibidos para usted, a menos que alguien se lo haga notar. ¿Y quién está dispuesto a hacerlo?

Los rompetratos

No es posible que lleve sus malos hábitos a dondequiera que vaya y espere que desaparezcan cuando sea tiempo de negociar.

Las maneras no conscientes pueden ser fatales para una negociación efectiva. Pueden hacer que se vea incómodo y, lo que es peor, incompetente.

La mejor manera de deshacerse de sus malos hábitos es eliminarlos de manera rápida y decisiva. William James lo dijo de esta manera: "... en la adquisición de un nuevo hábito o en la eliminación de uno viejo, debemos... lanzarnos con toda la fuerza, la decisión y la iniciativa posibles... nunca haga una excepción hasta que el nuevo hábito esté arraigado firmemente en su vida".

Sugerencia

Cuando esté en una negociación, observe cualquier mal hábito que su oponente pueda tener, como el hecho de que no le mire a los ojos. Después de terminar la negociación, piense si usted tiene los mismos hábitos. Ésa es una excelente manera de identificar sus propios malos hábitos.

He aquí unos cuantos hábitos desagradables que debería eliminar de manera inmediata de su repertorio de negociación:

➤ *Jugueteo con lápices, anteojos, tazas o cualquier cosa que distraiga a su oponente.* En cierta ocasión negocié con un oponente que golpeaba el lápiz sobre la mesa como si estuviera en un grupo de *rock*. Su oponente no se concentrará en lo que usted está diciendo si cuando habla juguetea con algo. (No confunda los malos hábitos que molestan a su oponente con situaciones en las que desea romper de manera efectiva la concentración de su oponente; en este último caso, usted actúa deliberadamente para lograr un resultado específico. En el primero, usted repite un gesto inconsciente que puede comprometer su posición de negociación.)

➤ *Interrupción de su oponente.* ¿Alguna vez ha hablado con alguien que lo interrumpe con frecuencia? Es molesto. No es conveniente que frustre a su oponente y, quizá, le haga enojar.

➤ *Uso de "muletillas".* Estoy seguro de que conoce gente cuya conversación está salpicada todo el tiempo con "este" o "digo". No suenan en especial coherentes o inteligentes, ¿verdad? Haga una grabación en cinta de los argumentos que plantee en alguna reunión. Reprodúzcalos y escuche con atención. ¿Qué muletillas utiliza? Concéntrese en eliminarlas de su forma habitual de hablar.

➤ *Toma excesiva de notas.* No es una buena práctica de negociación porque distrae su atención de su oponente. Por ejemplo, si su oponente le hace una oferta y luego se vuelve hacia otro lado, eso es una evidencia de falta de confianza en la oferta. Si usted está ocupado tomando notas y se pierde esa pequeña pero importante clave, podría pensar que su oponente le está haciendo una buena oferta cuando en realidad no lo está haciendo.

Verdades
"La excelencia ... no es un acto, sino un hábito."
—Aristóteles

Siempre limito mis notas a escribir cuestiones clave (como los términos de las ofertas hechas) o para registrar hechos o documentos que he prometido encontrar y entregar a mi oponente. Aparte de eso, la pluma se queda en mi bolsillo.

➤ *Garabateo o lectura de notas que su oponente no puede ver.* Su oponente se volverá suspicaz, incluso si nada más está dibujando o haciendo la lista del mandado. Si debe confiar en notas, sosténgalas de modo que su oponente pueda ver lo que usted está haciendo.

Manejo de los malos hábitos de su oponente

Los malos hábitos de su oponente le hacen menos efectivo, pero tampoco le permiten concentrarse en lo que su oponente está diciendo. Por ejemplo, en cierta ocasión tuve un oponente al que le gustaba abrir y cerrar la cerradura de su portafolios. Ese sonido no pasaba desapercibido; era como el sonido de un gran reloj cuando uno está intentando dormirse.

¿Cómo trata a un oponente que le distrae con malos hábitos? Podría sonreír y aguantarse o, con tacto, hacer que su oponente deje de hacerlo hasta que la negociación termine. En el caso del portafolios, por ejemplo, le pude haber dicho algo como: "Ese maletín le ha de estar estorbando; ¿no sería mejor que me lo diera a guardar junto con su abrigo, para que tenga más espacio?" Si puede romper el mal hábito de su oponente, será capaz de fortalecer su concentración y sacar un poco de balance a su oponente. Esto inclina la ventaja de la negociación a su favor.

Lo mínimo que necesita saber

➤ Los buenos hábitos de negociación dejarán libre a su mente para concentrarse en la negociación.

➤ La mejor manera de adquirir buenos hábitos de negociación, como hacer un buen contacto visual, pararse derecho y llegar a tiempo, consiste en practicarlos incluso cuando no está negociando.

➤ Elimine los malos hábitos de negociación, como el juguetear con los objetos, tomar notas excesivas y utilizar muletillas cuando habla, de la manera más rápida y decisiva.

➤ Si debe pedirle a su oponente que deje de hacer algo que constituye un mal hábito (como juguetear con los objetos o fumar), hágalo con tacto.

Capítulo 17

Mantenga la compostura: controle la negociación

En este capítulo

➤ Cuándo y cómo obtener el control del proceso de negociación

➤ El "encauzamiento" para mantener el control

➤ Cómo recuperar el control cuando lo pierda

Casi todos los aspectos de la vida están gobernados por reglas y leyes. Los derechos y las responsabilidades legales controlan sus acciones con respecto a los demás. Los semáforos y los límites de velocidad controlan la forma en que maneja (espero). Las reglas de etiqueta le previenen de cometer errores sociales.

La negociación es una de las pocas excepciones, no existen reglas formales para el juego. En la negociación, usted se guía por sus propios carácter, integridad y honestidad. Ésa es la razón por la cual debe intentar controlar el proceso de negociación. Cuanto más control tenga de la negociación, más probabilidad tendrá de conducir las discusiones hacia su objetivo de negociación, para obtener lo que desea. Puede enfocar sus pensamientos en estrategias y técnicas, en lo que dice y cómo lo dice, en leer el lenguaje corporal de su oponente y en controlar el suyo propio. En el presente capítulo le mostraré cómo controlar el proceso de negociación de modo que tenga una mejor probabilidad de obtener lo que quiere.

Cuándo y cómo mantener el control

Hay muchas formas, tanto antes como durante la negociación, en que es posible ponerse en una situación de control. Ya he mencionado algunas de ellas en los capítulos anteriores. Pero el control es un valor tan importante en la negociación que vale la pena volver hablar de él aquí.

Tome el control antes de iniciar la negociación

Puede empezar siendo asertivo desde antes de sentarse en la mesa de negociaciones, controlando el lugar y la disposición de la negociación:

➤ Negocie en su propio terreno (*véase* el Capítulo 4).

➤ Establezca la negociación a la hora en que su estado mental esté en su mayor potencial (*véase* el Capítulo 4).

➤ Ensaye mentalmente la negociación (*véase* el capítulo 15).

Gane el control cuando la negociación se lleva a cabo

Ya que se encuentre frente a su oponente, siga controlando el proceso de negociación...

➤ *Haciendo preguntas.* Las preguntas ponen a su oponente a la defensiva. Cuando éste responde, no puede hacerle preguntas ni centrar su atención en su estrategia de negociación. En el Capítulo 8 he analizado el asunto de las preguntas y cuándo y cómo utilizarlas.

➤ *Concentrándose en una cuestión hasta que quede concluida, incluso si su oponente intenta pasarse a otra cuestión.* Los vendedores hacen esto todo el tiempo. Suponga que está interesado en comprar un sofá que vio en una mueblería. El vendedor empieza mostrándole un conjunto de sillas del mismo tipo, mesa para café y lámpara; le dice que se lo vende a un precio especial como parte de un paquete. Usted responde que no desea gastar tanto dinero. El vendedor le describe las opciones de crédito que tiene la tienda: crédito al instante por todo lo que quiera comprar, ¡y no tendrá que pagar hasta el año 2001!

De pronto, en lugar de concentrarse en averiguar el precio del sofá, está metido hasta la cintura discutiendo la renovación de su sala completa. Mucha gente se vería embarcada comprando toda la sala. No deje que eso le suceda a usted; mantenga los ojos en el precio y diga con firmeza: "No, gracias. Todo lo que necesito en este momento es un sofá. ¿Cuánto cuesta?" Y saque la cartera. Eso le servirá para mantener la atención en su base primaria de negociación (analizada en el Capítulo 2) y le ayudará a mantener el control de la negociación.

Capítulo 17 ➤ *Mantenga la compostura: controle la negociación*

Los rompetratos

El no poder mantener su base primaria (su objetivo de negociación) es directamente proporcional a la complejidad de las cuestiones a negociar. Cuanto más complicada sean las cuestiones, tanto mayor será el peligro de perder de vista su base. Ésa es la razón por la cual debe fijarse con firmeza el objetivo principal en la mente, en especial cuando se prepara para la negociación.

➤ *No proponga nuevas cuestiones ya que haya empezado la negociación.* Esto amplía innecesariamente la discusión y produce un aire de incertidumbre.

➤ *No introduzca nuevas partes o nuevos elementos después de iniciada la negociación.* Si lo hace, le dará a su oponente una perfecta oportunidad de expresar nuevas ideas o, incluso, de pensar de nuevo cuestiones que ya estaban acordadas.

Aclaremos términos

Los *elementos nuevos* son personas, ideas o cuestiones extrañas para ambos negociadores o para la materia que se está negociando. Si usted propone una nueva cuestión a tratar o introduce a otra persona en la negociación después de que haya empezado, se trata de un nuevo elemento.

El encauzamiento: una técnica de negociación, no un deporte nuevo

La técnica del encauzamiento es una manera de asegurar que las cuestiones ya tratadas permanezcan cerradas. Aumenta el control sobre la negociación debido a que le evita tener que volver a abrir o discutir de nuevo cuestiones que ya estaban establecidas.

Cuanta más experiencia de negociación adquiera, tanto mejor será en la técnica del encauzamiento. Si su oponente intenta reabrir una cuestión ya establecida (a menudo lo hacen), recuérdele con tacto que el punto ya está acordado. Si insiste en volver a analizar la cuestión, explíquele de inmediato el acuerdo al que llegaron. Luego pase a tratar otra cosa. No permita que usted o su oponente empiecen a tratar y negociar de nuevo una cuestión cerrada.

Aclaremos términos

La técnica del *encauzamiento* consiste en dejar de lado los puntos que ya se han tratado y resuelto. Es posible regresar a ellos más adelante en la negociación, para repasar los acuerdos y para resumirlos, pero *no* para volverlos a negociar.

Los rompetratos

Cuantas más partes estén implicadas en la negociación, tanto mayor será la probabilidad de que se vuelvan a tratar cuestiones pasadas, y más difícil será para usted mantener el control.

¡Se encuentra fuera de control! Cómo recuperar el control en la negociación si lo pierde

¿Alguna vez ha perdido una discusión con sus hijos, con su esposa o con su jefe? Entonces conocerá la sensación de hundimiento que acompaña a una pérdida de control. Usted se encuentra a la defensiva, esforzándose por hacerse entender, balbuceando respuestas mientras se ve bombardeado con preguntas. Es posible que se vea envuelto en alguna cuestión que no tenía nada que ver con lo que deseaba tratar. Todo lo que dice es mal interpretado; no es posible que gane.

Cuando pierde el control en la negociación, usted es más susceptible de hacer concesiones. Antes de que eso suceda, debe recuperar el control, y cuanto más aprisa mejor.

Los rompetratos

Casi siempre es mejor actuar que reaccionar. Cuando usted actúa se encuentra a la ofensiva. Cuando reacciona está a la defensiva, y eso no es conveniente cuando usted está en una negociación.

Cuando pierda el control de la negociación, hay formas de recuperarlo:

➤ Pida de inmediato un receso o un descanso. Haga una evaluación de la negociación y piense en lo que salió mal y cómo remediarlo.

➤ Busque formas de tomar la ofensiva.

➤ Inmediatamente después del receso, empiece a resumir lo que sucedió en el proceso de negociación hasta ese momento, le ayudará a controlarse. Cuando haya terminado con el repaso, empiece a plantear su posición o posiciones de negociación. Ahora tendrá de nuevo el control de la negociación.

Capítulo 17 ➤ *Mantenga la compostura: controle la negociación*

Lo mínimo que necesita saber

- ➤ Cuanto más control tenga de la negociación, mayor probabilidad tendrá de obtener lo que desea.
- ➤ Antes de la negociación, es posible que obtenga el control escogiendo el lugar y la fecha de la misma y ensayarla mentalmente.
- ➤ Durante la negociación, puede obtener y conservar el control a través del planteamiento de preguntas, mediante el uso de la técnica del encauzamiento y evitando que se incluyan nuevos elementos en la discusión.
- ➤ Cuando sienta que ha perdido el control, pida un receso. Utilícelo para determinar qué salió mal y por qué.
- ➤ Una buena forma de recuperar el control consiste en reiniciar la negociación haciendo un resumen de la misma hasta ese momento, y después seguir con sus propias posiciones de negociación.

Parte 5
Supere los problemas de las negociaciones

Va a tener problemas cuando negocie; no hay manera de evitarlos. Las dificultades en la negociación son como mosquitos en un día húmedo y caluroso, cuanto más los espanta uno, con tanto más empeño atacan. O eso parece.

En esta parte usted descubrirá las diferentes herramientas que puede utilizar para ayudarse a vencer algunos problemas comunes que se presentan en la negociación. Aprenderá a moverse con facilidad en el proceso de negociación con pocos dolores de cabeza y, quizá, incluso ¡empezará a divertirse un poco!

Capítulo 18

Manejo de la ira durante las sesiones

En este capítulo

- ➤ La ira afecta las negociaciones
- ➤ Por qué debe controlar su ira
- ➤ Cómo tratar la ira de su oponente
- ➤ Detenga la ira de su oponente

En cierta ocasión representé a un cliente que se encontraba implicado en un accidente automovilístico de tres vehículos, pero no era el culpable. Otro conductor, digamos Choque Carson, era el verdadero causante del accidente.

Mi oponente, que representaba a la compañía de seguros de Carson, no reconocía que mi cliente no había obrado mal. Insistía en que bajara la cantidad de dinero que le pedía para llegar a un acuerdo.

Puse las cosas en su lugar: con tacto, le insistí que la cantidad era razonable pues su cliente era el culpable. Pude ver cómo crecían su irá y su frustración a medida que se daba cuenta de que yo no pensaba ceder. Por último, estalló, golpeó el escritorio con el puño y gritó: "¡Muy bien! Mi representado ocasionó el #"%(* accidente ¡¿y qué?! ¡De todos modos no voy a pagarles lo que quieren!" Luego metió con violencia los papeles en su portafolios y salió de la oficina.

Es raro enfrentarse con un oponente que reconozca su responsabilidad; y eso nunca hubiera sucedido si mi oponente no se hubiera enfadado tanto. Su temperamento fue mi aliado. En menos de una semana recibí un cheque por la cantidad que pedía para mi cliente.

Hay un dicho que dice que la persona que "el que se enoja pierde". Eso es lo que sucedió a mi oponente. En el presente capítulo, aprenderá qué hacer si la ira, suya o la de su oponente, interrumpe la negociación.

Cómo interrumpe la ira la negociación

La ira tiene muchos efectos psicológicos en el organismo. Cuando usted se enoja, aumenta la presión sanguínea y se acelera el pulso.

Las actitudes que se toman bajo el efecto de la ira no son buenas tampoco. No se piensa ni se actúa de manera lógica cuando se está enojado y, por lo general, nada de lo que haga en tal estado es en particular constructivo. En la negociación, la ira tiene dos aspectos negativos que describiré en las siguientes secciones.

¡Me vengaré!

Casi siempre, la ira es sustituida por un deseo de venganza (recuerde a la despreciada Glenn Close que, en la película *Atracción Fatal*, mata al conejo).

Cuando está decidido a tomar venganza, son altas las probabilidades de que haga o diga algo que pongan en peligro su posición de negociación. Esto sucede todo el tiempo, como lo muestra la historia del representante de la aseguradora. Sólo recuerde las cosas que ha dicho sin querer cuando está enfadado y sabrá de lo que hablo.

Los rompetratos

La persona que se enoja durante una negociación pierde, ya sea porque no alcanza un acuerdo favorable, se termina por completo la negociación o porque se reconoce algo que no es conveniente cuando se está airado.

Como yo quiero o me voy

La ira también le vuelve obstinado. Cuando está enfadado puede volverse terco e insistente con respecto a todas sus posiciones de negociación, sin dejar lugar a concesiones o a margen de negociación. Es posible que se contraponga a cualquier cambio, incluso si éstos son razonables; y negociar con una persona así es muy difícil.

La regla general es: nunca se enoje cuando esté negociando. Permanezca tranquilo a pesar de que su oponente diga o haga algo destinado a provocar su ira. A continuación le presento algunas formas de permanecer tranquilo en medio de una situación acalorada:

➤ Respire profundamente y cuente hasta diez.

➤ Solicite una pausa de cinco minutos. Tome un paseo, beba algo de agua fría, dése la oportunidad de calmarse.

➤ Si su oponente hace referencia a cuestiones personales, respóndale que están en una negociación y que los señalamientos personales no son adecuados. (*Véase* el Capítulo 20 en donde hay más cosas sobre conflictos de personalidad y de principios y cómo tratarlos.)

En qué momento es correcto enojarse: la técnica de la "ira controlada"

Si se basa en los párrafos anteriores podría llegar a la conclusión de que en una negociación nunca hay cabida a la ira. Pero hay una excepción bastante importante. Es posible utilizar la ira en una técnica de negociación que llamo "ira controlada".

Si su oponente dice o hace algo que justifique por completo su enojo, manténgase tranquilo, pero finja que está enojado. Hable y actúe como si estuviera enfadado: frunza el ceño, hable con voz cortante y severa, y utilice ademanes bruscos (repase el Capítulo 6).

Utilice la técnica de la ira controlada cuando no quiera que le tomen por alguien fácil de convencer. Le permite mostrar su inconformidad con respecto a la táctica de su oponente, sin que sea víctima de las desventajas de la verdadera ira.

Verdades
"La mente es más sabia cuando está tranquila."
—Ralph Bunche

Una vez estuve en una negociación que ya llevaba mucho tiempo sin que se viera progreso alguno. Se me pidió que ayudará a una persona que vendía una empresa.

Muchas compras de empresas se ven retrasadas porque los "compradores" no tienen la seria intención de comprar y, en realidad, tienen otros objetivos en mente, como aprender lo más que se pueda de la otra compañía (a esto se le llama "ir a la escuela"). Por lo general, cuanto más se tarde una negociación, tanto más aprenderán los "compradores". Cuando los pseudocompradores tienen todo lo que necesitan saber, interrumpen las pláticas o hacen propuestas tan descabelladas que la otra parte se retira de la negociación.

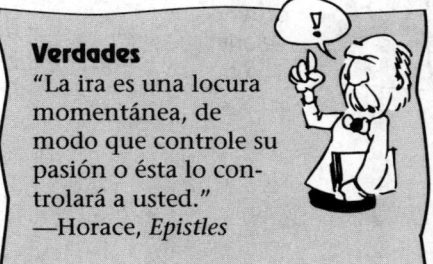

Verdades
"La ira es una locura momentánea, de modo que controle su pasión o ésta lo controlará a usted."
—Horace, *Epistles*

Verdades
"Es confiable el hombre que se enoja con respecto a las cosas que lo merecen y con las personas indicadas, de la forma pertinente, en el momento oportuno y durante el tiempo justo."
—Aristóteles

Sospeché que mi oponente demoraba de manera deliberada la reunión pues no respondía a las propuestas de mi cliente ni hacía las suyas propias. La discusión no iba a ninguna parte. Eso me daba una buena razón para enojarme y mi oponente lo sabía.

Así que me enojé, pero con una ira controlada. Mantuve mis emociones bajo un completo control, sólo mi voz, mis gestos y mis expresiones faciales revelaban mi inconformidad. Le advertí a mi oponente que mi cliente tenía la intensión de abandonar la negociación a menos de que se pusieran en la mesa propuestas significativas. Eso fue todo, la negociación se derivó hacia cuestiones más serias.

Debe darse cuenta de que la ira controlada tiene sus límites. Tuve que limitar mi ira controlada ante la táctica dilatoria de mi oponente; si hubiera ido demasiado lejos, éste hubiera tenido una plena justificación para enojarse conmigo y eso hubiera puesto en peligro los intereses de mi cliente. Al controlar mi ira, convertí la táctica dilatoria de mi oponente en una ventaja de negociación para mi cliente.

La ira controlada puede ser arriesgada, de modo que utilícela juiciosamente. Asegúrese de que su molestia sea justificada y limite su ira controlada sólo a las cuestiones que la justifiquen.

Si su oponente se enoja

Si está enfrascado en una negociación que llegó a un punto muerto y usted no tiene más alternativa que eliminar el atascamiento, la ira de su oponente podría ser la dinamita que rompa el bloqueo. A menudo las personas enojadas dicen y hacen cosas que no deberían; ésa es la razón por la cual es conveniente que su oponente se enoje; pero tenga cuidado. Si decide provocar la ira de su oponente, no le conviene que se enoje tanto que dé por terminada la negociación.

Verdades
"Si no se frena la ira, a menudo es más dañina para nosotros que la injuria que la provocó."
—Séneca

Por lo general, cuando las discusiones están estancadas, tanto usted como su oponente están predispuestos a enojarse debido a que se culpan entre sí de bloquear el progreso de la negociación. Es en este momento cuando tiene que conservar la calma.

Capítulo 18 ➤ *Manejo de la ira durante las sesiones*

Pruebe las reacciones de su oponente

En algunas situaciones, es posible afirmar, con tacto, que la falta de razón de su oponente es lo que está bloqueando la negociación. Observe qué tan suave y doméstica es la expresión "falta de razón", no es lo bastante provocativa como para que enfurezca a su oponente, pero puede ser lo suficientemente severa como para llevarlo a salir del estancamiento.

También puede afirmar que su oponente nunca tuvo la verdadera intención de llegar a un acuerdo "justo y razonable". Lo que en realidad está diciendo es que su oponente no es una persona justa y razonable. La mayoría de las personas se consideran a sí mismas como justas y razonables, de modo que este planteamiento por lo general hará que su oponente se ponga a darle una larga explicación de por qué *es* justo, y quizá llegue a proponer un trato bueno con el objetivo de demostrarlo.

> **Los rompetratos**
>
> Cuando haya encendido la mecha de su oponente, ¡sea un buen oyente! Si le interrumpe en esta etapa, corre el riesgo de provocar que su oponente monte en ira incontrolable, y no es conveniente que usted se enfrente a ello.

También es deseable hacer que su oponente se enoje cuando se encuentre en una posición de negociación mucho más fuerte, con todos o la mayoría de los ases, y usted busca una manera de debilitar la mano de su oponente y fortalecer la suya.

En cierta ocasión representé a un cliente que era inversionista de un proyecto de bienes raíces. No estaba contento con la forma en que el proyecto se iba presentando y deseaba salirse del negocio, pero no tenía medios legales para salirse.

A pesar de que mi cliente tenía una posición legal débil, estuve presionando al contratista para que dejara libre a mi cliente, de acuerdo con mis términos. Mi terca persistencia tuvo sus frutos, el contratista se enfadó conmigo y accedió a cerrar el trato como lo estaba proponiendo.

De nuevo, haga sus señalamientos sin mucha severidad; su objetivo es hacer que su oponente se enoje poco, no que se enfurezca de manera incontrolable.

> **Verdades**
>
> "Si la ira proviene de una gran causa, se convierte en furia; si proviene de una causa pequeña, se convierte en terquedad, y por tanto, siempre es terrible o ridícula."
> —Jeremy Taylor

Una manera de garantizar una pelea en la mesa de negociación

Siempre que de manera deliberada haga enojar a su oponente usted corre riesgos. La mecha de cada persona se enciende de manera distinta; algunos oponentes hacen una rabieta a la menor provocación; otros aguantarán mucho más antes de perder los estribos. De modo que intente medir el punto de ebullición de su oponente antes de que trate de provocarlo.

Como aprendió en el Capítulo 12, una forma efectiva de provocar a su oponente consiste en hacer un menosprecio personal que vaya en contra de su "ego". Cuanto más cerca esté lo que diga de la "personalidad" de su oponente, tanta más probabilidad tendrá de que éste se enoje de manera genuina e irrevocable.

> **Los rompetratos**
>
> Limite sus señalamientos a la cuestión de que se trate en la negociación; si los amplía y se mete en áreas que están más allá de lo que está negociando, corre el riesgo de encender, sin desearlo, la mecha de su oponente.

Por ejemplo, si su oponente es agente de bienes raíces, cualquier comentario sarcástico que usted haga sobre el mercado de inmuebles en general puede ser suficiente para provocarle una ira moderada. Haga un chiste sobre la agencia de bienes raíces donde él trabaja y se acercará un poco más a su personalidad. Haga un comentario despreciativo sobre su capacidad para realizar el trabajo y habrá hecho contacto directo con su personalidad. Ahora corre el riesgo de despertar una verdadera ira que sólo hará que la negociación sea más difícil (si no imposible). No es conveniente llegar hasta este extremo.

Si decide provocar de manera deliberada la ira de su oponente, considere siempre qué tan cerca de su personalidad llegan sus acciones y sus señalamientos. En una negociación exitosa no tienen cabida los ataques personales.

Tranquilice a su oponente

Si su oponente se enoja de manera incontrolable con usted, existen cinco formas en que puede tranquilizar la situación:

- ➤ La ira es una emoción pasajera y, por lo general, curable por completo mediante una buena dosis de tiempo. Si su oponente no está muy enojado, una corta pausa en la negociación será suficiente. Si cree que es necesario un poco más de tiempo, deje que su oponente se tranquilice durante la comida o durante la noche. Si su oponente está de veras enojado, debe dejar que pasen unos cuantos días o una semana. En algún momento su oponente hasta puede llegar a sentirse tonto con respecto a su enojo.

- ➤ Muestre que no hay razón para que su oponente se enoje (si éste es de hecho el caso). Explíquele que no tenía la intención de insultarle con sus acciones o con sus señalamientos.

Capítulo 18 ➤ *Manejo de la ira durante las sesiones*

➤ Remedie la situación. Si de alguna manera ha ofendido personalmente a su oponente, una sencilla y sincera disculpa será suficiente. No se muestre reacio a disculparse y no deje que el orgullo o la terquedad se interpongan en su camino. Reconocer una falla no es signo de debilidad, es hacer una buena negociación. Está ahí para llevar a cabo una negociación exitosa sobre algo importante para usted. Mantenga la atención en ese objetivo.

➤ Si su oponente está furioso por algo que usted dijo o hizo, tal vez tenga que hacer una o dos concesiones para recuperar su buena voluntad y llevar a la negociación de regreso a su curso. Esto es riesgoso debido a que su oponente puede interpretar sus concesiones como un signo de debilidad y exigir más de usted. Así que utilice este planteamiento sólo cuando haya utilizado sin éxito todas las demás opciones.

➤ Envíe a alguien a negociar en su lugar. Sin embargo, esto es riesgoso debido a que puede ser interpretado como la aceptación de que usted está equivocado. Si su oponente tiene algunas habilidades de negociación, empezará a pedir mayores concesiones.

Suponga que tiene cinco días que sacó su automóvil del taller y ya está haciendo "ese ruidito" de nuevo. Molesto, lleva de nuevo el auto al taller de Pedro, en donde éste le comunica que se trata de un nuevo problema, más difícil de reparar y más costoso que el que le arregló la vez anterior. Usted ya pagó la reparación y no está dispuesto a soltar más dinero. Pedro le dice:

Verdades
"El tiempo cura lo que la razón no puede curar."
—Séneca

—Qué mal.

En un arrebato de cólera, usted acusa a Pedro de administrar un taller incompetente; el taller es parte de la personalidad de Pedro, de modo que ahora lo ha acusado de ser incompetente. Y él no se lo toma a la ligera.

Eso es suficiente para llevar el proceso de negociación a un chirriante alto (el juego de palabras no fue intencional). Usted todavía tiene un auto ruidoso y Pedro aún tiene su dinero. El atascamiento seguirá hasta que logre tranquilizarlo.

El paso del tiempo será de ayuda. Pregunte a Pedro si puede regresar dentro dos o tres días. Si se niega, discúlpese por perder el control; luego señale que en realidad es interés de ambos es llegar a una solución amistosa, usted se llevará un auto que funcione bien y Pedro tendrá un cliente satisfecho.

Cuando haya cambiado el programa, ya no haga nada; deje que el tiempo sea su aliado. Él eliminará mucho de la ira de Pedro. La próxima vez que se presente en el taller mecánico, de inmediato pídale una disculpa. Si lo cree necesario, vaya más allá y déle una explicación de su actitud errónea. Dígale que tuvo un mal día o que el automóvil es importante para usted y que se sentía frustrado por sus problemas. Cualquier explicación genuina será de ayuda para eliminar la ira de Pedro.

143

Luego explíquele de nuevo a qué se debe su visita, para que repare bien el automóvil o para que le regrese su dinero.

Ya que Pedro se ha calmado, tenga mayor cuidado de no hacerle enojar de nuevo. Es difícil tranquilizar a un oponente una vez; dos veces es casi imposible.

Los rompetratos

Una negociación efectiva consiste en saber cómo plantear sus puntos sin hacer que su oponente se convierta en su enemigo. Un oponente que se enoje dos veces con usted será su enemigo.

Lo mínimo que necesita saber

➤ Salvo situaciones muy especiales, la ira rompe la negociación al volverlos, a usted y a su oponente, vengativos y obstinados.

➤ Si su oponente le da motivos, utilice la técnica de la "ira controlada" para expresar su descontento.

➤ Si la negociación ha llegado a un punto muerto, podría intentar provocar ligeramente a su oponente con el fin de romper el estancamiento.

➤ Evite hacer ataques personales a su oponente. Pueden dañar de manera irreparable la negociación.

➤ Si su oponente se enoja de verdad, haga una pausa en la negociación, discúlpese o muestre que la ira de su oponente es injustificada. Como último recurso, quizá tenga que hacer concesiones para tranquilizar a su oponente.

Capítulo 19

El temor

En este capítulo
- Los efectos del miedo
- Los tres temores más comunes en una negociación
- Aumente los temores de su oponente para ayudarse a obtener lo que desea
- Evite ser intimidado

Cada semana, una educadora de jardín de niños que conozco visita la biblioteca local para sacar una cierta cantidad de libros para sus alumnos. En cierto momento, la encargada de la biblioteca se quejó del número de libros que sacaba. Mi amiga le ofreció una solución: ¿Qué tal si cada semana llevaba a sus 20 alumnos para que ellos mismos anduvieran por toda la biblioteca buscando sus libros? La bibliotecaria nunca se volvió a quejar.

Ésta es una sencilla y tierna lección acerca del poder del miedo. ¿Qué podría ser más atemorizante para un bibliotecario que la posibilidad de 20 niños de cinco años de edad corriendo por la biblioteca? Pocas cosas. En el presente capítulo, usted aprenderá cómo el miedo afecta una negociación.

Verdades
"Las acciones de los hombres dependen en gran medida del miedo."
—John F. Milburn

Los efectos del miedo

A una edad temprana usted aprendió acerca de los poderosos efectos del miedo. Recuerde el miedo que tenía el primer día de escuela, la primera vez que manejó un automóvil, la noche de su primera cita. El miedo aún le acompaña en muchas ocasiones, como en las entrevistas de trabajo, cuando se presenta en un nuevo espectáculo o el día de su boda, sólo para nombrar algunas.

Cuando tememos algo, nos imaginamos lo peor; éste es un poderoso motivador de la acción. Recuerde su primera cita, tenía miedo de que le saliera una notoria espinilla antes de la gran noche, de modo que le dio un cuidado extra a la piel de su rostro. No deseaba que su pareja pensara que usted era un payaso, de modo que escogió la ropa con especial cuidado.

El miedo también se presenta cuando usted negocia. Cuanto más importante sea la negociación, mayor será el miedo.

Miedo y negociación

Tuve mi primera escaramuza con el miedo cuando era ayudante de negociación recién salido de la escuela. Mi trabajo consistía en cobrar cuentas de un vendedor importante de automóviles (y usted cree que su trabajo es horrible).

Muchos de los deudores no pagaban, y yo no estaba seguro de cómo los iba a forzar para que pagaran sin verme envuelto en gran cantidad de confusos y largos pleitos legales.

Me las arreglé para motivar a la mayoría de ellos con base en el miedo. Redacté una sencilla carta que consistía en dos párrafos. El primero contenía la cantidad debida; el segundo decía lo siguiente:

> "Si no se recibe el pago dentro de dos semanas, se llevará a cabo la acción necesaria que redundará en mayores gastos para usted."

¿Cuál era la "acción necesaria"? ¿Cuáles son los "mayores gastos"? Deliberadamente dejé ambiguas tales frases, quería que la imaginación del deudor se desbocara sobre las posibilidades. Mi táctica funcionó. Dentro de pocos días, empezaron a llegar los cheques por correo.

Sugerencia

El miedo es un estado mental. Usted puede vencer el miedo en la negociación sustituyéndolo con pensamientos positivos.

Los tres mayores temores en una negociación

Los temores a los que se enfrentará en una negociación por lo general se centran en tres cuestiones:

- ➤ Temor de perder algo
- ➤ Temor a lo desconocido
- ➤ Temor de fracasar

Dos de estos temores motivaron a los deudores de mi cliente a pagar. Temían tanto a los "mayores gastos" (miedo a perder algo) y a lo que podría ser la "acción necesaria" (miedo a lo desconocido). Miremos cada uno de estos más de cerca.

Temor de perder algo

Muchos negociadores actúan motivados por el miedo de perder algo de valor, dinero, un sueño, una casa, un aumento de sueldo e incluso un buen trato.

Los negociadores expertos saben cómo aumentar nuestros temores de perder algo bueno. Los corredores de bolsa ofrecen la promesa de inversiones que doblarán su dinero. Los dueños de casas le dicen que otras personas también desean el departamento, de modo que firma el contrato sin dilaciones. La publicidad de los almacenes anuncia precios de oferta "inmejorables, por sólo un día".

Toda negociación que implique algo de valor los hará bastante propensos, a usted y a su oponente, al temor de pérdida. Por ejemplo, usted por fin encuentra la casa de sus sueños. El vendedor le dice que hay otros compradores que desean adquirir el inmueble.

Tal revelación es una estratagema para motivarle a hacer una oferta de inmediato, quizá una mayor al precio de venta del dueño. En el Capítulo 23 reviso la forma en que se puede proteger de experimentar temor de pérdida con estas técnicas cuando compra una casa.

A continuación le presento algunas sugerencias que le serán de ayuda cuando se enfrente a la posibilidad de perder un arreglo que usted desea mucho:

- ➤ Nunca le dé a su oponente ningún indicio de que desea mucho cerrar el trato (comprar la casa, quedarse con el trabajo, vender su automóvil, etcétera).
- ➤ Prepárese mentalmente para retirarse de la negociación si lo que se le ofrece no es lo que desea.
- ➤ Encuentre una solución alterna antes de negociar (una casa parecida, otro posible trabajo, otro comprador potencial, etcétera). Eso le ayudará a evitar que sienta temor de pérdida, sabrá que si no se llega a un acuerdo en esta negociación en particular, habrá otras.

Miedo a lo desconocido

Cuando usted teme a lo desconocido, se imagina lo peor (si usted es como yo, es probable que sienta este temor cada vez que acude al médico o al dentista). En lo que respecta a la negociación, el temor a lo desconocido es un gran motivador. ¿Qué sucede si el vendedor se ríe de su oferta? ¿Qué pasa si su oponente en la negociación lo rechaza de entrada?

He aquí algunas sugerencias de cómo es posible vencer su temor a lo desconocido:

➤ Prepare la negociación en todos sus aspectos. Esto le dará confianza: el temor no puede sobrevivir en presencia de la confianza.

➤ Recuérdese a usted mismo que la mayoría de los terribles resultados, si no es que todos, que usted imagina nunca se presentarán. Deshágase de tales temores concentrándose en la preparación de la negociación y en las estrategias que utilizará.

➤ De nuevo, encuentre una solución alterna antes de negociar.

➤ De nuevo, otra vez, prepárese para abandonar la negociación.

Temor de fracasar

Todos los negociadores, incluso los más experimentados y los más preparados, tienen un ligero ataque de pánico antes de entrar en una nueva negociación. Eso es natural, la negociación es una actuación, como el actuar o el hablar en público, y es razonable sentir un poco de "ansiedad ante el público".

Hay varias formas de vencer este temor:

➤ Reconozca su miedo en lugar de reprimirlo. Pero no se obsesione.

➤ Prepare todos los aspectos de la negociación y revísela desde todos los ángulos posibles. Cuanto más sepa, menor será el temor de ser tomado por sorpresa durante la negociación. (Consulte los Capítulos 2 y 3 para más detalles sobre la preparación.)

➤ Ensaye mentalmente su negociación antes de entrar en ella (como lo explico en el Capítulo 15).

➤ Vístase para la negociación con ropa que le haga sentir cómodo y satisfecho con usted mismo.

➤ Asegúrese de que sus notas y sus archivos (si los tiene) estén en orden antes de iniciar.

➤ Actúe con confianza. Su oponente no detectará su temor a menos que usted lo muestre. Respire profundo para que su voz suene controlada y firme, sin vacilaciones. Párese derecho. Haga un buen contacto visual.

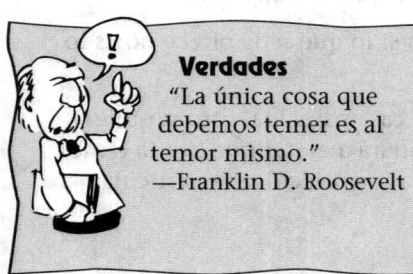

Verdades
"La única cosa que debemos temer es al temor mismo."
—Franklin D. Roosevelt

La táctica del miedo

Todos sabemos cómo utilizar el miedo para obtener lo que se desea. Los padres advierten a sus hijos: "¡no se peleen... si no!" Los oficiales de policía amenazan con recoger licencias; los abogados amenazan con levantar una demanda; y los negociadores expertos pueden (con tacto) pintar un panorama que produzca miedo y que lo motive a usted a estar de acuerdo con sus posiciones. Un negociador inexperto diría sin más rodeos: "¡Tómelo o déjelo!", debido a que saben que usted desea llegar a un acuerdo.

Un fotógrafo que conozco estaba desesperado por conseguir que le pagaran las cuentas vencidas. Optó por una solución que indujera miedo. Buscó en sus archivos y tomó la fotografía más deprimente que tenía de sus clientes morosos. Incluyó las fotografías en cada cuenta, junto con una nota en la que les proponía que si le dejaban exhibir la foto en su aparador, él daría por saldada la cuenta. Los clientes, temerosos de que todos sus defectos fueran exhibidos en el aparador del fotógrafo, pagaron sin demora sus deudas.

Manténgase alerta durante la negociación para recoger claves que le digan qué tanto desea su oponente llegar a un acuerdo. Si su oponente tiene miedo de perder el trato, puede agregar más demandas sin preocuparse de que la negociación se pueda venir abajo.

A continuación le presento algunas sugerencias de cómo determinar el deseo de su oponente de conseguir un acuerdo:

➤ Su oponente fue quien inició la negociación (por ejemplo, se acercó a usted con la propuesta de comprarle la casa o el automóvil).

➤ Su oponente hace una oferta o una contraoferta que es en especial generosa, más de lo que usted esperaba.

➤ Su oponente responde de inmediato a cualquier sugerencia que usted haga acerca de su incertidumbre para cerrar el trato (por ejemplo, si usted dice, "no estoy seguro de que quiera vender" o "no tengo prisa por comprar en este momento").

➤ Su oponente no protesta cuando usted le hace una oferta poco conveniente para él.

La técnica del "temor mayor"

Esta técnica funcionará en cualquier negociación en la que hay probabilidad de que su oponente esté apostando a los temores de usted.

Tomemos el ejemplo de la compra de un automóvil (pues es una experiencia que asusta). En el establecimiento del vendedor usted ve un automóvil que le gusta, pero desea mirar un poco antes de tomar una decisión. El vendedor le dice que la oferta sobre el precio del auto que desea vence al día siguiente, de modo que si no se decide a comprar en ese momento, podría perder una buena oferta. Es una forma velada de decir: "Es mejor que compre el auto ahora, si no..." La intención es de provocarle temor de tener una pérdida.

Muchas personas morderían el cebo. Pero usted está preparado, se da cuenta de que ésta es la ocasión de utilizar la técnica del "temor mayor". Usted sabe que el vendedor trabaja por comisión y está ansioso por hacer la venta, de modo que le dice que está seguro que otros vendedores podrían darle el mismo precio o uno mejor. Ahora el vendedor tiene miedo de perder la venta y usted está en posición de obtener un mejor precio que el anunciado.

Veamos otro ejemplo. Usted decide dejar de pagar la computadora que le compró a Electrónica Errática, pues no funciona bien. El dueño del establecimiento le amenaza con poner la cuestión en manos de la autoridad competente que le recogería la computadora si no le paga. Le menciona que sería muy malo para la obtención de créditos futuros si su expediente tiene una nota de no pago.

Usted le advierte al dueño del establecimiento que si perjudica su capacidad de crédito, denunciará la poca calidad de la máquina y el mal servicio a la Procuraduría del Consumidor, y si es necesario, lo demandará legalmente por haber perjudicado su capacidad de crédito sin motivo alguno. Ahora se encuentra en una mejor posición de obtener una nueva computadora.

Temor y tiempo

El temor disminuye con el tiempo. Si su oponente tiene miedo de perder el trato, aproveche toda oportunidad que se presente para recordarle, con tacto, que el trato puede perderse. Cuanto más dure la negociación, más veces deberá recordar a su oponente sus temores.

Nunca les haga notar que está sudando: cómo permanecer indiferente ante el miedo

Nunca, nunca, nunca deje ver a su oponente que usted desea sellar un trato, no importa qué tan desesperado esté. Regresemos al ejemplo de la compra de una casa. El agente de bienes raíces le enseña la casa. Su esposa queda encantada con el patio trasero. A usted le admira la chimenea que está funcionando. Los dos comentan de las ganas que tienen de cambiarse a esa casa.

Le acaban de sugerir al vendedor que están bastante impresionados con la casa y que temen perderla; éste se aprovecha de su miedo y les dice que se les va a mostrar la casa a otros compradores ese mismo día. Ante la posibilidad de no poder adquirirla, las probabilidades de que usted esté motivado a comprarla por más dinero del que pedían originalmente serán altas.

> **Los rompetratos**
>
> Un oponente habilidoso con frecuencia tratará de determinar qué tan ansioso está usted por cerrar el trato, de modo que puede aprovechar su temor de pérdida. Manténgase alerta y no le deje ver nada.

La mejor manera de protegerse de este tipo de manipulación consiste en nunca revelar, ni con palabras ni con actos, que desea mucho el objeto de la negociación. No se admire con ningún aspecto del trato frente a su oponente, no deje ver que está encantado con lo que se negocia. Mantenga un rostro tan inexpresivo como el de un jugador profesional de póquer, esto evitará que su oponente capitalice a su favor los temores de usted.

> **Verdades**
> "La acción apropiada con todo tipo de miedo es pensar en él racionalmente, con calma y con gran concentración, hasta que se convierta en algo completamente familiar. Al final, la familiaridad eliminará los temores."
> —Bertrand Russell

Lo mínimo que necesita saber

➤ El miedo nos motiva a actuar.

➤ Los tres temores más comunes que encontrará en una negociación son el miedo de perder algo, el miedo a lo desconocido y el miedo a fracasar.

➤ El conocer los temores de su oponente aumentará sus probabilidades de negociar con éxito.

➤ Utilice la técnica del "temor mayor" cuando su oponente intente manipularle a través del miedo.

➤ Evite mostrar sus temores durante una negociación. Mantenga un rostro inexpresivo e inspeccione cuidadosamente lo que diga con respecto al trato.

Capítulo 20

Algo personal: cuando los principios o las personalidades chocan

En este capítulo
- ➤ Cuando su oponente lo ataque en lo personal
- ➤ Cuando su oponente insista sobre los principios
- ➤ Nunca debe atacar los principios de su oponente

En cierta ocasión negocié la compra de una empresa. El vendedor no estaba satisfecho con la forma en que la negociación se iba presentando; comenzó a hacer comentarios sarcásticos acerca de los abogados, sabiendo de antemano que yo era abogado.

Permanecí tranquilo, sonriendo, e hice la observación de que la mayoría de los abogados son buenas personas que trabajan duro para representar de la mejor manera a sus clientes; pero, como en cualquier otra profesión, tal vez habría algunos malos elementos.

Eso eliminó el viento de las velas de mi oponente y llevó la discusión a su curso normal. En el presente capítulo, le muestro cómo manejar negociaciones que se vuelven demasiado personales.

Aclaremos términos
La *personalidad* se utiliza en este libro en su sentido más amplio; se define como: "Las cualidades distintivas individuales de una persona, considerada de manera colectiva."

Los riesgos de atacar a las personas

No importa qué tan tentado esté (y qué tan justificado), nunca haga un ataque personal a su oponente. Si lo hace, eso amenazará toda la buena voluntad, el respeto y la diplomacia que se había logrado en la negociación hasta ese punto, y puede impedir que su oponente desee seguir trabajando con usted.

Mantener controladas las emociones es más fácil decirlo que hacerlo. Es posible que usted se enfade muchísimo si su jefe no le concede el aumento de sueldo que le pide, si un cliente se ríe de su propuesta o si el conductor que le abolló el auto afirma que usted tuvo la culpa.

Quizá sea tentador lanzar un ataque personal cuando negocia con alguien allegado a usted, un miembro de su familia o un amigo (en vez de un socio). Es más fácil llegar al insulto personal cuando se eliminan las restricciones de un amable comportamiento de trabajo.

Si siente que está a punto de perder el control, tómese un descanso, respire profundamente o tómese un vaso de agua. Haga algo, cualquier cosa, que le tranquilice y le impida atacar personalmente a su oponente. Tiene que resistir la tentación, no importa que tan difícil sea, incluso si su oponente le da una completa justificación para hacerlo; como lo hizo mi oponente con su perorata sobre los abogados.

Tome las cosas por el lado que le convenga y siga la regla de oro: "No hagas a otros lo que no quieres que te hagan a ti." No es señal de debilidad, sino de fortaleza interna y de gran capacidad de negociación. Si resiste la tentación de atacar a su oponente con insultos, tendrá el control total de su actitud y de la negociación. El impulso de la negociación estará a su favor.

Cinco cosas que nunca debe mencionar cuando esté en una negociación

Nunca deje que una negociación degenere en un concurso de insultos. Evite mencionar cualquier característica personal de su oponente, desde insinuaciones veladas hasta pedradas directas. Tales características incluyen a mencionar de su oponente:

➤ Apariencia, higiene personal o forma de vestir;

➤ Raza, sexo, procedencia cultural o religión;

➤ Profesión, empresa o negocio;

➤ Competencia o experiencia; y

➤ Edad.

Capítulo 20 ➤ *Algo personal: cuando los principios o las personalidades chocan*

Cinco cosas que nunca debe hacer cuando esté en una negociación

Como aprendió en el Capítulo 6, el lenguaje corporal es capaz de comunicar cosas con la misma claridad que las palabras. Evite cualquier gesto físico que se traduzca en "su propuesta es una tontería, no sea idiota". Aparte de levantar el dedo medio en esa seña tan característica, debe evitar:

➤ Mover los ojos en señal de desesperación.

➤ Sonreír desdeñosamente a la Elvis.

➤ Apuntar con el dedo o agitar el puño.

➤ Lanzar libros, papeles o muebles.

➤ Es decir, cualquier gesto que su oponente pueda interpretar como amenaza física.

Si usted ataca en lo personal a su oponente, deberá prepararse para recibir un contraataque violento. ¡No agrave la guerra verbal! Deténgase al instante. Discúlpese, diga algo como: "Mire, perdí el control. Estamos aquí para llegar a un trato, no para insultarnos. ¿Por qué no hacemos una pausa y continuamos con la negociación en otro momento?" Por lo general eso funciona, en especial si combina una disculpa con algún comentario humorístico de autodesprecio.

Cómo tratar a un oponente que lo insulta

He tenido más de un oponente que me ha llamado cosas que el editor no me permite transcribir. He practicado lo que ahora predico: me mantuve tranquilo, sonreí generosamente y dije: "Qué pena que piense eso. Espero que podamos dejar esto de lado y lleguemos a una solución justa." En la mayoría de los casos, llegamos.

Entonces, ¿qué puede hacer cuando se enfrente con un oponente que le dice idiota o algo peor?

➤ No le siga el juego, no importa qué tan ingeniosa pueda ser su respuesta. Recuerde, su objetivo es obtener lo que usted quiere, no tener una guerra verbal.

➤ Piense en las consecuencias. Si la negociación se hecha a perder, no podrá comprar la casa, perderá un cliente, su jefe lo despedirá. Eso debe bastar para convencerle de rescatar la situación.

➤ Si no puede determinar por qué lo insulta su oponente, pregunte. Diga algo como: "Pensé que buscábamos llegar a un arreglo. ¿Por qué se muestra tan ofensivo?" Tal vez algo que usted dijo o hizo ha tocado una fibra sensible de su oponente. Saque la causa de ello de la mesa de negociación.

➤ Si se impone una disculpa, hágala.

➤ Si hay algún mal entendido, analícelo con su oponente y aclárelo.

Recuerde: si su oponente lo provoca de manera deliberada, no habrá nada más difícil o desconcertante para él que su reacción tranquila, justa e imparcial. Su control lo desarmará; lo hará sentir tonto y, en la mayoría de los casos, lo regresará a sus casillas.

Neutralización de conflictos personales

En ocasiones, usted negociará con un oponente cuya personalidad choque con la suya. Eso puede resultar en que para ambos sea difícil sentarse en el mismo cuarto y quedarse solos a tratar de llegar a un acuerdo. He aquí algunas sugerencias para manejar un conflicto de personalidad:

- ➤ *Mantenga un tono humilde*. Modere el tono de su voz y su actitud. Eso lo hará menos amenazador para su oponente y le ayudará a minimizar las diferencias de personalidad entre ambos.

- ➤ *Sea franco*. Dígale a su oponente que a pesar de que parezca que no tienen mucho en común, ésa no es razón para que no puedan llegar a un acuerdo satisfactorio.

- ➤ *Pronuncie las palabras mágicas "justo y razonable"*. Diga a su oponente que, cualesquiera que sean sus diferencias personales, usted sabe que él es "justo y razonable" y que usted también lo es.

Cuestión de principios

En cierta ocasión negocié con un oponente que dejó claro que nunca hablaba de negocios después de las 6 p.m. Para él, cerrar el negocio a esa hora era cuestión de principios. Quizá esto se debía a compromisos familiares, a creencias religiosas o a alguna otra razón. No le pregunté, no tenía por qué hacerlo. Sabía por experiencia que cuando pronunció las palabras "cuestión de principios" lo decía en serio. Si hubiera insistido en negociar más allá de las seis de la tarde, no habría estado dispuesto a acceder a mi petición. De modo que siempre que negociaba con él, me aseguraba de que cuando estaban a punto de dar las seis, dábamos por terminado el día y acordábamos continuar en otro momento, incluso si la negociación aún no estaba terminada.

Aclaremos términos
Principio es "una verdad, ley, etcétera, fundamental, sobre la cual se basan otras; regla de conducta; apego a tales reglas; integridad".

Cuando negocie, tal vez no siempre esté de acuerdo con los principios de su oponente, pero eso no es importante. Lo que importa es entender que sus posibilidades de cambiar los principios de su oponente son casi nulas; así que ni lo intente.

Nunca, repito, nunca ataque los principios de su oponente, incluso si usted piensa que su oponente es ingenuo o iluso. Si ataca los principios de su oponente, atacará el núcleo de la personalidad de éste, y ya puede irse despidiendo de todo el proceso de negociación.

Capítulo 20 ➤ *Algo personal: cuando los principios o las personalidades chocan*

Cómo vencer cuestiones de principios

Si su oponente insiste en un punto trivial, concédaselo. No ponga en riesgo la negociación completa intentando forzar a su oponente a que deje de lado un principio por un punto que no tiene importancia. De manera rutinaria, concedo puntos sin importancia casi siempre que negocio. Es una gran estrategia; promueve el progreso y hace sentir bien a mi oponente; allana el camino del progreso en la negociación.

Si su oponente no cede en algunos de los puntos principales de la negociación debido a sus principios, tiene tres opciones:

➤ Conceda el punto (ésta es la opción menos satisfactoria).

➤ Pruebe que el punto no se aplica al principio de su oponente.

➤ Encuentre una forma de rodear el principio de su oponente.

Verdades
"Si el principio es bueno para cualquier cosa, vale la pena mantenerlo."
—Benjamin Franklin

En cierta ocasión tuve una negociación sobre la asignación de unos 50,000 dólares para hacer mejoras en un fraccionamiento residencial. Mi oponente, con toda la terquedad del mundo, se negaba a pagar cantidad alguna y decía que para él, el no pagar era una "cuestión de principios". Nunca antes lo había hecho y no lo iba a hacer en esa ocasión. Al tiempo que hablaba, la quijada se le ponía rígida y la cara se le iba sonrojando. Trazaba una línea en la arena y deseaba que yo lo supiera.

En ese punto la negociación llegó a un alto. No podía atacar sus principios, eso lo habría enfurecido aún más. No deseaba concederle el punto, tampoco (¡50,000 dólares es mucho dinero!). Todavía me quedaban dos opciones.

Verdades
"Nada en este mundo puede tomar el lugar de la persistencia. El talento no lo hará; nada es más común que un hombre sin éxito pero con talento. El genio no lo hará; el genio sin recompensa alguna es casi un proverbio. La educación no lo hará; el mundo está lleno de fracasados con educación. Sólo la persistencia y la determinación son omnipotentes. El lema de 'Persista' ha resuelto y siempre resolverá los problemas de la especie humana."
—Calvin Coolidge

Primero intenté hacerle ver que su principio no entraba en juego en este caso; le señale que las mejoras que deseaba que pagara beneficiarían también las propiedades vecinas, que también eran suyas. Al pagar 50,000 dólares en ese momento, estaría ahorrando dinero más adelante. Eso no lo conmovió, repitió que nunca había pagado por ese tipo de mejoras y que no empezaría en aquel momento.

Eso me dejó con la segunda opción, encontrar una manera de darle vuelta a nuestro desacuerdo de manera que nos dejara satisfechos a ambos. Le propuse que no pagara el dinero (de modo que no faltaría a su principio) sino que recibiéramos un descuento de 50,000 dólares en el precio de adquisición del fraccionamiento. Estuvo de acuerdo; mi persistencia tuvo sus frutos y se eliminó el estancamiento.

Cuando todo lo demás falla...

¿Qué sucede si sencillamente no puede vencer los conflictos que enfrenta con su oponente? Si intentó todas las sugerencias recomendadas en este capítulo y aun así no es posible llegar a un acuerdo, existen profesionistas que le podrían ayudar a terminar la negociación:

➤ Un *mediador* es una tercera parte neutra en la negociación que está capacitado para resolver conflictos y que hace sugerencias y propuestas para ayudarle a llegar a un acuerdo con su oponente. Los mediadores se utilizan con más frecuencia para ayudar a negociar condiciones de divorcio.

➤ Un *árbitro* es otra tercera parte neutra que puede resolver disputas. Cuando se lleva un caso ante un árbitro, ambas partes acuerdan de antemano acatar la decisión del árbitro. Los árbitros se utilizan con más frecuencia en los acuerdos laborales y en los contratos de construcción.

Para mayor información sobre mediadores o árbitros de Estados Unidos, llame o escriba a las siguientes organizaciones:

➤ American Arbitration Association
140 West 51st Street, Nueva York, NY 10020
(212) 484–4041

➤ National Academy of Arbitrators
Office of the Secretary, 20 Thornwood Drive, Suite 107, Ithaca, NY 14850
(607) 257–9925

➤ Academy of Family Mediators
1500 South Highway 100, Suite 355, Golden Valley, MN 55416
(612) 525–8760

Lo mínimo que necesita saber

➤ Nunca ataque la personalidad de su oponente, incluso cuando tiene una justa razón. Evite los insultos y los gestos de amenaza.

➤ Si su oponente le insulta, no le responda. Permanezca tranquilo, aclare el mal entendido o discúlpese si es necesario.

➤ Neutralice los conflictos de personalidad permaneciendo tranquilo, concentrado en la negociación y haciéndole ver a su oponente que ambos son personas "justas y razonables".

➤ Si su oponente insiste en un punto sin importancia como cuestión de principios, concédale ese punto.

➤ Si su oponente insiste en un punto principal como cuestión de principios, nunca ataque el principio. Intente mostrarle por qué no es válida la aplicación del principio o encuentre una manera de darle la vuelta.

Parte 6
Conclusión feliz

Las ofertas y las contraofertas son una especie de proposiciones de matrimonio. Primero, es necesario hacer un poco de cortejo (negociación); luego tiene que decir las palabras precisas en el tiempo oportuno si desea que su oponente de el "sí".

Al igual que en una proposición de matrimonio, la etapa de ofertas y contraofertas es una parte crítica del proceso de negociación. Un movimiento equivocado o un gesto a destiempo y la negociación completa está terminada y todos sus esfuerzos se van por el desagüe.

El cierre, también, es una parte clave del proceso de negociación. Si usted no puede cerrar, sólo estará hablando, no negociando. En esta parte, explico cómo hacer ofertas, contraofertas y cerrar el trato.

Capítulo 21

Ofertas y contraofertas

En este capítulo

- ➤ Los principios para hacer ofertas y contraofertas
- ➤ Manejo de las ofertas y las contraofertas de su oponente
- ➤ Cuándo hacer ofertas muy altas y cuándo no
- ➤ Los hacedores de tratos y los "rompetratos"
- ➤ Los efectos de hacer la primera gran concesión

Cuando usted hace una oferta o una contraoferta, pone sus creencias sobre la mesa. En esencia usted dice: "Ésta es mi propuesta y yo *creo* que es un buen trato." Se compromete usted mismo a seguir un curso de acción; si su oponente acepta, el trato se cierra.

En el presente capítulo, le muestro estrategias y técnicas para que pueda navegar a través de la etapa de ofertas y contraofertas con confianza.

El tango de la negociación

La etapa de ofertas y contraofertas se parece a una rumba: hay mucho movimiento, pero sólo se puede dar un número limitado de pasos. Después de que se haya hecho la primera oferta, usted y su oponente pueden elegir una de tres maniobras:

- Rechazar la oferta.
- Aceptar la oferta y cerrar el trato.
- Proponer una contraoferta.

Más adelante en este capítulo, verá por qué la última opción es casi siempre la más viable. Pero primero se necesita tener una oferta sobre la mesa.

Deje que su oponente haga el primer movimiento

No hay regla que diga qué parte tiene que hacer la primera oferta, pero usted se beneficiará si deja que su oponente lo haga. Éstas son las razones:

- Cuando su oponente hace la primera oferta, establece el límite inferior o superior. Digamos que desea vender su automóvil usado en 6,000 dólares. Encuentra a un comprador interesado y le comunica el precio; ahora ya ha establecido el límite superior. ¿Qué sucede si el comprador estaba dispuesto a pagar 6,500 dólares? Nunca los obtendrá. Y si el comprador tiene algo de sentido, intentará obtener un precio más bajo.

    Del mismo modo, si usted es el comprador y ofrece 6,000 dólares, tal cantidad es lo mínimo que usted espera pagar. El vendedor negociará para subir esa cifra.

- Cuando su oponente empieza con la primera oferta, de inmediato usted tiene abiertas las tres opciones que mencioné anteriormente; estará siempre en una buena posición de negociación cuando tenga un buen número de opciones.

Es como una vieja historia acerca del siervo medieval que fue sentenciado a muerte por el señor feudal. El siervo prometió enseñarle al caballo del rey a volar si le dejaba vivir un año más. El señor feudal estuvo de acuerdo. Los amigos del siervo le dijeron que estaba loco, pues los caballos no vuelan. El condenado les señaló que en un año tal vez moriría el señor feudal, el caballo podría morir o quizá hasta podría ingeniárselas para hacer que el caballo volara.

Tres estrategias de movimientos de entrada: el bueno, el malo y el feo

Suponga que ha encontrado a alguien que desea comprar su casa. Si desea obtener el mayor precio posible, es importante que empiece la negociación con el planteamiento correcto. A continuación presento tres formas en que puede proceder, cuál es la mejor y por qué.

El movimiento de entrada feo

Comprador: ¿Cuánto quiere por la propiedad?

Usted: 150,000 dólares.

Con una sola palabra, usted se ha comprometido con el máximo precio, y cualquier comprador inteligente empezará a bajarlo. Se ha colocado a usted mismo en una posición de negociación defensiva; esa posición no le conviene.

El movimiento de entrada malo

Comprador: ¿Cuánto quiere por la propiedad?

Usted: Todavía no me decido. ¿Cuánto estaría dispuesto a pagar?

Ahora ha puesto la carga sobre el comprador, lo cual es bueno porque podría ofrecer un precio mayor del que usted desea. Pero la respuesta de usted es demasiado general y es poco probable que muerda el anzuelo y abra con una cifra. Tal vez empiece a buscar detalles y luego le pida que dé usted la cantidad.

El movimiento de entrada bueno

Comprador: ¿Cuánto quiere por su propiedad?

Usted: Por favor, hágame una oferta.

En este caso, ¡las cosas se están cocinando! Ha colocado la carga completa sobre el comprador, si éste intenta escabullirse, con tacto repita su petición: "Por favor, hágame una oferta." En la mayoría de los casos, si el comprador está en realidad interesado, obtendrá una oferta. Si no es lo que usted desea, puede empezar a negociar a partir de ese precio.

Parte 6 ➤ *Conclusión feliz*

El manejo de contraofertas

Ya que conozca la oferta de su oponente, las contraofertas cumplen un número de importantes funciones que ayudan a obtener lo que usted desea:

➤ Mantienen viva la negociación cuando usted de veras desea cerrar el trato. Puede rechazar las ofertas de su oponente sin hacer contraofertas, pero en esta situación es muy probable que su oponente simplemente se retire de la negociación. De modo que si en realidad desea cerrar el trato, el mejor planteamiento es hacer una contraoferta.

Sugerencia
Cuando reciba una oferta o una contraoferta que le sea inaceptable, uno de sus primeros pensamientos deberá ser: ¿Debo hacer una contraoferta?

➤ Muestran qué tan serio es usted con respecto a la negociación y cómo intenta alcanzar un acuerdo favorable a las dos partes. Al hacer una contraoferta usted muestra que no nada más está acompañando a su oponente o que sólo rechaza las propuestas.

➤ Ponen sus términos y sus condiciones bajo la lupa. Quizá su oponente no haya pensado en algunas de sus sugerencias o de sus compromisos. Puede ser que hasta le gusten.

Orientaciones para hacer ofertas y contraofertas

Hay algunas reglas importantes que debe recordar cuando empieza a hacer ofertas y contraofertas:

Los rompetratos
A menudo las personas intentan retractarse de un trato por diferentes razones, que van desde darse la oportunidad de pensarlo mejor hasta conseguir un mejor trato con otra persona. Tan pronto como se llegue a la etapa de las ofertas, empiece a poner todo por escrito de modo que pueda demostrar que su oponente se ha comprometido con usted.

➤ *Nunca parezca demasiado ansioso.* Su ansiedad podría sugerir que usted desea con desesperación cerrar el trato. Su oponente podría detectar su temor y llevar a cabo una negociación más dura.

➤ *Esté preparado para cualquier reacción por parte de su oponente.* Desde "¿Está usted loco? No le pagaría ni diez centavos por esa pocilga que llama casa", hasta "¿Qué le parecen tres millones?" Que no lo tomen por sorpresa, incluso si la reacción de su oponente no es lo que esperaba.

➤ *Ponga siempre las ofertas y las contraofertas por escrito.* Si usted negocia un buen trato y su oponente intenta retractarse, usted tiene un registro para demostrar que ya han llegado a un acuerdo.

Capítulo 21 ➤ *Ofertas y contraofertas*

➤ *Sea específico cuando plantee sus ofertas y contraofertas*. "Le daré tres mil pesos" es mejor que "Estoy pensando en alguna cantidad alrededor de los tres mil pesos". Un planteamiento vago invita a su oponente a conseguir más.

➤ *Explique las razones de su oferta o de su contraoferta*. Suponga que está interesado en comprar un automóvil usado por el cual piden 10,000 dólares. Ha revisado el auto y descubrió que necesita 1,000 dólares en reparaciones. Debe darle esta información a su oponente cuando le haga la contraoferta de 9,000 dólares. Eso le deja claro a su oponente que usted tiene una razón legítima para ofrecerle esa cantidad; no está intentando de timarle.

> **Los rompetratos**
> Su negociación será difícil si su oponente tiene sospechas sobre sus motivos. Si usted hace ofertas o contraofertas sin dar ninguna explicación, fuerza a su oponente a adivinar cuál es su intención. Por lo general, su oponente imaginará lo peor. Eso hace poco probable que su oferta o su contraoferta sea aceptada.

➤ *No se enfade si no se acepta su oferta o su contraoferta*. No es conveniente ofender a su oponente. Pregúntele por qué rechaza su oferta, quizá tiene razones válidas que usted puede contrarrestar.

Por qué ofrecer mucho o muy poco es de locos

Hacer ofertas demasiado altas o demasiado bajas es una mala estrategia de negociación. Si su precio es demasiado alto (si usted es el vendedor) o demasiado bajo (si usted es el comprador), se arriesga a perder su credibilidad, a menos que pueda dar a su oponente una buena razón de tal posición. Tal daño a su credibilidad redundará en todas las posiciones de negociación que adopte.

Si usted tiene negociaciones seguido y adquiere una reputación de llegar con ofertas muy altas o muy bajas, muchos de sus oponentes rechazarán sus propuestas, de manera automática, sin importar lo que sean. Es un precio demasiado alto por algunas cuantas situaciones en que usted podría hacer que algún oponente inexperto se trague una oferta demasiado alta o demasiado baja.

>
> **Aclaremos términos**
> Una *oferta demasiado alta* consiste en mencionar una cifra o establecer términos que no son razonables para la negociación y da la idea de que se pretende un abuso.
>
> Una *oferta demasiado baja* se refiere a dar una cifra o establecer un término que resulta ridículo y se da la impresión de que es una burla.

165

Parte 6 ➤ *Conclusión feliz*

Qué hacer cuando su oponente le lance una oferta demasiado alta o demasiado baja

Cuando su oponente le hace ofertas y contraofertas que usted sabe son muy altas o muy bajas, pídale una explicación. Tal vez su oponente no está bien informado o sencillamente ha cometido un error.

Si su oponente, de manera deliberada, hace ofertas o contraofertas exageradas, el pedirle una explicación pondría de manifiesto sus intenciones. Eso pone a la defensiva a su oponente e inclina la balanza a su favor.

Cómo tratar las ofertas y las contraofertas de su oponente

Siempre considere las propuestas de su oponente de manera objetiva, incluso si es obvio que son demasiado altas o demasiado bajas. Si usted no está satisfecho con ellas, explíquele por qué. Eso lo pondrá a la defensiva.

Sea amable cuando rechace una oferta o una contraoferta. Recuerde que su oponente ha invertido gran parte de su personalidad en su ofrecimiento y usted corre el riesgo de ofenderle.

Sugerencia
En el Capítulo 7 expliqué por qué debe establecer plazos límite cuando negocie. Asegúrese de establecer un plazo para cualquier oferta o contraoferta que haga. Haga de los plazos límite su aliado en la negociación.

Si le agrada la oferta o la contraoferta de su oponente, ¡no lo deje ver! Si usted parece muy complacido (al sonreír como un tonto, cantando una alegre canción o levantándose a realizar una danza de la victoria sobre la mesa), su oponente reflexionará sobre la pertinencia de su ofrecimiento y puede retirarlo. De modo que adopte una actitud ecuánime, tranquila y pasiva. Dígale a su oponente que le verá cuando se cumpla el plazo (si hay plazos) o dentro de muy poco. También es posible aceptar el trato ahí mismo si usted cree que es lo correcto.

Capítulo 21 ➤ *Ofertas y contraofertas*

Identificación de hacedores de tratos y de "rompetratos"

Muchos negociadores hablan acerca de incluir hacedores de tratos o de "rompetratos" en la negociación durante la etapa de ofertas y contraofertas.

Un *hacedor de tratos* es cualquier cosa que puesta en la mesa de negociaciones asegura el cierre de un trato. Por ejemplo, suponga que está negociando la compra de una casa y usted y el vendedor han acordado los detalles, pero usted todavía está en 15,000 dólares por debajo del precio. Entonces usted propone partir esa cantidad y agregar 7,500 dólares más al precio que usted propone. El vendedor, por fin satisfecho con los términos del trato, acepta. Su sugerencia de partir la diferencia fue su hacedor de tratos.

Un "rompetratos" es lo opuesto al hacedor de tratos. Es cualquier cosa puesta en la mesa de las negociaciones que impide el cierre del trato. En el ejemplo de la compra de la casa, suponga que cuando ofrece dividir la diferencia de 15,000 dólares, el vendedor lo rechaza e insiste en que usted pague la cantidad completa. Si usted se retira de la negociación en este punto, la insistencia sobre los 15,000 dólares del vendedor fue el rompedor de tratos.

La jerga de las demandas y las contrademandas: un cuento precautorio

He aquí el escenario: usted desea comprar una casa; los vendedores (¿recuerda a los Sánchez?) piden 200,000 dólares. Usted hace una contraoferta de 150,000 dólares y agrega las siguientes condiciones:

➤ La cortadora de hierba de los Sánchez entra en el trato.

➤ La gran perrera entra en el trato (a *Fido* le va a encantar).

➤ Los Sánchez (los vendedores) pagarán la prueba de calidad del agua (usted está muy al pendiente de la salud).

➤ Tres de las sillas del comedor entran en el trato y, además, los Sánchez deben tapizarlas con esa hermosa tela que usted vio en *Decoraciones Martha Stewart*. (Ya sé que se trata de una condición muy ridícula, pero la incluyo para ilustrar mejor la forma en que la ley trata las ofertas y las contraofertas. Síganme.)

Los Sánchez están intrigados pero aún no se convencen. Hacen otra contraoferta: están dispuestos a aceptar todas las condiciones menos el precio y la absurda petición arreglar las sillas. La oferta de venta es de 190,000 dólares y no tendrán nada que ver con las sillas.

Usted decide hacer otra contraoferta: eleva el precio a 160,000 dólares y propone que se arreglen sólo dos de las sillas.

Parte 6 ➤ *Conclusión feliz*

Los Sánchez huelen el trato, de modo que no están dispuestos a cancelar la negociación. Proponen partir la diferencia y dejar el precio en 175,000 dólares, aunque se niegan a tapizar las sillas.

Usted quiere la casa, de modo que hace una contraoferta más: acepta pagar los 175,000 dólares pero insiste en que por lo menos tapicen una silla.

Y el veredicto es... ¡usted arruinó el trato! Al insistir en lo de la silla, modificó la contraoferta de los vendedores, quienes, por consiguiente, la rechazaron. Los vendedores podrían rechazar el trato completo debido a esa silla. ¿Qué pasaría si, por ejemplo, después de que usted hizo su contraoferta, alguien llega y le ofrece a los Sánchez 175,000 dólares sin condiciones sobre el tapizado de la silla? Los vendedores aceptarán esa oferta y le dirán adiós a la suya.

Los rompetratos
Cada vez que usted altera una oferta o una contraoferta, rechaza el ofrecimiento, sin importar qué tan pequeña pueda ser la alteración. Así que piense con cuidado cualquier alteración que haga, en especial si está cerca de alcanzar un acuerdo.

La regla es: cualquier alteración de una oferta o de una contraoferta, no importa qué tan trivial sea, es un rechazo *completo* de la oferta o de la contraoferta.

No es posible aceptar una oferta en partes hasta que se llegue a un trato. Es un juego de todo o nada. La misma regla se aplica a su oponente. De este modo, la ley trata a ambas partes de manera equitativa y justa.

En las negociaciones en las que se tratan más de una cuestión, los acuerdos deben alcanzarse en todas las cuestiones, o no hay trato. Los acuerdos tentativos en negociaciones de muchas cuestiones no son obligatorios (a menos de que las partes implicadas estén de acuerdo en aceptar acuerdos tentativos antes de que haya iniciado la negociación).

Los devastadores efectos de hacer la primera concesión principal

Así como no debe hacer la primera oferta, no debería hacer la primera concesión principal en la negociación. Esto le haría parecer débil a los ojos de su oponente y destruiría su poder de negociación.

Los rompetratos
Si tiene que hacer la primera concesión de algo importante, asegúrese de que puede proporcionar una razón clara y convincente de ello.

Lo primero que debe hacer para evitar hacer la primera concesión sobre algo importante consiste en asegurarse de que todas sus posiciones de negociación están completamente apoyadas por hechos y documentos. Eso implica que debe prepararse bien para la negociación. Regrese al Capítulo 2 si necesita refrescar sus conocimientos para hacer la tarea.

Si su oponente sigue demandando una concesión grande, pídale que le explique sus razones. Si le da una razón legítima en la cual no haya pensado, tiene una base sólida para hacer la concesión y ésta, es probable, no le cueste la credibilidad (a menos de que se arriesgue a parecer que no se ha preparado para la negociación).

Si su oponente no le puede dar una razón legítima, deberá explicar de nuevo la base de su posición. En la mayoría de los casos, si su oponente tiene interés en llegar a un trato, dejará de lado la demanda de usted haga, en busca de una concesión inicial grande.

Lo mínimo que necesita saber

- ➤ Espere siempre a que su oponente haga la primera oferta.
- ➤ Utilice contraofertas para mantener viva la negociación y para señalar su serio interés en la negociación.
- ➤ Ponga por escrito toda oferta y contraoferta que se haga.
- ➤ No utilice estrategias de ofrecer mucho o demasiado poco. Ponen en riesgo su credibilidad y hacen que su oponente se muestre suspicaz.
- ➤ Una contraoferta que altere una oferta o una contraoferta en cualquier forma es un rechazo completo de la oferta o de la contraoferta.
- ➤ Explique siempre las razones de proponer o rechazar una oferta o una contraoferta.
- ➤ Nunca haga la primera concesión de algo importante en la negociación.

Capítulo 22

Cierre de la negociación

> **En este capítulo**
> ➤ Cuándo cerrar la negociación
> ➤ Lo que debe y lo que no debe hacer al cerrar una negociación
> ➤ Técnicas para cerrar una negociación

¡Felicidades! Por fin ha terminado. Se ha preparado en todos los aspectos, ha negociado con ferocidad y ha manejado con destreza todas las ofertas y las contraofertas. ¡Usted y su oponente están listos para decir "sí!" El paso final consiste en cerrar el trato. En el presente capítulo le muestro cómo concluir exitosamente una sesión de negociación bien hecha.

¿Cuándo es el momento de cerrar?

No hay dos negociaciones que sean iguales; de modo que es imposible predecir el tiempo oportuno para cerrar y que funcione en toda negociación. La pregunta clave que debe formularse es: ¿Creo que mi oponente va a decir que sí? Si está seguro, entonces debe, por ejemplo, estrecharle la mano y decir: "Muy bien, trato hecho."

Si no está seguro de que el momento es el adecuado, continúe negociando, quizá volviendo a explicar su última contraoferta o pidiéndolo a su oponente más detalles sobre su oferta o su contraoferta. Cuanto más experiencia en negociación adquiera, más fácil será para usted determinar el momento para cerrar la negociación.

Cuando el lenguaje corporal de su oponente le indica que no debe cerrar

En el Capítulo 6 le di las cuestiones fundamentales sobre lenguaje corporal y cómo interpretarlo. Cuando se acerque al cierre de la negociación, el observar a su oponente le dará grandes dividendos. Es conveniente que se mantenga alerta y observe los movimientos corporales de su oponente para ayudarse a determinar si el momento es adecuado para cerrar la negociación.

Ciertos gestos o movimientos indican que su oponente todavía no está listo para decir "sí". Cuando usted observe uno o más de las señales siguientes, detenga el cierre hasta que su oponente esté en una actitud más receptiva:

➤ Los brazos cruzados fuertemente contra el pecho. Ésta es una posición defensiva clásica; de manera subconsciente, su oponente le está diciendo que no está listo para terminar.

➤ Girar ligeramente el cuerpo hacia los lados, incluso cuando está frente a usted y lo mira. Al presentar el costado del cuerpo, en lugar de enfrentarse a usted de manera directa, su oponente se está protegiendo de aceptar por completo la negociación.

➤ Mirar hacia otro lado, a pesar de que su cuerpo esté frente a usted. Si su oponente no lo mira al rostro, no está listo para acceder a sus términos.

➤ Cruzar las piernas y recargarse, apartándose de usted. Su oponente está poniendo distancia entre ambos; se resiste.

➤ Levantarse de su asiento y alejarse. De nuevo, su oponente intenta poner distancia entre usted y él.

➤ Acariciarse el rostro o cubrirse la barbilla. Al poner la mano frente a su rostro, su oponente se está escudando porque tiene dudas acerca de la negociación.

Si observa una o más de estas muestras, sabrá que su oponente, en el subconsciente, no está listo todavía para cerrar la negociación, independientemente de lo que en realidad le diga. Señale el valor y la conveniencia de sus propuestas hasta que deje de lado las posturas defensivas de protección. Entonces, y sólo entonces, estará dispuesto a cerrar la negociación.

Qué esperar en el cierre

La mayoría de las negociaciones informales, como la resolución de conflictos familiares o la compra de productos de uso personal, no requieren ningún cierre ceremonial, un simple asentimiento verbal es suficiente.

En otros tipos de negociaciones, como la venta o la compra de una casa, se requieren arreglos extensivos para cerrarlas. En la Parte 7 cubriré los detalles de los procedimientos de cierre particulares; por ahora, he aquí algunos indicadores que debe tener en cuenta en cualquier cierre en el cual tenga que firmar algo:

> ➤ Contrate un abogado, si se puede permitir el gasto. Los contratos de compraventa y las hipotecas por lo general son a largo plazo e implican mucho dinero. Debe asegurarse de que está firmando algo que pueda permitirse. Es mejor estar seguro que arrepentirse.

> ➤ Lea siempre el documento que le pidan que firme, cláusula por cláusula, y pida que le expliquen todo lo que no esté claro. No se preocupe de parecer ingenuo o tonto. No hay nada más ingenuo o tonto que firmar un documento que no entiende en toda su extensión.

> ➤ Los documentos preparados por su oponente por lo general están cargados con previsiones que lo favorecen en gran medida. Siempre es mejor preparar (o que su abogado lo haga) el documento y entregárselo a su oponente, si eso es posible. De ese modo puede incluir provisiones que le favorezcan a usted.

> ➤ En la mayoría de los casos, cada parte debe recibir un original firmado del contrato o del documento de cierre. Mantenga su original en lugar seguro.

Lo que se debe hacer y lo que no en un cierre de negociación

En capítulos anteriores analicé varios de los indicadores que presento ahora, pero son lo bastante importantes para mencionarlos de nuevo:

> ➤ HAGA un buen contacto visual cuando establezca las condiciones de cierre. Eso le dirá a su oponente que cree en el trato. Mirar hacia otro lado produce la impresión de que no tiene confianza en el trato y es posible que su oponente ya no desee continuar.

> ➤ HAGA uso de las palabras mágicas "justo y razonable". Es conveniente que su oponente sepa que una persona justa y razonable cerraría el trato.

> ➤ NO se muestre demasiado ansioso por cerrar el trato. Si parece muy ansioso por lograr que su oponente esté de acuerdo, éste puede sospechar alguna intención oculta por parte de usted y le pedirá más tiempo para volver a examinar los términos del acuerdo.

- ➤ NO ruegue ni suplique a su oponente, esto también le hará parecer ansioso. Permanezca tranquilo y repita las conveniencias de su posición. En algún momento, su oponente cederá.

- ➤ NO intente forzar a su oponente a que llegue a un acuerdo. Cuanto más presione, tanto más se resistirá su oponente. También se arriesga a hacer que su oponente se enfade.

Tres palabras que pueden devastar un cierre de negociación

En cierta ocasión observé a un negociador llevar una larga y ardua negociación a un cierre desastroso. Presentó su caso de forma impecable, navegó con destreza por la etapa de las ofertas y las contraofertas y permaneció respetuoso y agradable todo el tiempo. Tenía a su oponente listo y dispuesto a decir "sí".

Entonces cometió el error capital de decir: "Por favor, piénselo." Con estas tres palabras perdió la oportunidad de oro de obtener lo que deseaba. Le dio a su oponente una invitación abierta para volver a pensar su posición de negociación y conseguir formas de mejorarla. Y eso fue exactamente lo que su oponente hizo, regresó a la mesa de negociación con nuevas ideas y nuevas propuestas.

Cuando le da tiempo a su oponente de pensar de nuevo en una negociación que está a punto de concluir, le ofrece tiempo para reagrupar sus ideas, volver a pensar en su posición de negociación y preparar nuevas posiciones que no había vislumbrado durante la negociación. Cuando regrese de nuevo a la mesa de negociación, estará ansiosa por presentar sus nuevas posiciones, no acudirá para decir "sí".

Los rompetratos

Nunca dé a su oponente una segunda oportunidad de reconsiderar lo que ya esté acordado. Su objetivo es filtrar la negociación de modo que las cuestiones cerradas permanezcan así. Cuando le permite a su oponente el lujo de pensar las cosas de nuevo, le está pasando una invitación para que reabra la negociación.

La moraleja es que cuando sienta que su oponente está maduro para decir que "sí", cierre el trato en ese mismo instante.

Técnicas de cierre efectivas

Una técnica de cierre es una regla para hacer que su oponente diga "sí". No es un dispositivo para engañar a su oponente y acceda a un trato, si no está listo para ello. Si su oponente no está maduro para cerrar el trato cuando utilice una técnica de cierre, no habrá ninguna habilidad o capacidad de su parte que tenga éxito en hacer que su oponente cierre el trato.

Utilice las siguientes técnicas cuando las cuestiones ya se hayan analizado por completo y usted sienta que su oponente está listo para cerrar el trato. Estas técnicas bajarán a su oponente de la cerca y le dejarán listo para acordar un trato.

Técnica de la incitación a la acción

Motive y anime a su oponente a llegar a un acuerdo pidiéndole que lleve a cabo alguna acción sencilla que signifique que se llegó a un acuerdo. Por ejemplo, pásele los papeles de cierre y dígale: "Por favor, firme aquí." O sólo pregúntele: "¿Significa esto que llegamos a un trato?" En cualquier caso, usted indica a su oponente que haga algo, firme un documento o se comprometa verbalmente con el trato; eso apurará el cierre del trato.

Los buenos comerciales de televisión utilizan esta técnica. El anunciador termina gritando de manera más que entusiasta: "¡Pídalo ya!" o "¡Llámenos ahora mismo!" Igual sucede con las campañas por correo que le piden que llene una encuesta o que solicite un ejemplar gratuito de alguna revista. Lo incitan a que actúe, a que diga "sí" a su producto. Eso es exactamente para lo que se diseñó la Técnica de la Incitación a la Acción, para motivar a su oponente a decir que "sí" y cierre el trato.

Técnica de la suposición

En ésta, usted supone que su oponente estará de acuerdo, de modo que apresura la acción de cierre. "Llamaré al banco y les diré que sigan adelante con el préstamo" o "hablaré al Registro de la Propiedad y les pediré que verifiquen el título de la propiedad", son ejemplos de esta técnica de cierre. Si su oponente está en disposición de cerrar el trato, asentirá o dirá que está bien.

Técnica del resumen

Lo que debe hacer es resumir con *brevedad* lo que usted entiende del trato para incitar a su oponente a "estar de acuerdo" con él en su totalidad.

Cuando usted utiliza esta técnica, su meta es reafirmar cuestiones que ya están decididas. No es conveniente volver a abrir cuestiones ya tratadas a una mayor discusión. Para evitar esto, plantee el resumen en términos positivos más que en forma de preguntas, y nunca utilice esta técnica si su oponente no está de acuerdo con alguno de los puntos que planea mencionar en su resumen.

Supongamos que trabaja con Smithers de Productos Maravilla en el cierre de un trato. Usted resume la discusión diciendo: "Bueno, estamos considerando un pedido urgente de 5,000 productos con el logo de la compañía grabado en el mango. Serán entregados a la oficina de Chicago el día 28 y el precio es de 50 centavos por producto". Con lo cual Smithers está de acuerdo.

La palabra final en el cierre

Cuando su oponente ya ha dicho "sí" y se han arreglado los detalles, no discuta nada relacionado con la negociación. No le conviene correr el riesgo de volver a abrir las discusiones. Hable del clima, de deportes, sobre las noticias, de los cálculos renales de su tía Etna: de cualquier cosa que no esté relacionada con lo tratado en la negociación. Ya que su oponente ha dicho "sí", DETÉNGASE.

Lo mínimo que necesita saber

- Cierre la negociación cuando su propio instinto y el lenguaje corporal de su oponente le indiquen que éste está listo para cerrar el trato.
- Asegúrese de que tiene toda la documentación necesaria, bien preparada y lista para el cierre.
- No presione o suplique a su oponente para que cierre el trato.
- Cuando sienta que su oponente está listo para cerrar el trato, ciérrelo. Nunca le pida a su oponente que lo piense.
- Utilice las técnicas de cierre para incitar a su oponente a que actúe.
- Cuando usted y su oponente ya han llegado a un acuerdo, no siga discutiendo el trato. Si lo hace, corre el riesgo de volver a abrir la negociación.

Parte 7
Situaciones de negociación cotidiana

Veamos ahora cómo negociar las cuestiones diarias que surgen muchas veces en el camino de la vida; la compra de una casa, de un auto o de algún inmueble; la solicitud de un aumento de sueldo, de un préstamo o de un reembolso. Muchas personas temen a estas situaciones. ¡Pero usted no! Cuando sepa cómo negociarlas de manera suave y poderosa, será capaz de ahorrar mucho tiempo, dinero y problemas. Y con el conocimiento que le transmitiré en esta parte, no sólo perderá el miedo, sino que llegará a disfrutar de veras el proceso.

Capítulo 23

Compraventa de casas

En este capítulo
- ➤ El papel de los agentes y de los corredores en la compraventa de casas
- ➤ La información más importante que necesita cuando compre una casa
- ➤ Cómo hacer ofertas y contraofertas
- ➤ Qué esperar al cierre de la negociación

Ya sea que desee vivir en una gran mansión victoriana o en una cabañita, es probable que la mayoría de ustedes se vean como dueños de una casa en algún momento de la vida (si todavía no la tienen). Es una de las partes más queridas del sueño americano, y lo seguirá siendo, a pesar de los altos costos que implica tener una casa.

Cuando usted compra o vende una casa, hay ciertos indicadores básicos que debe tomar en cuenta para obtener el mejor trato. Cuando los utilice, verá que no es tan difícil obtener el trato que usted desea. En el presente capítulo, le muestro cómo llevar a cabo una negociación sin conflictos cuando usted compre o venda una casa.

Algo del material que presento en este capítulo fue adaptado de un libro sobre el tema de comprar o vender una casa, escrito por Shelley O'Hara. Es un gran recurso para compradores o vendedores de casas.

Los protagonistas del juego de bienes raíces

Cuando usted salte al mercado para comprar o vender una casa, cualquier número de expertos en bienes raíces le ofrecerán sus servicios. A continuación le presento a los jugadores clave con los que es posible que juegue:

- Los *corredores* suelen requerir licencia para vender bienes raíces. Los corredores por lo general son agentes del vendedor (trabajan para éste) y cobran comisión (por lo general un porcentaje del precio de venta). La cantidad de la comisión es negociable y se decide cuando el vendedor decide contratar al corredor. Algunos corredores tienen su propia oficina de bienes raíces.

- Los *vendedores individuales* o *asociados* con licencia para vender bienes raíces. No pueden tener su propia oficina de bienes raíces o llevar negocios propios. Deben trabajar para un corredor. También son agentes del vendedor.

¿Necesita un agente?

Tanto para compradores como para vendedores, los agentes son de utilidad para definir su búsqueda, además sirven como representantes suyos ante la otra parte. Los agentes ayudan con:

- *Financiamiento*. Canalizan su situación financiera, estiman los costos implicados en la casa que a usted le interesa comprar o le ayudan a establecer el precio de lista de la casa que está vendiendo.

- La *búsqueda de casa*. Si usted no está seguro qué tipo de casa le gustaría comprar, un agente le ayudará a definir las características. Tendrá información sobre la comunidad, las escuelas, los impuestos y los vecindarios. También arreglará las visitas a las casas seleccionadas y le acompañará en su recorrido.

- La *preparación de la casa*. Los agentes tienen una buena idea sobre lo que buscan los compradores de casas. Si usted anda vendiendo su casa, el agente, a menudo, le indicará qué reparaciones y renovaciones aumentarán el valor de venta y mejorarán la apariencia del inmueble.

- La *negociación*. La compra o la venta de una casa es un proceso complicado lleno de concesiones y cláusulas con letra menuda. A pesar de que usted sea un negociador experto por haber leído el presente libro, tal vez le convenga conseguirse un agente que le represente en la mesa de negociaciones.

Si está vendiendo una casa, diría, casi de manera determinante, que necesita contratar un agente; algunos vendedores, sin embargo, deciden hacerlo por su cuenta.

En venta por el dueño: venda su casa por su cuenta

Si desea vender usted mismo su casa, debe convertirse al instante en experto en un cierto número de profesiones. Necesitará ser un astuto publicista, un vendedor entusiasta, un buen investigador de mercados, un hábil financiero y un maestro negociador. Le puedo ayudar con la última parte, pero con respecto a lo demás, está usted solo.

También tiene que estar a disposición cada vez que alguien llame para ver el lugar. Tal vez no tenga el lujo de mostrarla sólo por las tardes o en los fines de semana.

Desventajas de tratar con agentes

Los agentes cuestan dinero. El agente de un comprador por lo general obtiene honorarios o una comisión basada en el precio de adquisición de la casa. El agente de un vendedor casi siempre obtiene de cinco a siete por ciento de comisión sobre el precio de venta (también las comisiones son negociables).

Recuerde que, dado que los agentes representan al vendedor sobre el pago de una comisión, buscarán con desesperación cerrar el trato.

Si usted es el comprador, ofrezca menos del precio de lista (o el que se pida) y, en muchos casos (a menos que la casa esté muy solicitada y haya muchos compradores) obtendrá la casa por un precio razonable. Esto es así debido a que el agente deseará obtener la comisión y le recomendará al vendedor que acepte cualquier oferta razonable.

Por el otro lado, si usted es el vendedor, tiene que evitar que su agente presione para hacer una venta a un precio menor del que está pidiendo. El momento de hacerlo es cuando le comunica el precio al agente. En ese momento deje claro al agente que se mantendrá firme con el precio de lista, a menos que el comprador tenga una razón válida por la cual se deba aceptar un precio menor. (Si es usted mismo quien vende su casa, desde luego, nada de lo anterior se aplica.)

Aclaremos términos
En muchos casos el *precio de lista* o *precio inicial* es considerado como la oferta del vendedor por la casa.

Qué es lo que hay que buscar cuando se compra una casa

Hay cientos de factores que debe considerar cuando valúa una casa: el tamaño, el estilo, el mantenimiento, el terreno, el vecindario, la ubicación de las escuelas, sólo para nombrar unos cuantos.

Sin embargo, en términos de negociación, hay unos pocos factores específicos que debe investigar cuando ya haya encontrado una casa de su gusto.

Nadie la quiere

Debe averiguar cuánto tiempo ha estado la casa en el mercado. Si el letrero "Se vende" ha estado puesto durante un buen rato, es posible que la casa tenga defectos o que el vecindario no sea muy bueno.

Por otro lado, tal vez la casa esté bien, pero el precio que se pide es demasiado alto. A menudo, las casas cuyos vendedores son sus propios dueños permanecen en el mercado más tiempo, porque éstos tienden a poner un precio muy alto, están unidos a ellas de manera emocional y quizá no sean capaces de establecer un precio razonable, o tal vez sean vendedores inexpertos.

Es un mercado de los compradores

En tanto que un vendedor (o un agente) no le revelará qué tan ansioso está por vender la casa, es posible que usted determine el nivel de desesperación a partir de unos cuantos hechos clave:

➤ El tiempo que ha estado la casa en el mercado. Si se acaba de poner a la venta, hay probabilidad de que el vendedor no esté particularmente ansioso. Si ya lleva algún tiempo, puede ser que esté más que listo para cerrar un trato.

➤ Si el precio de venta ha sido reducido y si esto es cierto, cuántas veces.

➤ La situación personal del dueño. ¿Ya ha comprado otra casa? ¿Se está divorciando o se cambió de trabajo?

➤ A veces, un agente puede anunciar que "urge la venta por cambio de trabajo" o algo parecido. Si ve un anuncio como ése, primero asegúrese de que el dueño de veras *ha sido* transferido a otro trabajo. Algunos agentes sin escrúpulos anuncian información falsa sólo para hacer ver la venta de la casa como un buen trato. Para asegurarse de que la información es verdadera, pregunte al agente los detalles específicos sobre el cambio de trabajo: quién es el empleador del agente, a dónde fue transferido y cuándo. Un agente honesto le dirá la verdad.

Si la información es cierta, por lo general es posible hacer una oferta mucho más baja que el precio de venta.

Es un pozo de dinero

Cuando mira por primera vez una casa, es fácil que se sienta impresionado por las apariencias, como un jardín bien arreglado o una fachada bien conservada (o por el otro extremo: la pintura descascarada o cinco autos chatarra en el patio). Pero lo que en realidad cuenta es la infraestructura: la tubería, el cableado, el sistema de calefacción y los cimientos.

Capítulo 23 ➤ *Compraventa de casas*

Haga preguntas sobre la casa. En muchos casos, los vendedores tienen la obligación de revelar cualquier problema que tenga la casa; pero debería hacer que fuera inspeccionada por un profesional (puede supeditar el trato al recibo de un informe satisfactorio del inspector).

De encontrar cualquier falla importante en la casa, como un techo inestable o un sistema de calentamiento anticuado, usted debe ser capaz de deducir el costo de las reparaciones del precio de venta de la casa; o el vendedor puede estar de acuerdo en hacer las reparaciones por su propia cuenta.

Pero sólo debe hacer esto en caso de reparaciones grandes y necesarias, no en cuestiones menores (el querer que se recubra el asiento del excusado con imitación de piel no califica como gasto necesario). Si el vendedor tiene la impresión de que está tratando de que haga reparaciones en detalles sin importancia, se enfadará y eso hará que la negociación sea difícil.

Términos que todo comprador de casas debe saber

De modo que ya encontró la casa perfecta. ¿Qué tipo de cuestiones puede negociar? Pensará que sólo el precio de venta, pero de hecho hay muchas otras condiciones que tal vez desee se incluyan en el trato:

➤ *Qué otra cosa pagará el vendedor.* Los costos de cierre, inspección, estimación, investigación de las escrituras y gastos de documentación son algunos de los costos que puede pedirle al vendedor que asuma.

➤ *Contingencias (qué tiene que suceder para que se cierre el trato).* Puede supeditar el trato a la obtención de financiamiento, a la redacción de las escrituras y el título de propiedad, al resultado de una inspección profesional, una evaluación profesional o a otros factores que deben aclararse antes de firmar el contrato.

➤ *Plazos.* Cuándo debe dar una respuesta por la oferta y cuándo el vendedor debe entregar la casa.

➤ *Extras.* Todo lo que vaya con la casa. Instalaciones, muebles, perro lanudo, galletas en el horno (los dos últimos son en broma).

➤ *Condiciones de la casa.* Si el vendedor está de acuerdo en hacer las reparaciones necesarias, es conveniente que estén terminadas antes de que usted se instale.

Haga la oferta

Ya que se haya acordado sobre los términos de la compra, debe incluirlos en una oferta escrita (no verbal), en ocasiones conocida como "contrato de compraventa". Más adelante en este mismo capítulo aparece un modelo de contrato de compraventa que funciona en Estados Unidos, sólo para que tome datos. Usted puede diseñar su propia oferta escrita (o pedirle a un agente o a un abogado que la haga), pero no es recomendable. Consume tiempo y hay una buena probabilidad de que olvide algo importante.

Hay formas escritas de contratos de compraventa que puede conseguir con los agentes de bienes raíces o en las papelerías especializadas. Utilice una forma, es más fácil y segura.

La forma de la oferta debe incluir la siguiente información:

- ➤ Dirección y descripción legal de la propiedad.
- ➤ El precio, el pago inicial (a menudo conocido como "enganche") y cuándo y cómo se deberá pagar el resto.
- ➤ Tiempo límite de respuesta a su oferta (consulte el Capítulo 7 para más detalles sobre los plazos)
- ➤ Las condiciones y las contingencias que deben cumplirse antes de finalizar el trato: la obtención de un préstamo, las reparaciones necesarias o las mejoras a la casa, la inspección del inmueble, etcétera.
- ➤ Quién paga los impuestos de la casa mientras el trato esté en proceso.
- ➤ Cuándo se debe hacer el cierre si se acepta la contraoferta.

¿Cuál deberá ser su oferta?

Hay varios tipos de oferta que puede hacer en relación con el precio de venta:

- ➤ *La oferta demasiado baja.* Como dije en el Capítulo 21, no son de mi agrado las ofertas muy bajas y no las recomiendo. Si debe hacer una, hágala sólo si no está realmente interesado en la casa.
- ➤ *La oferta demasiado alta.* Si está ansioso por cerrar el trato, puede hacer que la primera oferta que haga sea la mejor que tenga. Pero nunca la haga más alta que el precio de venta, a menos de que otro comprador ya haya ofrecido ese precio y usted desee mejorarlo.

- *La oferta del llamado a la guerra.* Si otros compradores están interesados, tendrá que apostar por la casa como lo haría en un juego de póquer; si ya no puede mejorar una oferta, tendrá que retirarse.
- *La oferta negociable.* Ésta es la que deja espacio para maniobrar y negociar. Por lo general es el mejor planteamiento y la única que puede conducir a los mayores ahorros.

> **Los rompetratos**
> Trate de no emocionarse mucho con cualquier casa que vea; si lo hace, será vulnerable a la manipulación emocional y es posible que haga un mal trato. Es frustrante perder un trato sobre una casa que le gusta, pero recuerde que no hay una casa perfecta para usted. Si permanece en el mercado el tiempo suficiente, encontrará varias casas que le gusten.

Haga concesiones

A menos de que su propuesta de trato sea aceptada o rechazada en el momento en que lo plantee, es probable que su oferta se encuentre con una contraoferta de los vendedores. Una muestra de forma de contraoferta se muestra más adelante.

En este momento, puede aceptar o rechazar la contraoferta o responder con otra contraoferta más. He aquí algunos indicadores que se deben tener en consideración cuando maniobre en la etapa de las ofertas y las contraofertas:

- Las concesiones financieras pequeñas pueden redituar en mucho dinero. Si puede bajar el precio de venta en 1,000 dólares, es posible que se ahorre más de 2,642.40 dólares (suponiendo que financia la casa con un préstamo a 30 años con un interés de 8% anual).
- Si se descubre a sí mismo haciendo muchos cambios a una contraoferta, es conveniente que llene una nueva forma. Una forma original toda marcada y cubierta con tachaduras y puntos adicionales indica con toda claridad cuántas concesiones está pidiendo. Una copia limpia es, desde el punto de vista psicológico, más fácil de firmar para los vendedores.
- Nunca acuerde ofertas verbales; ponga todo por escrito.
- No haga las cosas mal. Recuerde que usted está ahí para conseguir una casa, no para someter a sus designios al vendedor. Siempre que sea posible, busque soluciones "ganador–ganador" para todos los puntos de desacuerdo. Tendrá un mejor progreso si el vendedor se siente satisfecho con el trato.
- Si no le gusta una contraoferta, o si no se cumple con los gastos accesorios, usted está en libertad de abandonar la negociación.

Parte 7 ▸ *Situaciones de negociación cotidiana*

GRAVES REALTORS

Selling Broker: Graves Realtors (Dav 8) By Maris Bluestein (#251)
Listing Broker: Other Real Estate Co (OTRE 1) By Charles Chuck (#127)

PURCHASE AGREEMENT

1. Date: July 12, 1994
2. Buyer offers to buy real estate (the "Property") known as 3569 Camelot Lane
3. in Clay Township, Hamilton County, Carmel, Indiana 46033 Zip Code, which is
4. legally described as: Lot 23 Brookstone Village, Section 2
5. in accordance with the terms and conditions set forth below:
6. **A. PURCHASE PRICE:** Buyer agrees to pay $103,000— for above Property.
7. **B. IMPROVEMENTS AND FIXTURES:** The above price includes all improvements permanently installed and affixed, such as, but not limited
8. to, electrical and/or gas fixtures, heating equipment and all attachments thereto, gas grills, incinerators, window shades, curtain rods,
9. drapery poles and fixtures, awnings, TV antennas, all landscaping, mailbox, garage door opener with control(s), ceiling fans, smoke alarms,
10. mini barns/storage sheds, satellite dish with control(s) and the following:
11. all items as listed in MLS #418369 also include refrigerator in
12. kitchen, fireplace screen and tools
13.
14. All items sold shall be fully paid for by Seller at time of closing the transaction.
15. **C. METHOD OF PAYMENT:** (Circle appropriate paragraph number)
16. 1. **CASH:** The entire purchase price shall be paid in cash and no financing is required.
17. ②. **NEW MORTGAGE:** Completion of this transaction shall be contingent upon the Buyer's ability to obtain a (Conventional) (Insured
18. Conventional) (FHA) (VA) Other _____) first mortgage loan
19. for $ 90% of sale price , payable in not less than 30 years, with an original rate of interest not to exceed 9 %
20. per annum. Buyer shall pay all costs of obtaining financing, except seller shall pay 2 discount
21. points for buyer
22. 3. **ASSUMPTION:** Buyer shall pay (approximately) (exactly) $ _____ in cash and agrees to pay the unpaid balance of
23. the note and to perform the provisions of the existing mortgage on the Property held by _____
24. Seller represents that the unpaid principal balance is [approximately] [exactly] $ _____ as of _____,
25. 19_____, payable at $_____ per month including interest at a rate of _____% per annum, and also
26. including: (taxes) (insurance) (mortgage insurance). The exact balance including interest shall be computed through day of closing.
27. Buyer shall pay the next payment due after closing. If the existing mortgage cannot be assumed by Buyer at the interest rate shown
28. above, Buyer hereby agrees to accept an interest rate not to exceed _____% per annum and if this is not available, at Buyer's
29. option, this Agreement may be terminated. Seller agrees to pay any shortage in escrow account. Buyer agrees to pay all fees charged
30. by mortgagee for assumption. The parties agree to (reimburse the Seller) (assign at no cost to Buyer) any escrow account balance on
31. day of closing.
32. 4. **CONDITIONAL SALES CONTRACT:** Within _____ days after acceptance of this Agreement the parties hereto shall approve
33. the Metropolitan Indianapolis Board of REALTORS Conditional Sales Contract form or another acceptable form embodying the terms
34. contained herein:
35. Cash down payment $_____; interest rate on the unpaid balance _____% per annum calculated monthly and paid monthly
36. in arrears; monthly principal and interest payment $_____; first payment shall be due on _____
37. interest shall commence the day after closing. Property taxes and insurance are to be paid (separately when due) (monthly) in addition
38. to the monthly principal and interest payment; no prepayment penalty for early pay-off; a _____ day default period for any
39. time provisions; forfeiture provisions are to be released by Seller when Buyer has paid more than $ _____ or (_____%)
40. of the purchase price. Contract shall be paid in full on or before _____, 19_____.
41. Special provisions: _____
42.
43.
44. The Conditional Sales Contract is to be prepared by _____
45. at _____ expense. Buyer shall only use the Property for _____
46. **D. TIME FOR OBTAINING FINANCING:** Buyer agrees to make application for any financing necessary to complete this transaction, or for
47. approval to assume the unpaid balance of the existing mortgage within 5 days the acceptance of this Purchase
48. Agreement and to make a diligent effort to obtain financing in cooperation with the Broker and Seller. No more than 30 days
49. after the acceptance of the Purchase Agreement shall be allowed for obtaining favorable commitment(s) or mortgage assumption approval.
50. If a commitment or approval is not obtained within the time specified above, this Agreement shall terminate unless an extension of time for
51. this purpose is mutually agreed to in writing.
52. **E. CLOSING DATE:** Closing date shall be on or before August 15 , 19 94 or within 3 days
53. after loan approval , whichever is later.
54. **F. POSSESSION:** Seller may retain possession of the Property up to 12 o'clock midnight on August 18 , 19 94
55. or 12 o'clock midnight 3 days after closing the transaction, whichever is later, and Seller's possession until that date will be
56. free of rent. If Seller does not deliver possession by that date, Seller shall pay Buyer $ 100.— per day as liquidated damages
57. until possession is delivered to Buyer; and Buyer shall have all other legal and equitable remedies available against the Seller.
58. **G. INSPECTIONS:** (#1 OR #2 MUST BE CIRCLED AND INITIALED)
59. X 1. Buyer reserves the right to have the Property inspected. All inspections shall be made within 10 days after acceptance ,
60. with written reports delivered within SEVEN days thereafter to Buyer, Buyer Agent and/or Sub-Agent and Seller and/or Listing agent.
61. Inspections are to be at Buyer's expense by qualified inspectors or contractors.
62. If the Buyer does not make a written response to a report within FIVE days of its receipt, the Property shall be deemed to be acceptable.
63. Inspections include, but are not limited to, heating, cooling, electrical, plumbing, roof, walls, ceilings, floors, foundation, basement, crawl
64. space, well, septic, water analysis, wood eating insect infestation and radon. Other: _____
65. If the inspection report reveals a major problem affecting the Property, and the Seller is unable or unwilling to remedy the problem, then
66. this Agreement may be terminated by the Buyer.
67. It is agreed that any Property defect previously disclosed to Buyer, shall not be a basis for cancellation of this Purchase Agreement.
68. Inspections required by FHA, VA or lender do not necessarily eliminate the need for other inspections.
69. 2. BUYER HAS BEEN MADE AWARE THAT INDEPENDENT INSPECTIONS DISCLOSING THE CONDITION OF THE PROPERTY ARE
70. AVAILABLE AND HAS BEEN AFFORDED THE OPPORTUNITY TO REQUIRE AS A CONDITION OF THE AGREEMENT THE ABOVE
71. MENTIONED INSPECTIONS. HOWEVER, BUYER HEREBY WAIVES INSPECTIONS AND RELIES UPON THE CONDITION OF THE
72. PROPERTY BASED UPON BUYER'S OWN EXAMINATION AND RELEASES THE SELLER, BROKER, AND LISTING AGENT,
73. BUYER AGENT AND/OR SUB-AGENT FROM ANY AND ALL LIABILITY RELATING TO ANY DEFECT OR DEFICIENCY AFFECTING
74. THE PROPERTY, WHICH WAIVER SHALL SURVIVE THE CLOSING.
75. **H. REAL ESTATE TAX:** BUYER shall pay all real estate property taxes, beginning with the installment due and payable in
76. May , 19 95 , and SELLER shall pay all real estate property taxes due prior thereto. In the event real
77. estate taxes are unknown at time of closing, then the last installment of such taxes will be used as a basis for any credits due Buyer. Buyer
78. agrees that any variance between actual tax liability and the amount credited at closing shall be their sole responsibility, and Buyer agrees,
79. if necessary, to escrow an amount necessary to satisfy the first installment of taxes due after closing. ("Real Estate Taxes" shall include all
80. charges placed on Tax Bill for collection.)

1-94/P-200

Modelo de contrato de compraventa popular en Estados Unidos.

Parte 7 ▸ Situaciones de negociación cotidiana

COUNTER OFFER # 1

6 (A.M.) (P.M.) July 12, 1994

The undersigned hereby makes the following Counter Offer to a certain Purchase Agreement dated July 12, 1994, concerning real property commonly known as 3569 Camelot Ln in Clay Township, Hamilton County, Carmel, Indiana between: Harry + Harriet Hamilton as Seller(s) and Paul and Paula Pierce as Purchaser(s).

1) Purchase price to be 106,000.
2) Seller to pay purchasers closing costs not to exceed $1,000.

All other terms and conditions of the Purchase Agreement and all previous Counter Offers shall remain in effect except as modified by this Counter Offer.

This Counter Offer # 1 is void if not accepted in writing on or before 6 (A.M.) (P.M.) (Noon) (Midnight) on July 13, 1994. This Agreement may be executed simultaneously or in two or more counterparts, each of which shall be deemed an original, but all of which together shall constitute one and the same instrument. Delivery of this document may be accomplished by electronic facsimile reproduction (FAX); if FAX delivery is utilized, the original document shall be promptly executed and/or delivered, if requested.

Harry Hamilton 7/12/94   Harriet Hamilton 7/12/94
(Seller) ~~(Purchaser)~~ Signature   Date   (Seller) ~~(Purchaser)~~ Signature   Date

306-75-1234   317-18-1920
Social Security # / Federal I.D. #   Social Security # / Federal I.D. #

ACCEPTANCE OF COUNTER OFFER #

The above Counter Offer # 1 is hereby accepted at 12 (A.M.) (P.M.) (Noon) (Midnight) 7/13, 1994. Receipt of a signed copy of this Counter Offer is hereby acknowledged. This Agreement may be executed simultaneously or in two or more counterparts, each of which shall be deemed an original, but all of which together shall constitute one and the same instrument. Delivery of this document may be accomplished by electronic facsimile reproduction (FAX); if FAX delivery is utilized, the original document shall be promptly executed and/or delivered, if requested.

Paul Pierce 7/13/94   Paula Pierce 7/13/94
~~(Seller)~~ (Purchaser) Signature   Date   ~~(Seller)~~ (Purchaser) Signature   Date

108-03-4153   116-32-6498
Social Security # / Federal I.D. #   Social Security # / Federal I.D. #

Approved and restricted to use by members of the Metropolitan Indianapolis Board Of REALTORS®
This is a legally binding contract, if not understood seek legal advice.   ©MIBOR 1992   (Form No. 210-01/92)

Forma de contraoferta utilizada en Estados Unidos.

Firma y cierre del trato

Ya que ambas partes están de acuerdo con una oferta o una contraoferta y la firman, éste es un documento legal. Por tal razón, sería conveniente que un abogado revisara el documento antes de la firma.

Después de que lo haya firmado tiene que tratar con cuestiones de financiamiento, seguros e inspección (cada uno de estos aspectos se ven en su propia guía fácil). Debería también realizar una última inspección a la casa para asegurarse de que esté en buenas condiciones y de que el vendedor hizo todo lo que está obligado a hacer en el contrato. Si todo está en su lugar, puede proponer el cierre. A continuación le presento algunas cuestiones que enfrentará el día del cierre:

➤ Determine a nombre de quién estará el título de propiedad de la casa (en otras palabras, quién será el dueño). ¿Será usted solo o el título estará a nombre suyo y de su esposa, o de alguien más?

➤ Lleve consigo el dinero que necesita para cerrar el trato (sabrá qué cantidad necesita antes del día de cierre). Necesitará un cheque de caja por la cantidad adecuada.

➤ Lleve consigo una póliza de seguro de la casa, el recibo de su pago y cualquier otro documento que le requiera el prestamista.

➤ Revise todos los documentos habidos y por haber hasta que se sienta como el fiscal de Watergate. Entre éstos se incluyen las cláusulas del préstamo, notas, hipoteca, contratos, escrituras, títulos de propiedad, declaraciones de apertura, formatos, acuerdos y fichas sanitarias; todo esto para probar que el proceso no lo volvió completamente loco.

Después de hacer los pagos y toda la documentación ha sido firmada, salga del cierre de la negociación con las llaves de su nuevo reino en las manos. ¡Felicidades!

Sólo para vendedores: evaluación de una oferta

Su primera decisión sería contratar un agente o vender la casa usted mismo. Cualquier cosa que usted decida, lo importante es que tenga una idea firme de lo que a usted le gustaría ganar sobre su casa, lo que estaría dispuesto a ceder y lo que le resultaría inaceptable. Tenga bien presente que las cantidades al respecto podrían cambiar luego de que haya realizado una prueba de mercado.

Cuando ya haya enganchado a un comprador interesado, éste le presentará una oferta en forma de contrato de compraventa. Los términos mencionados en la oferta se enumeran en la sección anterior "Haga la oferta". Cuando evalúe una oferta hágase las siguientes preguntas:

➤ ¿Qué precio ofrece el comprador?

➤ ¿Cuánto está dispuesto el comprador a depositar como anticipo? Esto indica qué tan seria es la propuesta del comprador.

➤ ¿Qué contingencias y términos especifica el comprador?

➤ ¿Cuánto tiempo tiene para considerar la oferta antes de que tenga que responder?

Los rompetratos
Prepárese para responder, y neutralizar, cualquier pregunta que el comprador haga sobre defectos de la casa. Si no lo hace, la probabilidad de obtener el precio que desea por ella será pequeña.

En este punto, usted puede aceptar la oferta, rechazarla o hacer una contraoferta. Recuerde, si usted está vendiendo, las concesiones financieras son las menos benéficas. Si recorta 1,000 dólares del precio de venta, usted perderá esa cantidad *más* cualquier reembolso que pudiera tener si la invirtiera. Así que mejor sugiera concesiones en cuestiones no financieras (una fecha diferente para desalojar, etcétera), si es posible. Haga concesiones financieras sólo cuando sea absolutamente necesario.

Repase la sección anterior sobre "Haga concesiones" para obtener más información acerca de la fase de ofertas y contraofertas.

¡Nadie quiere mi casa!

Recuerde, el vender una casa lleva su tiempo, en ocasiones meses e incluso más de un año. Si ha pasado un tiempo razonable y no ha recibido ninguna oferta, es conveniente que suavice los términos. En especial:

➤ ¿Deberá bajar el precio de venta?

➤ ¿Hay mejoras que deba hacer, o estar de acuerdo en hacer, como parte del trato?

➤ ¿Hay incentivos que pueda agregar para hacer más atractiva la casa o la propiedad?

➤ ¿Deberá ofrecer ayuda financiera a los compradores? (Tenga especial cuidado con esto. Debe entender todos los términos financieros y todas sus responsabilidades, si el comprador no es capaz de cumplir su parte del acuerdo.)

Capítulo 23 ➤ *Compraventa de casas*

Lo mínimo que necesita saber

➤ Puede decidirse por contratar a un agente para que le ayude a negociar la compra o la venta de una casa. Si decide vender su casa por cuenta propia, usted será el único responsable de la publicidad, el mercadeo, la negociación y el cierre del trato.

➤ Si usted va a comprar una casa, averigüe cuánto tiempo ha estado la casa en el mercado, su condición y qué tan ansiosos están los vendedores por realizar la venta.

➤ Entre los términos negociables en la compra o la venta de una casa se incluyen el precio, las contingencias, la condición de la casa y las cuestiones extras que el vendedor puede incluir con la casa.

➤ Si usted está interesado en una casa, haga una oferta negociable. Haga una oferta demasiado alta si desea con desesperación obtener el inmueble. Haga una oferta demasiado baja sólo si está dispuesto a no obtener la casa.

➤ Ponga todas las ofertas y contraofertas por escrito. Intente realizar una negociación "ganador–ganador".

➤ Si usted es un comprador, intente conseguir concesiones financieras. Si es vendedor, sugiera cualquier tipo de concesión, menos financieras.

Capítulo 24

Negociación para comprar o vender bienes raíces

En este capítulo

➤ Similitudes entre comprar una casa y comprar propiedades comerciales o de inversión

➤ Decisión sobre un precio de venta de una propiedad

➤ Lo que debe saber sobre una propiedad antes de entrar en la negociación

➤ Sugerencias de negociación para comprar o vender una propiedad

¿Desea aumentar sus propiedades comprando un lote de terreno, ya sea como un lugar para poner su negocio o como una inversión de su dinero? El comprar una propiedad, por razones comerciales o de inversión, tiene mucho en común con la compra de una casa y algunas pocas diferencias. En el presente capítulo, le mostraré cómo comprar la mejor propiedad al mejor precio.

Trato con corredores comerciales o de inversión

Una de las principales diferencias entre comprar propiedades comerciales o de inversión y comprar una casa es el precio. La mayoría de las propiedades comerciales o de inversión son más caras que las propiedades residenciales (a menos de que esté buscando una casa que se parezca al palacio de Buckingham).

Parte 7 ➤ *Situaciones de negociación cotidiana*

Aclaremos términos
Los *bienes raíces comerciales* son propiedades que se utilizan para negocios, como un restaurante o una tienda naturista. Los *bienes raíces para inversión* es la propiedad que usted compra y mantiene con la esperanza de venderla más tarde y tener ganancias. Algunas propiedades de inversión, como un terreno baldío, no producen entradas, pero usted las compra con la esperanza de tener una ganancia cuando la venda.

Junto con esto, los corredores que venden propiedades comerciales o de inversión, por lo general, piden mayores comisiones (desde ocho a trece por ciento) que los que se dedican a la venta de casas.

Debido a que trata con propiedades de alto precio y con una mayor comisión, un corredor de propiedades comerciales o de inversión tiene mucho más que perder (con respecto al caso del trato con propiedades residenciales), si no es capaz de vender una propiedad. Esto significa que en tal mercado, los compradores tienen la ventaja; por lo general, los corredores animarán a los vendedores a aceptar cualquier oferta razonable con el fin de hacer la venta.

Mercado de compradores: determinación de qué propiedad es valiosa

La estimación de propiedades es una ciencia especializada, en particular cuando se trata de comprar una propiedad de negocio o de inversión; podría escribir una Guía fácil completa sobre el tema. Por el momento, le daré un repaso breve sobre cómo debe considerar el proceso.

Aclaremos términos
El *ingreso neto* es el dinero que usted obtiene después de que ha pagado todos los gastos asociados con la propiedad (impuestos, seguro, mantenimiento, pago de préstamos, etcétera)

Si usted tiene la intención de comprar una propiedad con el fin de instalar ahí su negocio, determine el costo máximo que puede absorber sin disminuir sus ganancias ni poner en riesgo su negocio.

Si usted quiere comprar propiedades de inversión, determine cuánto dinero espera ganar (en forma de rentas, por ejemplo) en comparación con los gastos que tendrá que pagar por ella (en términos de impuestos, seguros o pagos de préstamo, por ejemplo). Negocie el precio de venta hasta que pueda asegurar una tasa de reembolso con la cual esté satisfecho.

Investigación en bienes raíces

Mientras se prepare para negociar una propiedad comercial o de inversión, obtenga tanta información como le sea posible con respecto a la propiedad. Cuanto más conozca, más éxito tendrá. A continuación le presento algunas fuentes que puede consultar para obtener información:

- ➤ El vendedor o su corredor. Pida estados de cuenta sobre ganancias y pérdidas e información sobre gastos relacionados con la propiedad (impuestos, seguros, etcétera). Si se le niega cualquiera de esta información, tal vez sea mejor que piense dos veces la inversión en la propiedad.

- ➤ El Registro Público de la Propiedad (localícelo en alguno de los edificios públicos de su entidad). Puede revisar las escrituras y la historia de la propiedad.

- ➤ Las compañías aseguradoras de propiedades. Éstas verificarán el título de la propiedad para asegurarse que esté libre de defectos, de modo que la compañía pueda asegurar la propiedad. Entre los defectos se incluyen los gravámenes (impuestos no pagados), o reclamaciones conflictivas sobre la propiedad del inmueble.

- ➤ Una inspección profesional de la propiedad. Esto es obligatorio; haga que un perito revise la plomería, el cableado, los sistemas de calefacción y de enfriamiento, el techo y la estructura básica de la propiedad. El valuador le advertirá de cualquier problema significativo o de cualquier reparación que necesite la propiedad.

- ➤ Una inspección personal de la propiedad. Inspeccione el lugar usted mismo; hable con los inquilinos y averigüe si están contentos con el lugar. (No es conveniente tratar con un éxodo masivo de inquilinos después de que haya comprado el edificio.)

- ➤ Contratos de arrendamiento para todos los habitantes que ocupan la propiedad. Verifique sus rentas, los gastos que pagan y cuándo hay que renovarlos.

Negociación de una propiedad

Ya que haya evaluado la propiedad y se haya decidido a negociar su compra, es conveniente que tome en cuenta algunas sugerencias que pueden ser de ayuda para obtener un buen acuerdo:

- ➤ Comprador: Haga una lista de todos los defectos que haya descubierto durante su inspección. Si el techo se gotea o si se necesita pintar el edificio, son factores que justifican un menor precio de venta.

- ➤ Vendedor: Tome conocimiento y corrija cualquier defecto que un comprador potencial pueda observar y mencionar.

- ➤ Comprador: Nunca diga al vendedor la razón por la cual quiere la propiedad. Sólo ofrézcale una razón plausible general: "Estoy buscando una buena inversión." Si le hace ver al vendedor que tiene una importante necesidad o deseo de comprar la propiedad, le estará dando razones extra para insistir en un precio mayor.

> Comprador: El precio de lista o de venta de la mayoría de las propiedades casi siempre es demasiado alto. No lo acepte de entrada. Obtenga una estimación de su valor y dígase que puede permitirse pagar para que la inversión le proporcione ganancias. Después haga una contraoferta.

> Comprador: Haga concesiones en cuestiones pequeñas, si eso ayuda a obtener la propiedad por el precio que usted desea. Por ejemplo, ofrezca pagar el seguro de la propiedad o el pago de la inspección pericial de la propiedad. O puede considerar la posibilidad de tomar posesión del inmueble en una fecha que sea más conveniente para el vendedor. Por lo general, éstos se ven influidos por tales concesiones.

> Vendedor: Del mismo modo, puede ofrecer concesiones pequeñas que hagan que la propiedad sea más atractiva para el comprador potencial. Considere la posibilidad de hacer ciertas reparaciones o pagar honorarios particulares. Esto puede influir en un comprador indeciso a animarse a cerrar el trato.

> Comprador: Decida por adelantado la cantidad máxima que pagará y manténgase firme. Sin embargo sea flexible en la negociación; siempre hay más de una forma de cerrar un trato. Por ejemplo, si usted y el vendedor tienen una diferencia de $15,000 con respecto al precio de venta, puede proponerle otras maneras de obtener que su costo real se reduzca en esa cantidad.

> Comprador y vendedor: No se precipite a cerrar un trato. Recuerde, los acuerdos en bienes raíces a menuda implican un tremendo compromiso financiero. Asegúrese de que el trato es sólido antes de que se comprometa.

Lo mínimo que necesita saber

> Utilice el temor de los corredores de perder un trato para conseguir una mejor negociación de la propiedad. Si usted es el comprador, intente conseguir un precio menor que el que se pide. Si usted es el vendedor, aclare a su corredor que no está dispuesto a bajar el precio de venta, a menos que haya una razón justificada para ello.

> Si usted compra una propiedad para la instalación de su negocio, determine el costo máximo que se puede permitir por la adquisición de la propiedad.

> Si compra una propiedad para inversión, decida cuánto desea ganar con el dinero que invierte. Eso establecerá el máximo precio que deberá pagar por la propiedad.

> Obtenga toda la información que le sea posible, *antes* de iniciar la negociación.

> Si usted es el comprador, inspeccione la propiedad en busca de defectos que podrían bajar el precio. Si usted es el vendedor, prepárese para responder (y neutralizar) las posiciones del comprador cuya argumentación vaya encaminada a bajar el valor de la propiedad.

> Nunca acepte el precio de lista o de venta del vendedor. Intente siempre obtener un precio más bajo.

Capítulo 25

Forma de negociación en arriendos y subarriendos

> **En este capítulo**
>
> ➤ Diferencias entre contratos y subcontratos de arrendamiento
>
> ➤ Términos de contrato negociables
>
> ➤ Cinco sugerencias para negociar contratos de arrendamiento

Tal vez no esté listo para comprometerse a comprar una casa o alguna propiedad. Si ése es el caso, lo que procede es el alquiler de una vivienda.

El alquiler de vivienda ha ido en aumento debido a un cierto número de razones. La primera es que cuando usted alquila una propiedad, por lo general no tiene que hacer un pago enorme y pedir un préstamo, que es lo que tiene que hacer cuando compra una casa o un departamento. Otra es que permite más flexibilidad: un inquilino tiene la facilidad de tomar sus cosas y cambiarse de casa si necesita más espacio o desea vivir en otro lado.

De modo que hay varias ventajas del alquiler de vivienda en comparación con la compra de una. En el presente capítulo le mostraré cómo negociar los mejores términos cuando rente una vivienda.

¿Contrato o subcontrato?

Cuando alquila una casa o un departamento, por lo general le piden que firme un documento conocido como *contrato de arrendamiento* (si trata directamente con el propietario o casero) o un *subcontrato de arrendamiento* (si trata con alguien que ya está alquilando la casa o el departamento).

La diferencia es que cuando usted subcontrata una propiedad, no tiene relación legal (en la jerga del medio esto se conoce como "privacidad de contrato") con el dueño de la propiedad. Su única relación legal es con la persona que le subarrienda la propiedad a usted. Si la vivienda sufre daños o usted no paga el alquiler, tiene que responder ante el subarrendador, quien a su vez tiene que arreglar las cosas con el dueño de la propiedad.

Los contratos pueden asignarse en lugar de hacer un subarrendamiento. En este caso, tanto la persona que firma el contrato como a la que se le asigna son responsables ante el dueño de la propiedad.

Aclaremos términos

Cuando firma un contrato de arrendamiento, usted se convierte en el *arrendatario* y el dueño de la vivienda es el *arrendador*. El contrato de arrendamiento determina los derechos y las obligaciones entre usted y el dueño.

Cuando usted alquila una propiedad que ya está alquilada, se convierte en un *subarrendatario*. El contrato de subarrendamiento determina los derechos y las responsabilidades entre usted y el *subarrendador* (la persona que le alquila la vivienda que a su vez tiene en arrendamiento). El subcontrato no cubre sus responsabilidades ni sus obligaciones con el dueño real de la vivienda.

Usted y su contrato de arrendamiento

Ya sea que contrate o subcontrate, debe tener un documento por escrito que cubra sus obligaciones como arrendatario. Los acuerdos verbales, aunque tengan buenas intenciones, a menudo se violan o se rompen y, sin un contrato escrito, los inquilinos pueden enfrascarse a juicios muy largos e incluso al desalojo.

Muchos dueños de propiedades prefieren utilizar contratos ya redactados, que se compran en las papelerías, a los cuales añaden todos los cambios o las omisiones que pueda haber. Otros prefieren redactar sus propios contratos. Cualquiera que sea la forma que tenga su contrato, debe mencionar los siguientes aspectos:

➤ *Alquiler*. Lo más importante. Asegúrese de que tanto la cantidad y la forma de pago estén establecidas con toda claridad en el contrato. ¿Puede enviar un cheque o tiene que ser en efectivo? ¿Qué sucede si paga con retraso?

Capítulo 25 ➤ *Forma de negociación en arriendos y subarriendos*

- ➤ *Duración*. ¿Por cuánto tiempo es el contrato? ¿Con cuánto tiempo de antelación debe avisar el término del contrato? ¿Tiene opciones de seguir alquilando por otro periodo?

- ➤ *Depósito*. Muchos caseros requieren un depósito de garantía para asegurarse de que no va a destruir su propiedad durante el tiempo de su estancia en ella. ¿Cuándo y cómo será devuelto el depósito? Asegúrese de que le den un recibo por la cantidad que haya depositado.

- ➤ *Condición de la propiedad*. Tanto usted como el dueño deben estar de acuerdo sobre la condición de la propiedad en el momento en que se mude a ella, de modo que no se le culpe por daños de los cuales usted no es responsable. Lo ideal es que ambos recorran la propiedad juntos, tomen nota cualquier daño o desperfecto, y especifiquen en el contrato que tales defectos no son responsabilidad suya. (Algunas agencias de arrendamiento tienen sus propios formatos en los que se pide al inquilino que anote cualquier desperfecto.) El contrato también debe especificar quién es el encargado de cualquier mejora o reparación que se necesite durante el arrendamiento.

- ➤ *Animales domésticos*. Por lo general, no están expresamente prohibidas en el contrato, *Peluchín* o *Fido* puede cambiarse a la nueva casa, aunque algunas agencias agregan cargos extra al alquiler o exigen un depósito de garantía adicional (o ambas cosas) para cubrir cualquier daño que su animalito pueda ocasionar. Tenga en cuenta que si su perrito ladra mucho o a menudo amenaza a los vecinos, podría violar otros términos del contrato, en los que se establece que no debe interferir con la seguridad y la tranquilidad de los otros inquilinos.

- ➤ *Subarriendo*. ¿Tiene permitido subarrendar la propiedad? Algunos contratos lo prohíben de manera expresa; otros lo permiten, pero sólo después de que el dueño ha dado su consentimiento con respecto al subarrendatario.

- ➤ *Omisión*. ¿Qué puede hacer el dueño si usted no cumple con cualquiera de los términos del contrato? Éste debe especificar qué acciones legales podrá realizar el arrendador si usted no cumple con el contrato.

- ➤ *Terminación del contrato*. ¿Qué sucede si tiene que mudarse antes de que termine el contrato? ¿Se le penalizará? Si es así, ¿con cuánto?

Los términos que presento aquí sólo cubren lo básico; tal vez sea necesario agregar más previsiones para cubrir circunstancias especiales. ¿Tiene permitido tener un colchón de agua en su departamento? ¿Puede establecer un estudio de baile *tap* en su departamento del quinto piso? ¿Le importa al dueño si llevo a vivir a cinco compañeros al departamento de dos recámaras? Asegúrese de que todas las condiciones que necesita no estén prohibidas en el contrato.

Parte 7 ➤ *Situaciones de negociación cotidiana*

Cuando los arrendatarios arriendan

Si usted decide subarrendar su casa, sigue estando sujeto a todos los términos del contrato. Por ejemplo, todavía es responsable del alquiler; es por ello que debe cobrar más al subarrendatario, para ganar un poco más; o menos, si desea con desesperación a alguien que cubra al menos una parte del alquiler mientras usted esté fuera.

De modo que si subarrienda su vivienda al "Destructor" Pérez, que no paga el alquiler, convierte el departamento en un estudio donde ensaya con su grupo de rock pesado y desbarata el lugar mientras usted no está, usted sigue siendo responsable por el alquiler y las reparaciones que haya que hacer.

Por todas estas razones, debe pensar bien las cosas antes de firmar su propio contrato con un subarrendatario, antes de que le entregue las llaves de su castillo. Y en muchos contratos se establece que no es posible subarrendar la vivienda sin el permiso por escrito del dueño. Esto permite al propietario decidir quién podría ser el potencial subarrendador.

> **Los rompetratos**
> Si desea subarrendar una propiedad, lea con cuidado el contrato de arrendamiento y asegúrese de que tiene derecho a hacerlo. Ésa es la única manera de asegurarse de que no lo van a correr, si el dueño decide terminar el contrato de arrendamiento con usted.

Términos para negociar su contrato de arrendamiento

El poder que tiene usted de negociar un contrato depende en gran medida del mercado de alquiler de vivienda. Los inquilinos de departamentos en ciudades pequeñas, por ejemplo, pueden obtener términos mucho mejores contratos que los que habitan en mercados muy saturados como el de la Ciudad de Nueva York. Aún así, si tiene espacio para maniobrar, debe ser capaz de negociar los siguientes términos:

➤ *Alquiler.* Si el alquiler del casero no está regulado por la ley (como lo está en algunas ciudades, en ciertas condiciones), puede conseguir un acuerdo si promete firmar un contrato por más tiempo, por ejemplo, dejar más dinero como depósito o incluso hacer trabajos que se requieran como cortar el pasto o sacar la nieve.

➤ *Condición.* ¿Está dispuesto el dueño a hacer algunas mejoras a la vivienda antes de que se cambie? ¿Va a sustituir la vieja estufa o va a pintar el departamento? Si el dueño está de acuerdo en hacer mejoras, asegúrese de que las incluya por escrito en el contrato.

➤ *Fecha para la ocupación.* ¿Puede mudarse pocos días antes o después de la fecha sin que redunde en el alquiler? ¿Obtendrá mejores condiciones si firma un contrato de mayor duración?

➤ *Opciones.* ¿Podrá renovar el contrato de arrendamiento de la vivienda? No le conviene a usted poner un agradable departamento o echar a andar un buen negocio para que lo desalojen cuando expire el contrato. Protéjase a usted mismo adquiriendo el derecho de renovar su contrato cuando expire el anterior. A continuación presento los términos que recomiendo:

Capítulo 25 ➤ *Forma de negociación en arriendos y subarriendos*

Si el lugar es para vender a menudeo, alquile el espacio durante dos años, con tres opciones de renovación por otros seis años (dos años por cada renovación). Si el negocio va bien después de los dos primeros años y necesita más espacio, puede buscarlo sin verse forzado a quedarse ahí dos años más; no está prisionero. Si, por el contrario, desea quedarse más tiempo, puede hacer uso de sus dos opciones de dos años cada una.

En el caso de una vivienda, resulta apropiado un contrato de arrendamiento por un año, en especial si puede obtener un par de opciones de renovación si desea quedarse más tiempo. Si por el contrario no soporta el lugar, puede despedirse de él al término del contrato de un año.

En el caso de una propiedad para negocio, un contrato inicial de dos años está bien, junto con tres opciones de renovación. Por ejemplo, usted alquila la propiedad durante tres años con tres opciones de renovación, cada una por tres años. Al final del primer plazo de tres años, suponga que está contento con el lugar y el negocio prospera; puede ejercitar su primera opción y quedarse otros tres años. Puede quedarse durante doce años, reconsiderando su situación al término de cada periodo de tres.

> **Aclaremos términos**
> En términos de contrato de arrendamiento, una *opción* es el derecho que adquiere para renovar un contrato. Por ejemplo, puede alquilar una propiedad por un año con la *opción* de renovar el contrato por otros dos años al finalizar el plazo. No está obligado a renovar, pero puede hacerlo si así lo desea.

Cinco sugerencias para negociar contratos de arrendamiento

De nuevo, su poder de negociación depende en gran medida del mercado de arrendamiento. Pero es posible aumentar sus probabilidades de alquilar el espacio que desee si sigue estas sugerencias:

- ➤ Nunca se precipite en un contrato. Aborde el asunto con cuidado y de manera neutral; recuerde que hay más de un departamento o de una propiedad que le convienen. Cuando usted firma un contrato de arrendamiento, se está comprometiendo legalmente a cumplir con todos sus términos. De modo que no se precipite a firmar, a menos de que esté satisfecho con el trato.

- ➤ Si ha contratado los servicios de un agente de arrendamiento para que le encuentre el lugar, recuerde que muchos de tales agentes trabajan por comisión y sólo obtendrán su pago si tienen éxito en conseguirle una propiedad. Eso significa que están motivados a encontrar el lugar que a usted le conviene. Ponga en claro que no está dispuesto a aceptar si el agente no arregla un contrato que le sea favorable. El agente podría suavizar los términos del acuerdo.

- ➤ Haga que un abogado le redacte el contrato de arrendamiento. Si el dueño de la propiedad no utiliza un formato ya hecho, tiene la alternativa de redactar su propio contrato o hacer que un abogado lo redacte. Le conviene a usted que haya un abogado de por medio, pues la mayoría de los arrendadores inclinan los términos del contrato a su favor. Cuando usted inicia la negociación con un contrato redactado por su propio abogado, puede hacer lo mismo.

Parte 7 ➤ *Situaciones de negociación cotidiana*

➤ Por todos los medios intente reducir el alquiler (como si necesitara que un experto se lo diga). Incluso 50 dólares al mes suman 600 dólares al año durante cada año que alquile la propiedad. Ése es dinero que puede utilizar para mejorar su vivienda o su negocio.

➤ Ponga énfasis en lo buen inquilino que es usted (es verdad, ¿o no?). Muchos dueños de propiedades han tenido malas experiencias con inquilinos irresponsables, difíciles de tratar o que dañan la propiedad. Cuanto más impresione al arrendador con su limpieza, su profesionalismo, su responsabilidad y su forma agradable de ser, más posibilidades tendrá de obtener un mejor acuerdo.

Lo mínimo que necesita saber

➤ Si desea alquilar una propiedad, debe tener un contrato de arrendamiento por escrito en el cual se establezcan el alquiler, la duración del contrato, el depósito, las condiciones de la propiedad, las condiciones de subarrendamiento, lo que sucede si no se cumple con los términos del contrato y cualquier otra previsión que juzgue necesaria.

➤ Si decide subarrendar la propiedad a su cargo, haga un contrato por escrito para protegerse de cualquier daño o gastos en los que incurra el subarrendatario.

➤ Si usted está interesado en subarrendar, asegúrese de que el contrato de arrendamiento permita este tipo de acuerdos.

➤ Alquile una propiedad por el mínimo periodo posible, y con varias opciones de renovación si desea continuar ocupando la propiedad.

➤ Nunca se precipite a firmar un contrato de arrendamiento. No firme a menos de que esté satisfecho con el trato.

Capítulo 26

Los automóviles: compra, venta y alquiler

En este capítulo

➤ Cinco áreas que debe atender cuando compre un automóvil nuevo
➤ Negocie con éxito la compra o la venta de un automóvil usado
➤ Negocie con éxito el alquiler de un automóvil

Las negociaciones sobre automóviles van desde las casuales (la venta de su vieja "cafetera" a su vecino por un poco de dinero) hasta las desesperadas (el discurso de un vendedor sobre las ventajas de un último modelo con todos los aditamentos). En el presente capítulo, le muestro los puntos principales de la negociación sobre cualquier automóvil, ya sea un último modelo o un vejestorio.

Cinco puntos para recordar cuando se busca un automóvil

Antes de que entre a la sala de exhibiciones de algún concesionario o revise el aviso clasificado, debe hacer su tarea y definir qué es lo que anda buscando. (Consulte el Capítulo 2 para un repaso sobre cómo prepararse en una negociación.) Cuando usted compre un auto, se tienen cinco áreas clave en las que debe concentrarse:

Parte 7 ➤ Situaciones de negociación cotidiana

- ➤ El precio de venta completo (incluyendo los gastos extra).
- ➤ El valor de reventa de su auto.
- ➤ Los términos financieros si desea un financiamiento de la compra.
- ➤ La garantía. La mayoría de los automóviles nuevos tienen garantía y los detalles de ésta varían según el fabricante, la marca y el modelo. Los autos usados rara vez vienen con garantía, de modo que si le dan una garantía, considérese afortunado. Asegúrese de tener todas las garantías por escrito.
- ➤ Las condiciones del auto, cuando es usado.

Cómo obtener el mejor trato de un distribuidor

¿Alguna vez ha visto a un vendedor de autos en acción? Muestran tantas emociones en una sola sesión que una compañía completa de teatro en una obra de Shakespeare. Tienen ojos de halcón y cara de tiburón cuando usted entra en la sala de exhibición. Son amables y alegres cuando se presentan. Se muestran solícitos y preocupados mientras usted observa los diferentes modelos. Se muestran enfadados y desdeñosos si usted por último revela la cantidad que está dispuesto a gastar. Pero la búsqueda de un auto nuevo no debe ser una experiencia intimidante si usted lo hace de la manera correcta.

Gánele a la competencia

Cuando ya haya encontrado el modelo que quiere, ofrézcale al vendedor la mayor cantidad que está dispuesto a gastar. Si va a comprar el coche al contado, piense en términos del mayor precio que pagará. Si tiene un financiamiento, defina su máximo pago mensual.

Sugerencia
Cuantos más vendedores de autos pueda visitar, tanto mayores serán las probabilidades de obtener un buen trato. Cada vendedor que esté compitiendo para venderle tendrá miedo de perderle como cliente.

Supongamos que le dice al vendedor que no está dispuesto a pagar más de 1,500 dólares al mes durante cinco años. No está haciendo una oferta: está estableciendo un hecho. Ahora la carga está sobre el vendedor, que tiene que hacer malabares con el precio del automóvil, el valor de reventa de su viejo coche (si es el caso) y los términos del financiamiento, todo con el fin de obtener un arreglo que esté de acuerdo con lo que usted puede pagar.

Siga el mismo planteamiento con al menos dos o tres vendedores. No haga tratos con ninguno de ellos en ese momento; déles su nombre y su número telefónico y pídales que le hagan una propuesta, ya sea por teléfono o por escrito. Y asegúrese de que sepan que está buscando entre la competencia un mejor trato. La intención es producir temor de pérdida en los vendedores y motivarlos a que le den el mejor trato.

Capítulo 26 ➤ *Los automóviles: compra, venta y alquiler*

Supongamos que uno de los vendedores puede aceptar su oferta tope de 1,500 dólares y que los otros dos están cerca. Informe a los Vendedores 1 y 2 que el Vendedor 1 puede aceptar sus términos y que cerrará el trato con éste, a menos de que mejoren la oferta. En muchos casos lo harán. Y si no pueden, de todos modos usted tiene el trato que desea.

Hable el idioma del vendedor

Los anuncios de automóviles están llenos con afirmaciones como, "nadie le vende más barato" o "mejoramos cualquier oferta". Si siente que un vendedor no está dispuesto a cumplir lo que ofrece, hable ese mismo lenguaje, cite las palabras tal y como lo dice el anuncio. Presione al vendedor con la aseveración que hace el concesionario, eso repercutirá en su reputación y motivará al vendedor a darle lo que usted desea.

No se encapriche con ningún auto

Para la mayoría de nosotros, el automóvil es parte de nuestra "personalidad", de modo que es fácil ligarse de manera emocional al coche (en ocasiones le damos un nombre y hablamos con él). Pero mientras esté buscando un auto, haga un esfuerzo por no encariñarse con ninguna marca o modelo. Recuerde que siempre habrá otros modelos que cubrirán su necesidad. No le conviene parecer muy ansioso ante el vendedor, que puede darse cuenta que trata con un cliente desesperado, del mismo modo que un tiburón detecta la sangre en el agua. No querrá ser la próxima "víctima" del vendedor.

Firma y cierre del trato

Cuando ya haya negociado el trato que le conviene, tendrá necesidad de finalizar algunos detalles antes de que sea capaz de sacar el auto de la agencia. Entre ellos tenemos:

- ➤ La solicitud de registro y de placas de circulación. Por lo general, el vendedor hará estos trámites.
- ➤ Decidir a nombre de quién estará la factura del automóvil.
- ➤ Obtención de un seguro.
- ➤ Verificación de la factura del auto para cerciorarse de que está correcto.
- ➤ Saber cuánto dinero necesitará llevar para el pago inicial.
- ➤ Analizar el financiamiento del comerciante con el vendedor, si usted está interesado en él. Muchos concesionarios y fabricantes de automóviles ofrecen sus propios planes de financiamiento.

Parte 7 ➤ *Situaciones de negociación cotidiana*

Compra de un auto usado

Las cuestiones fundamentales de la compra de un automóvil usado son las mismas de la compra de un auto nuevo, con algunas cuantas consideraciones adicionales:

➤ Hay mucha mayor flexibilidad en el precio, debido a las posibilidades que tiene el vendedor de obtener el automóvil a un buen precio (ya sea mediante una compra directa o en una subasta). De modo que puede suponer con toda seguridad que el precio de venta de cualquier auto usado que le interese está inflado; tiene mucho espacio de negociación a la baja.

➤ Haga que el auto sea revisado por un mecánico *antes* de que lo compre (es posible hacerlo por menos de 100 dólares). Si el mecánico descubre alguna falla (frenos gastados, problemas con la transmisión, oxidación, etcétera) y de todos modos desea comprar el auto, utilice las fallas para negociar un precio más bajo. O insista en que el vendedor repare antes todos los desperfectos.

➤ La garantía es una consideración clave cuando compra un auto usado. Algunos vendedores dan garantías; la mayoría de los vendedores privados no. Recientemente, ha surgido un cierto número de vendedores de automóviles usados que sí dan garantía, y es probable que esta tendencia crezca debido a que el mercado de los autos usados es muy bueno. Asegúrese de que cualquier garantía que negocie quede por escrito.

➤ Intente hacer que el vendedor ponga por escrito cualquier afirmación sobre la excelente seguridad o el buen funcionamiento del motor; luego, si el automóvil resulta ser algo distinto a un "bólido perfecto", puede hablar este mismo lenguaje contra el vendedor.

> **Sugerencia**
>
> Ya sea que esté comprando o vendiendo un auto usado, hay publicaciones especiales que contienen listas de precios de casi todas las marcas y modelos (en especial los avisos clasificados de los principales diarios). Utilice estas fuentes como orientaciones para ayudarse a establecer el precio, si desea vender su auto, o para estimar el precio de venta, si va a comprar uno.

Capítulo 26 ➤ *Los automóviles: compra, venta y alquiler*

Venta de un automóvil usado

Resulta difícil obtener el mayor precio cuando usted vende un auto usado. La mayoría de los compradores se muestran recelosos de pagar mucho dinero dado que los automóviles usados por lo general tienen muchos problemas.

➤ Esté preparado para responder cualquier pregunta o comentario que le hagan los compradores potenciales, como qué tipo de mantenimiento se le ha dado al coche y cuántos kilómetros recorre por litro de gasolina (lo cual se puede estimar). Si conserva los recibos de los trabajos de reparación y de mantenimiento, muéstrelos a los futuros compradores.

➤ Recuerde, debe neutralizar cualquier posición que adopte el futuro comprador con el propósito de obtener el precio que está pidiendo.

➤ Asegúrese de que su vieja "cafetera" esté bien lavada y pulida; es conveniente que tenga la mejor apariencia posible.

Alquiler de un automóvil

El alquiler de autos es cada vez más popular. Si no está en disposición de comprar un auto de contado, debe considerar la opción de alquilar uno. El alquiler tiene un par de ventajas con respecto a la compra:

➤ La cantidad de dinero que tiene que depositar para el alquiler es pequeña en comparación con lo que tiene que desembolsar para obtener un auto nuevo.

➤ Hay varias opciones agradables cuando se termina el plazo de el alquiler; es posible depositar las llaves en algún buzón (si tiene un "contrato cerrado") o puede comprar el carro por la cantidad estipulada en el contrato.

➤ Si utiliza el automóvil por motivos laborales, deduzca los gastos como parte de los viáticos.

La negociación del alquiler de un auto es parecida a la de la compra. Cuando negocie el alquiler de un auto, tome en cuenta los siguientes puntos:

➤ Ponga una cantidad tope de lo que puede pagar al mes. Presente esa cifra cuando menos a dos concesionarios (de preferencia tres). Vea si le alquilan por esa cantidad la marca y el modelo que desea.

➤ No establezca una cantidad mensual ridículamente baja que no le dé oportunidad al concesionario de ver posibilidades. Sea realista.

➤ Muchos fabricantes de automóviles (Ford y GM, para nombrar algunos) a menudo ofrecen alquileres especiales que resultan un buen trato; busque este tipo de ofertas cuando vea televisión o lea el periódico.

➤ Cuando negocie, intente obtener el mayor número de kilómetros gratis que sea posible. Un buen objetivo sería obtener unos 10,000 kilómetros por cada año de alquiler.

➤ El alquiler de un automóvil varía de dos a cinco años. Recomiendo que se haga un contrato por dos o tres años, pues éste es el periodo que cubre la mayoría de las garantías de autos nuevos. Verifique el periodo de garantía del automóvil por el cual se interesa y trate de que el plazo del contrato venza junto con la garantía.

➤ Al igual que con todos los documentos, lea cuidadosamente el contrato (incluso debería pedir al contratista una copia en blanco para poder estudiarla con detalle en su casa, antes de firmarla). Asegúrese de que entiende cada cláusula antes de firmar el contrato.

Lo mínimo que necesita saber

➤ Cuando esté buscando un auto, nuevo o usado, dígale al vendedor con exactitud qué cantidad está dispuesto a pagar. Deje que éste diseñe un trato que mejor cumpla con lo que usted puede pagar y con sus necesidades.

➤ Siempre haga que dos o tres vendedores compitan entre sí.

➤ Haga que un mecánico verifique el auto usado que desea comprar. Si éste tiene muchos problemas, utilícelos para bajar el precio de venta.

➤ Cuando venda un automóvil usado, prepárese para responder cualquier pregunta o comentario que le haga el comprador acerca de su auto.

➤ Cuando rente un auto, utilice el mismo planteamiento que cuando lo compra. Además, obtenga el mayor kilometraje gratis que sea posible y firme un contrato cuyo término coincida con el término de la garantía.

Capítulo 27

Obtenga un aumento de sueldo

En este capítulo

- ➤ El mejor momento y el mejor lugar para tratar la cuestión
- ➤ Ponga a su jefe en el ánimo propicio
- ➤ Dos razones principales por las que los empleados no obtienen aumento de sueldo, y cómo evitarlas

Usted es un empleado ejemplar, el sultán de las ventas, el personaje más valioso del mercado. Durante casi un año ha estado llegando a trabajar a las siete de la mañana y sale a las nueve de la noche, ha aumentado la clientela de la compañía y supervisó el diseño de la primera cuchufleta aerodinámica del mundo. Ya es tiempo de que obtenga lo que merece. Va a sugerir... no; va a solicitar... no; va a exigir un aumento de sueldo.

Ya he tocado muchas de las sugerencias y de las técnicas que le serán de ayuda para convencer a su jefe de que le dé un aumento. En el presente capítulo le mostrare algunas más.

El mejor momento y el mejor lugar

Dada la tacañería que inunda a la mayoría de las empresas en estos días, es probable que quede a iniciativa suya solicitar una reunión con su jefe para discutir un aumento de sueldo. Eso significa que tiene la ventaja de seleccionar el mejor lugar y el momento más adecuado para usted. Escoja la hora del día en que se sienta más dispuesto. Si es más agudo en la mañana, solicite la entrevista para esa hora; si no calienta motores hasta en la tarde, ése es el momento en que le conviene entrevistarse.

El último lugar donde debería negociar con su jefe es en su oficina, su territorio. Pero debido a que es el jefe, es posible que no sea usted capaz de determinar el lugar de la reunión. Si es posible, intente hacer que se entrevisten en su propia oficina o sugiera un lugar neutral como un restaurante cercano o algún tranquilo salón de conferencias.

Tome a su jefe en la mejor disposición de ánimo

Es obvio que no le conviene concertar la entrevista unas cuantas horas antes de que inicie la gran Tercera Convención Internacional de Gala de Fabricantes de Cuchufletas. Su jefe estará demasiado agotado para que ponga la atención que se merece a su petición. Incluso podría molestarse por pedirle un aumento en un momento tan inoportuno.

Intente acordar la entrevista cuando su jefe esté en buena disposición. Quizá cuando las ganancias de la empresa estén en el tope o se haya logrado un gran negocio; tal vez cuando, por fin, haya terminado la conferencia anual y la oficina entera esté relajada; o quizá cuando algo personal haya sucedido: acaba de regresar de vacaciones, su hijo se acaba de casar o fue nominado para un premio en la industria. Cualquier momento en que esté de buen humor es adecuado, debido a que estará más receptivo con su solicitud de aumento.

Asegúrese de que usted está en buena disposición

Sus fabulosos logros tendrán también un buen impacto tanto en el ánimo de su jefe como en su propia confianza. Intente pedirle el aumento de sueldo cuando acabe de terminar algún proyecto importante: tal vez por fin ha terminado esa onerosa clasificación de archivos que nadie quería llevar a cabo; cerró un buen trato para la empresa u obtuvo una buena cuenta; tal vez su departamento acaba de ganar un reconocimiento por ser el más eficiente o el más productivo.

No se muestre renuente para comunicarle las buenas noticias a su jefe cuando inicie la entrevista. ("Acabo de colgar el teléfono. El señor Smithers dice que está ansioso de empezar la campaña. Estoy contento por haberlo conseguido como cliente.") Eso constituye un buen inicio para su solicitud de aumento y hará muy difícil que su jefe lo rechace.

> **Sugerencia**
> Cuando pida aumento de sueldo, haga un buen contacto visual con su jefe. Si mira hacia el piso o hacia otro lado en el momento crítico, su jefe llegará a la conclusión de que no tiene confianza en usted mismo ni en la convicción de que merece un aumento. (Consulte el Capítulo 6 para más información sobre lenguaje corporal.)

Mantenga un archivo de felicitaciones

A partir de hoy mismo, quiero que abra un archivo en su ya saturado archivero, llámelo "archivo de felicitaciones", o cualquier cosa que quiera. Utilícelo para guardar todos y cada una de las felicitaciones y de los reconocimientos que haya recibido en su trabajo. Entre éstos incluya:

➤ Notas de agradecimiento de clientes.

➤ Reconocimientos por parte de compañeros de trabajo, por tareas bien hechas.

➤ Cifras sobre las ventas de los proyectos que usted ha encabezado.

➤ Informes impresionantes o diagramas que haya hecho.

➤ Resultados de las encuestas que haya supervisado.

➤ Premios y honores recibidos.

Cuando por fin se reúna con su jefe para analizar su aumento de sueldo, lleve consigo su archivo de felicitaciones. Invite a su jefe a que le eche un vistazo o utilícelo para resaltar algunos de sus logros más fabulosos. No es de esperarse que su jefe recuerde con qué destreza manejó el infame fracaso de hace un año; pero su archivo de felicitaciones le refrescará la memoria. Aparte de eso, es un gran apoyo para su propia confianza.

Tenga un objetivo específico

Si su jefe es sensible a la idea de otorgarle un aumento, su siguiente pregunta será algo como: "¿En cuánto está pensando?" Usted debe tener un objetivo determinado de antemano; puede expresar su objetivo en pesos o en porcentajes. Podría pedir, por ejemplo, doscientos pesos más a la semana o un aumento de diez por ciento anual, cualquier cantidad que crea razonable.

¿Cómo determinar la cantidad correcta que se debe solicitar? Si busca, encontrará una cierta cantidad de cifras comparativas que le ayudarán a establecer un aumento idóneo. Algunas fuentes de información son:

➤ En Estados Unidos, la publicación Occupational Outlook Handbook, del Departamento de Comercio, presenta información sobre las tendencias del empleo, así como listas de los salarios promedio para diferentes ramos y ocupaciones. En su localidad, podría haber alguna publicación similar.

Sugerencia
Cuando negocie un aumento, puede utilizar la técnica del "vinagre y la miel" analizada en el Capítulo 10. Como recuerda, solicite un aumento mucho mayor que su objetivo último (el vinagre), luego poco a poco vaya reduciendo su petición (la miel) hasta que llegue a la cantidad que de veras desea.

- Los órganos informativos y las revistas que a menudo publican encuestas sobre salarios de trabajos específicos.
- Escuchando las pláticas en la oficina es posible que descubra cuánto ganan las demás personas que están en un puesto similar al suyo.

Por qué fracasan las personas en obtener un aumento de sueldo

Las dos razones principales por las cuales las personas no solicitan un aumento (además de ser muy malos en lo que hacen) son el miedo de perder el trabajo y el temor de ser rechazados.

Está despedido: miedo a perder el empleo

Por lo general, cuanto más tiempo haya trabajado para un patrón y mayor número de prestaciones tenga (como servicios médicos y fondo de retiro), tanto más unido estará a su trabajo y más temor tendrá de perderlo. El miedo de perder el trabajo es en especial intenso en el actual mercado laboral. Por ello, es importante el momento oportuno para solicitar un aumento. No lo solicite si:

- Su desempeño no ha sido satisfactorio.
- Su empresa se encuentra en una situación financiera peligrosa.
- Corren rumores de una reducción de personal o de un paro forzoso de la empresa.
- Si ha habido reducción de personal o despidos en su departamento.

"¿Aumento? ¡Ja!": Temor al fracaso

A menos de que sea millonario, también sentirá miedo de ser rechazado; es algo natural. Y si suponemos que no se ha estado durmiendo durante el trabajo, hay una cantidad de razones válidas por las cuales su jefe le dirá que no: "No hay dinero en el presupuesto." "Nuestra compañía tiene establecidos niveles de salarios y usted ya está en la parte superior de su nivel.". "Hay un congelamiento de salarios en toda la compañía."

Prepárese con antelación para recibir un "no" si conforma un plan que resuelva una mala situación. Si su jefe le dice que no a su petición de aumento, puede proponer otras formas de reconocer su desempeño:

- Una bonificación por el desempeño.
- Más tiempo de vacaciones.
- Horario de trabajo flexible.
- Posibilidad de trabajar parte del tiempo en casa.

- Mejores opciones de prestaciones.
- Financiamiento para superación personal.
- Financiamiento para participar en seminarios, conferencias o talleres relacionados con el trabajo.
- Financiamiento para adquirir la membresía en una organización profesional.
- La promesa de volver a analizar la petición de aumento en un futuro establecido.

Puede eliminar el miedo si utiliza la práctica mental, que expliqué en el Capítulo 15. Imagínese a usted mismo platicando con el jefe. Imagine la respuesta de su jefe; exprese su respuesta. Haga un "ensayo con vestuario" varias veces, con todo detalle, hasta que tenga el planteamiento adecuado. Cuando en verdad esté sentado ante su jefe, encontrará que la práctica mental ha eliminado gran parte de sus temores.

Lo mínimo que necesita saber

- Intente entrevistarse con su jefe en su propio terreno (su oficina o su área de trabajo) o si no es posible, busque un lugar neutral.
- Escoja la hora del día en que esté más despierto.
- Trate de abordar a su jefe cuando esté en buena disposición y cuando su desempeño haya sido particularmente bueno.
- Sea específico con respecto al aumento que desea.
- Piense en otros beneficios que puede solicitar en el caso en que su jefe le responda que no le puede dar más dinero pero le gustaría premiar su desempeño.
- Ensaye en la mente cada detalle de la petición de aumento a su jefe.

Capítulo 28

Consiga préstamos

En este capítulo
➤ Cómo evaluar a los prestamistas
➤ Qué se puede negociar con un prestamista
➤ Información que el prestamista requiere de usted
➤ Sugerencias para negociar con prestamistas

Si no lo ha hecho, tarde o temprano tendrá necesidad de pedir prestado dinero. Tal vez encuentre la casa de sus sueños o, por fin, acceda a comprar un automóvil nuevo. Quizá desee empezar un negocio o regresar a la escuela. Cualquiera que sea su razón, en el presente capítulo le mostraré cómo negociar un préstamo.

Entienda por qué los prestamistas hacen préstamos

Los prestamistas le prestan dinero por una razón: tener ganancias. Cuando usted obtiene un préstamo, debe regresar el dinero que le prestaron *más* una cantidad adicional, los intereses. Si no prestan dinero, no obtienen dinero. De modo que aborde a cualquier prestamista con la confianza de que *desea* otorgarle el préstamo.

Debe buscar un prestamista al igual que debe buscar un automóvil, una casa, ropa y todo lo demás. La competencia para otorgarle un préstamo es encarnizada, de modo que aprovéchese de ello.

Si está buscando el préstamo para comprar una casa, revise la sección amarilla; por lo general los prestamistas están en la parte de "hipotecas". Es conveniente que revise también en su banco, en otros bancos locales, en cajas de ahorro y crédito. En muchos periódicos se publica una lista semanal de prestamistas y los intereses que cobran por préstamos para la adquisición de casas. Incluso hay prestamistas que se anuncian por televisión. Llame a diferentes prestamistas y acuerde una cita para ver lo del préstamo.

No se muestre reacio a visitar a tantos prestamistas como crea necesario para que obtenga un préstamo cuyas condiciones sean de su agrado.

Cómo seleccionar un prestamista

No hay espacio suficiente en este texto para estudiar los muchos acuerdos de financiamiento complejos que un prestamista pone a su disposición. Tiene que esforzarse un poco para decidir qué tipo de préstamo desea y qué tipos están disponibles. Para los objetivos de este libro, sin embargo, es suficiente una lista de verificación de preguntas que le ayudarán a sondear a un prestamista:

➤ *¿Qué tipos de préstamos ofrecen?* Muchos prestamistas grandes, como el caso de los bancos, le ofrecerán cualquier tipo de préstamo que necesite: para negocios, personal para ir de vacaciones o para gastos médicos, para compra de casa, etcétera.

➤ *¿Cuál es el programa de pago?* Los pagos del préstamo varían dependiendo de la frecuencia con que los hará (al mes, cada tres meses o cada quincena) y cuánto tiempo tiene que pagar el préstamo. Estos programas son negociables y están basados en la forma en que desea pagar y su capacidad para hacerlo.

➤ *¿Cuál es la tasa de interés actual para el tipo de préstamo por el cual está interesado?* No hay una tasa de interés establecida; depende de su capacidad de negociación y de cuánto busque el préstamo. Si encuentra un prestamista que le ofrezca una tasa fija y se niegue a negociar, no negocie con él. Hay muchos otros que sí negociarán con usted.

➤ *¿Cuál es la tasa líder?* Es probable que haya escuchado el término *tasa líder* en las noticias y le habrán dicho que es aquella que los prestamistas cargan a sus mejores clientes. En realidad, si tiene capacidad de negociación e influencia financiera, tal vez obtenga una mejor tasa que la líder.

➤ *¿Cuántos puntos se cargan por una tasa en particular?* Los puntos son una manera disfrazada de decir interés. Por lo general están asociados con los préstamos de bienes raíces, en especial para la compraventa de casas. Cuantos más puntos se le carguen, más alto será el costo del préstamo, de modo que siga buscando.

Capítulo 28 ➤ *Consiga préstamos*

- ➤ *¿Qué honorarios se cobran?* Los prestamistas (de nuevo en especial los hipotecarios) cobran una variedad de honorarios, como costos de cierre, de solicitud de préstamo, de procesamiento del préstamo y cargos similares. Todos se agregan al costo de su préstamo, de modo que obtenga una lista completa de los honorarios antes de que se comprometa con el mismo.

- ➤ *¿Cuánto tiempo se lleva conseguir el préstamo?* Cada prestamista tiene su propio programa de procesamiento. Por lo general lleva de 30 a 60 días procesar un préstamo.

- ➤ *¿Hay penalizaciones sobre los préstamos que se pagan antes?* Algunos prestamistas cargan penalizaciones por pago anticipado si usted paga el préstamo antes de su fecha de vencimiento. Mi consejo es que los evite, debido a que tales penalizaciones limitan sus opciones de préstamo.

- ➤ *¿Cuál es el cargo por pago retrasado?* Pregúntele al prestamista y lea las cláusulas escritas con letra menuda para averiguar qué cargos adicionales se gravan. Las compañías que otorgan tarjetas de crédito, por ejemplo, a menudo cobran cantidades exorbitantes por pagos atrasados.

- ➤ *¿Con quién tratar cuando tenga problemas o dudas?* Por lo general la persona con la que negocia el préstamo, conocida como *funcionario de préstamos*, es a quien tiene que contactar para obtener más información.

> **Sugerencia**
> Con tacto, haga saber a cada prestamista que ha estado buscando la mejor opción. Éstos por lo general esperan esto de sus clientes y sirve para motivarlos a que le ofrezcan el mejor trato.

Todo es negociable

Cuando se reúne con un funcionario de préstamos, será capaz de discutir y negociar sobre los siguientes términos:

- ➤ *La cantidad de su préstamo.* ¿Quiere 10,000, 20,000, 100,000 dólares?
- ➤ *La tasa de interés y los puntos.* Las tasas pueden variar de 4 a 15 por ciento o mayores.
- ➤ *El plazo del préstamo.* ¿Por cuánto tiempo estará pagando el préstamo, 30 años, 15 años, un año?
- ➤ *El depósito de garantía, si se necesita.* Se trata de la cantidad de dinero que tiene que depositar para asegurar el préstamo.

El alto costo de pedir prestado

Antes de establecer sus términos, debería explorar todas las opciones de préstamo. Pequeñas diferencias en tasas de interés significan una gran diferencia en términos de su dinero. En la Tabla 28.1 le muestro lo que quiero decir.

Tabla 28.1 Cómo afectan las tasas de interés los pagos

Ejemplo 1		Ejemplo 2	
Cantidad prestada	$100,000	Cantidad prestada	$100,000
Tasa de interés	8%	Tasa de interés	13%
Plazo	30	Plazo	30
Pago mensual	$733.76	Pago mensual	$1,106.20

El tiempo que tiene para pagar también afecta la cantidad que necesita desembolsar cada mes. Por lo general, cuanto más pronto pague el préstamo, menos intereses pagará. En la Tabla 28.2 se compara la cantidad que tiene que pagar por un préstamo a 30 años, 15 años o 30 años quincenalmente (26 pagos al año).

Tabla 28.2 Comparación de hipotecas

	30 años	15 años	30 años quincenalmente
Tasa de interés	8%	8%	8%
Pago mensual	$844	$1,099	$422
Pago principal	115,000	115,000	115,000
Pago de interés	188,779	82,820	135,195
Pago total	303,779	197,820	250,195

Preguntas que el prestamista tiene para usted

Mientras que usted tiene preguntas que plantear al prestamista, éste también tendrá algunas para usted. Debe estar preparado para dar la siguiente información y documentación si el prestamista se la pide:

- Sus ingresos actuales
- Las deudas que tiene
- Su empleo actual y los pasados
- Copias de estados de cuenta bancarios
- Copias de cuentas de valores, pólizas de seguro y otros activos

- Copias de talonarios de pago
- Copias de declaraciones de impuestos
- Direcciones y números de cuenta de todas sus tarjetas de crédito
- Explicación y documentación de sus problemas de crédito, si los tiene
- Información específica relacionada con la razón por la cual solicita el préstamo (por ejemplo, una copia del contrato de compraventa para un préstamo hipotecario)

> **Sugerencia**
> Cuando se reúna con un funcionario de préstamos, asegúrese de que lleva consigo toda la documentación que necesita. El estar organizado y preparado sugiere que usted tiene confianza en que recibirá el préstamo (y que será responsable cuando haya que pagarlo).

Negociación con un funcionario de préstamos

Enfrentémoslo. La negociación con un funcionario de préstamos da miedo. La mayoría de las personas se muestran renuentes a tratar sus finanzas con extraños, y muchos tienen una historia financiera no muy limpia.

No debe sentirse intimidado por el hecho de tener que pedir un préstamo. La mayoría de los funcionarios de préstamos son personas justas y razonables que desean trabajar con usted. Prepárese, sepa qué debe preguntar, actúe con firmeza y recuerde las siguientes sugerencias:

- Prepárese para la entrevista como si se tratara de la obtención de un empleo. Vístase de manera profesional, organice su documentación y llegue temprano.
- Haga un buen contacto visual con el prestamista; éstos prefieren solicitantes seguros porque sienten que una persona segura de sí misma tiene más probabilidad de tener éxito y pagar el préstamo.
- Inicie el proceso temprano. Necesitará mucho tiempo para buscar un prestamista que le convenga. Cuando lo encuentre, necesitará dar tiempo (casi siempre uno o dos meses) para que pase la solicitud.
- Sea sincero con respecto a su historia financiera, incluso si no es limpia. Explique todos los problemas de crédito y cómo los manejó.

¿Qué sucede si le rechazan la solicitud de préstamo?

Si su petición de préstamo es rechazada, el funcionario de préstamos le dirá las razones. En algunos casos, habrá posibilidad de remediar la situación.

Por ejemplo, el funcionario de préstamos puede encontrar que usted posee una historia de crédito confusa (un archivo computarizado de su historia de crédito). Bien, podría haber una confusión en su informe de crédito, la cual se puede remediar si llama a las agencias de crédito y les pide una copia de su estado de cuenta.

Quizá tiene algunos gastos imprevistos, como facturas médicas o reparaciones mecánicas elevadas, que dañan su posición financiera. En ese caso, si le explica al funcionario y analiza la situación junto con él, es probable que todavía pueda conseguir un préstamo.

Si el funcionario de préstamos todavía no está convencido, vaya a buscar a otro prestamista. Muchas agencias de préstamos nuevas se especializan en prestar dinero a personas que, por lo general, tienen problemas para obtener préstamos, por ejemplo personas con historias de crédito desfavorables o con otros problemas financieros. Si busca un poco, encontrará a alguien que le otorgue el préstamo.

Lo mínimo que necesita saber

- ➤ Busque prestamistas del mismo modo en que buscaría una casa o un automóvil.
- ➤ Sondee al prestamista basándose en el tipo de préstamo que ofrece, los términos del contrato, las tasas de interés, el tiempo de tramitación del préstamo y los cargos que agrega al préstamo.
- ➤ Prepárese para darle al prestamista toda la información que necesite, incluyendo su posición financiera actual, su historia financiera y toda la información sobre créditos, bancaria y laboral.
- ➤ Asegúrese de tener claro la cantidad de pago inicial, la tasa de interés y el plazo para el pago.
- ➤ Cuando trate con un funcionario de préstamos, diga la verdad acerca de sus finanzas, haga un buen contacto visual y vístase de manera profesional.

Capítulo 29

Sea un buen consumidor

> **En este capítulo**
> ➤ Qué buscar en una garantía
> ➤ Cómo pedir que le regresen su dinero o que le reembolsen algo
> ➤ Qué hacer si no tiene una factura o una garantía
> ➤ Qué hacer si no le dan un buen servicio

Si su casa es como la mía, es probable que esté repleta de aparatos electrodomésticos como aspiradoras, tostadoras, reproductores de discos compactos y televisores, productos importantes que hacen la vida más fácil y más placentera. Cuando estos bienes se descomponen, es más que una molestia hacer que los reparen, ¡es costoso! En este capítulo le mostraré cómo exigir y recibir satisfacción como cliente.

Revise la garantía antes de comprar

Una garantía es la promesa del fabricante de que el producto que compró funcionará como se espera que lo haga durante un cierto tiempo. No todas las garantías son iguales, y algunos productos ni siquiera vienen con garantía.

Parte 7 ➤ *Situaciones de negociación cotidiana*

Debe verificar la póliza de garantía de la compañía antes de que se deshaga de miles de pesos en una nueva computadora o en un sistema de audio. La garantía debe responder a las siguientes preguntas:

➤ ¿Cuánto tiempo dura la garantía? ¿Dos meses? ¿Todo el tiempo?

➤ ¿Qué partes del producto se cubren?

➤ ¿Por qué cosas pagará la compañía? ¿Pagará sólo por la sustitución de partes o por el costo de reparación de dichas partes?

➤ ¿Cuál es el procedimiento de reparación? ¿Tiene que enviar su aparato al centro de reparaciones de la compañía o el vendedor local cubrirá los costos de envío y manejo?

➤ ¿Cómo se inicia la cobertura? Con muchos productos, usted tiene que llenar una tarjeta de registro o un cuestionario para el cliente con el fin de iniciar la cobertura. No le conviene enterarse de esto el día en que el producto se descomponga.

➤ ¿Qué cubre y qué no cubre la garantía? Si intenta reparar por usted mismo su computadora con goma y cinta, la compañía no se hará responsable de arreglar el daño que cause.

Aclaremos términos
Una *garantía* es un documento en el cual el vendedor asegura que los bienes o la propiedad será reparada o sustituida si no corresponde a lo que se presenta. En algunos casos, una compra puede estar protegida por una *garantía implícita* (no escrita, pero que se asume cuando usted compra un producto) o una *garantía expresa* (declaración oral o por escrito que hace el vendedor o el empleado del vendedor). No en todos los casos se satisfacen las garantías implícita y expresa.

Cuando haya comprado un producto, debe conservar juntos todos los papeles relacionados con la compra, factura, comprobante de pago con tarjeta de crédito, garantía y manual del usuario, en un lugar seguro en su archivero. Ya sé, ya sé que es más fácil decirlo que hacerlo, pero una poca de eficiencia le ahorrará un montón de dinero más adelante.

¡Nunca pague por adelantado!

Una palabra de advertencia: siempre que compre equipo caro o pague reparaciones cuyo costo es alto, trate de no pagar la cantidad completa hasta que esté satisfecho por entero con el producto o con el servicio. Protéjase mediante:

➤ La selección de una opción financiera que usted pueda pagar en abonos más que al contado (si elige este camino, verifique las tasas de interés y los honorarios extra).

➤ El pago con tarjeta de crédito, en vez de hacerlo en efectivo o con cheque. Muchas compañías de tarjetas de crédito retendrán el pago a una tienda en particular si usted no está conforme con el producto o el servicio.

> El pago de la mínima cantidad posible como adelanto por reparaciones o trabajos de mejora a la casa. Al quedarse con la mayor cantidad de dinero que pueda, se da usted mismo un mayor margen de negociación si no está satisfecho con el trabajo.

Encuentre a "la persona que dice sí" en la tienda

Digamos que un buen día sale el letrero de "fuera de servicio" en el monitor de su computadora. Si tiene la factura y la garantía, lo que debe hacer es regresar a la tienda y explicar la situación a la persona que pueda atenderlo.

Por lo general, los cajeros y los vendedores no están autorizados a manejar la devolución de dinero, en especial para productos grandes. Puede sentirse demasiado acosada por darle la atención que su petición merece; si usted insiste en soltarle un rollo a Susi Vendedora sobre cómo perdió la lista computarizada del mandado, es muy probable que se escape a la oficina de Melisa Administradora, le comunique de cualquier manera lo que le sucede con la computadora y después regrese y le diga jubilosa que Melisa no puede regresarle nada de dinero.

Para evitar que esto suceda, debe dirigirse a "la persona que dice sí" (recuerda a "la persona que dice sí" del Capítulo 3, ¿verdad?). Por lo general se trata del Departamento de Servicios al Cliente (la mayoría de las tiendas grandes de departamentos lo tienen) o, si la tienda es más pequeña, se trata del gerente, del administrador asistente o del dueño del establecimiento.

Los rompetratos
La mayoría de los empleados carecen de autoridad para satisfacerle cuando su garantía ha expirado. Insista en tratar de manera directa con "la persona que dice sí", casi siempre es el administrador o el dueño de la tienda.

A menos de que quiera que le tomen por excéntrico o chiflado, le sugiero que no se precipite en la tienda gritando: "¡Exijo ver al gerente!" En vez de ello, explique con amabilidad que desea que le devuelvan su dinero y que quiere hablar con la persona autorizada a hacerlo o que pueda sustituirle el producto.

Plantee su caso

Ya que haya localizado a Melisa Administradora, salúdela de manera cordial y mírela a los ojos. Cuéntele qué tan a menudo sus amigos y parientes compran en la tienda.

Hable con lentitud y de manera clara cuando le explica por qué está ahí. Sugiero que le cuente su historia en orden cronológico y le enseñe cualquier documento que sea relevante:

"Compré una computadora Inteligente en esta tienda hace un mes (muéstrele la factura), la he estado utilizando para hacer mis archivos personales y entrar en Internet tal vez una o dos horas por la noche. La semana pasada, cuando iba a abrir un archivo en particular, salió un letrero en el monitor que decía "fuera de servicio". Consulté la guía del usuario en la lista de problemas pero no hay nada parecido ahí." (Muéstrele el manual.)

Verdades
"No se gana nada al ganar un pleito y perder un cliente."
—C. F. Norton

Termine estableciendo exactamente lo que quiere, muestre la garantía cuando lo haga. "Quiero que me regresen mi dinero", "quiero que le den servicio a la computadora sin costo adicional para mí" o "quiero una máquina nueva".

Si se muestra tranquilo y profesional, y con toda su documentación en orden, Melisa debe acceder a su petición. Si no lo hace, consulte la última sección del capítulo, "Si todo lo demás falla…"

Si usted es cliente asiduo y desea mantener una buena relación con los empleados de la tienda, debe dirigirse a Susi Vendedora después de resolver la situación y decirle que trató el asunto con Melisa porque creyó que eso aceleraría el proceso y no deseaba hacerle perder su tiempo. Susi lo entenderá, confíe en mí.

Gane sin tener garantía

Si no tiene la documentación y su computadora Inteligente espera el día después de que la garantía expira para descomponerse (casi siempre lo hacen), de todos modos debe acudir a Melisa de la manera en que lo he descrito en la sección anterior. Puesto que no posee una factura ni garantía, su mejor aliado es el folleto de la computadora o el manual del usuario que viene con la computadora (si lo tiene). Como sucede con la mayoría de los manuales, es probable que alardee acerca de lo durable, lo confiable y lo fácil que es de usar la computadora.

Si perdió el folleto y el manual del usuario, pida a la tienda que se lo repongan antes de ir a quejarse. La mayoría de las tiendas poseen o pueden obtener una copia del fabricante.

Cuando ya tenga la copia del manual, estará listo para ir a la tienda y discutir su problema. Mencione a Melisa Administradora el pomposo lenguaje que utiliza el manual; si está preocupada por proporcionar un buen servicio al cliente, le resultará muy difícil rechazarle. Si argumenta en contra, esté preparado para rebatir sus afirmaciones:

Melisa Administradora: La computadora se ve deteriorada. ¿Le dio uso excesivo?

Usted: Utilicé la computadora de manera normal, sólo una o dos horas en la noche. Creo que eso no es un uso excesivo.

Melisa Administradora: Pero la garantía ya no es válida.

Usted: Sí, pero la máquina no cumple con lo que se promete en el folleto y en el manual del usuario (cite todas las promesas relacionadas con el tiempo de vida y la seguridad de la computadora).

Melisa Administradora: No tiene la factura de la computadora. No tengo forma de comprobar que la compró en esta tienda.

Usted: La compré el año pasado, todavía deben tener los registros de la transacción, pues pagué con tarjeta de crédito (muestre el estado de cuenta de la tarjeta si lo tiene. Si no lo tiene, tal vez pueda pedir una copia a la compañía de tarjetas de crédito). O dígale: "Aquí tengo una copia del cheque que hice a nombre de Electrónica Errática (de nuevo, si no tiene copia del cheque tramitado, puede pedir una en el banco)."

> **Sugerencia**
> Los vendedores respetables se preocupan por su reputación. Regresarle su dinero o cambiarle el producto defectuoso le ayudará a mejorar su reputación. No vacile en decírselo al vendedor.

Si todo lo demás falla...

La mayoría de las tiendas estiman en alto la satisfacción del cliente y no vacilarán en darle lo que pide: un reembolso, una sustitución o reparaciones gratis. Algunos incluso le darán productos o servicios extra para restituir su fe en el producto y en la compañía. Pero ¿qué sucede si se enfrenta con un empleado obstinado que sencillamente no le satisfará? He aquí algunas sugerencias:

➤ No pierda la calma en la tienda. Sólo le dará a su oponente más motivos para que se monte en su macho y rechace su petición.

➤ Intente ver a personas que estén más arriba en el escalafón. Si el administrador de la tienda no está dispuesto a ayudarle, intente contactar con el presidente de la compañía, por correo, si es necesario. (La mayoría de los ejecutivos toman muy en serio las cartas de queja de los clientes y canalizará su carta hacia la persona que tiene la autoridad de atenderle.) Asegúrese de mencionar el número del modelo, cuándo compró el producto y la ubicación de la tienda en donde hizo la compra. Incluya copia de todo lo que documente su adquisición.

➤ Si aún no está satisfecho, tal vez le convenga enviar una carta parecida a la Procuraduría del Consumidor (o dependencia similar) de su localidad (en el directorio telefónico es posible encontrar la dirección de esa dependencia).

➤ Si siente que necesita los servicios de un abogado, puede contactar uno y ver si hay motivos para una demanda legal. Antes de que opte por este procedimiento, asegúrese de que el administrador de la tienda y el presidente de la compañía sepan que está analizando la cuestión con un abogado. Esto puede motivarlos a concederle lo que solicita.

Parte 7 ➤ *Situaciones de negociación cotidiana*

Lo mínimo que necesita saber

- ➤ Conserve todas sus facturas, garantías y manuales que vienen con todo producto que compra o servicio que contrata.
- ➤ Asegúrese de entender por completo la garantía antes de que compre un producto o de que contrate un servicio.
- ➤ Si desea que reparen el producto, se lo sustituyan o le regresen el dinero, solicite la ayuda de "la persona que dice sí".
- ➤ Prepárese para neutralizar todos los argumentos que pueda esgrimir su oponente.
- ➤ Utilice la literatura escrita de su oponente contra él. Eso lo pondrá a la defensiva y le dará la ventaja en la negociación.

Glosario

abogado Persona con licencia del estado para representar y dar consejo en cuestiones legales.

agotamiento Técnica de negociación utilizada para cansar a su oponente.

apoyos Cualquier material extra, documentación, diagramas o accesorios que lleva a la mesa de negociación.

árbitro Parte neutral que resuelve una controversia entre dos o más partes.

arrendador Persona que da su propiedad en alquiler.

arrendatario Persona que toma en alquiler una propiedad.

asociado de ventas Persona que representa al dueño de una propiedad (por lo general vendedores) y quien maneja la venta de una casa o de inmuebles comerciales y de inversión.

autodesprecio Técnica de negociación en la que usted, con tacto, subestima sus méritos o los de su posición de negociación. Se utiliza para crear un lazo con su oponente.

base primaria La cuestión más importante que está negociando; su objetivo o su meta.

bases secundarias Factores positivos que apoyan a la base primaria.

bienes raíces comerciales Toda propiedad utilizada para un negocio, como un restaurante o una tienda de productos naturistas.

bienes raíces de inversión Toda propiedad que usted compra y conserva con la esperanza de venderla más adelante y tener ganancias.

cambio de velocidad Técnica de negociación en la que usted cambia de una cuestión a otra. Funciona mejor en negociaciones grandes y complicadas.

cierre Proceso de finalización de todos los tratos relacionados con una negociación.

concesiones Compromisos que usted y su oponente están dispuestos a adquirir con el objeto de llegar a un trato.

conducto Técnica de negociación utilizada cuando se enfrenta con más de un oponente o cuando desea utilizar a su oponente para llegar a la persona.

conductor de televisión Técnica de negociación utilizada para descubrir información persona o privada que conserva su oponente.

contingencias Sucesos que deben pasar para que se cierre un trato.

contraoferta Oferta posterior en la que se introducen cambios a una oferta original o a otra contraoferta. Puede ser planteada por cualquiera de los oponentes.

contrato de arrendamiento Contrato que determina los derechos y las obligaciones de un arrendatario y el dueño de la propiedad.

contrato de compraventa Formato de oferta que se utiliza cuando se compra una casa.

corredores Personas que tienen licencia para empezar y llevar su propia oficina de bienes raíces.

documento de posición Oferta por escrito que se presenta al inicio de una negociación.

elementos nuevos Personas, ideas o cuestiones extrañas a una negociación o a la materia de la negociación.

encauzamiento Eliminación en la negociación de puntos que ya han sido resueltos. Se pueden retomar estos puntos después en un resumen o repaso, pero no para negociarlos de nuevo.

enganche Pago parcial por adelantado que se hace para la obtención de una casa.

extrapolación Establecimiento de hechos de manera que se llegue a una conclusión obligada.

garantía Promesa por escrito de que los bienes o la propiedad serán reparados o sustituidos si no funcionan como se anuncia.

garantía expresa Garantía escrita o verbal que da un vendedor o su empleado.

garantía implícita Garantía no escrita que se asume cuando usted compra un producto.

Glosario

hacedor de tratos   Cualquier propuesta, oferta o contraoferta que asegure el cierre de un trato.

incitación a la acción   Técnica de negociación que motiva a su oponente a realizar una acción sencilla que cierre el trato.

ingreso neto   Dinero que ha recibido en total después de que se han hecho los gastos asociados con una propiedad de negocios.

ira controlada   Técnica de negociación utilizada para expresar su inconformidad con algo que su oponente ha dicho o hecho.

jerga   Lenguaje especializado de una organización, profesión o grupo.

ladrillo   Técnica de negociación que le permite fraccionar los hechos durante una negociación de modo que tengan un impacto mayor sobre su oponente.

lenguaje corporal   Serie de gestos que refuerzan o muestran lo que usted piensa, siente o dice de manera verbal.

manipulación   Uso de medios ocultos o injustos para alcanzar sus objetivos.

mediador   Persona que intenta resolver conflictos entre dos o más partidos.

MOAN (Mejor Opción a un Acuerdo Negociado)   Resultados o alternativas que quedan si no se llega a un acuerdo negociado.

motivador   Cualquier cosa que anime a alguien a actuar.

negociación   Forma de obtener lo que desea, tratar con las personas y aumentar su capacidad para entender a sus congéneres e interactuar con ellos.

neutralización   Capacidad de responder a un argumento de su oponente con un argumento igualmente válido.

oferta   Propuesta de pagar, hacer o dar algo como dinero, bienes o servicios a cambio de otro dinero, bienes o servicios.

oferta del llamado a la guerra   Oferta que usted hace cuando está subastando en contra de otras partes.

oferta demasiado baja   Oferta o contraoferta que resulta excesivamente baja para la negociación.

oferta excesiva   Oferta o contraoferta que, evidentemente, es muy alta para la negociación.

oferta negociable   Oferta que deja espacio para girar y maniobrar.

opción   En contrato de arrendamiento, derecho de renovar un contrato.

oponente Persona con la cual negocia.

persona que dice sí (o que da el sí) Quien tiene la autoridad para resolver la cuestión que está tratando de negociar.

precio de lista o **precio inicial** Oferta de un vendedor de casas.

pregunta de alterna Técnica de negociación destinada a obligar a su oponente a seguir un cierto curso de acción.

pregunta de respuesta inducida Afirmación expresada en forma de pregunta. Se utiliza para hacer que su oponente diga "sí".

pregunta específica Técnica de negociación que hace un llamado a las respuestas no dadas por su oponente.

pregunta general Pregunta amplia que debe hacerse al inicio de una buena voluntad Confianza que usted establece con su oponente.

pregunta obvia Técnica de negociación diseñada para obtener una respuesta favorable de su oponente.

pregunta sugerente Técnica de negociación que sugiere un curso específico de acción.

preguntas sucesivas Técnica de negociación que se utiliza para mantener el control de la negociación y fomentar un impulso de negociación positivo.

principio Verdad fundamental o ley sobre la cual se basan otras; regla de conducta; adhesión a tales reglas; integridad.

qué lástima Técnica que funciona mejor cuando ya casi está cerrada la negociación y sólo quedan por analizar algunos puntos.

resumen Técnica de negociación en la cual usted resume lo que ha entendido con respecto al trato, con el objeto de presionar a su oponente a que diga que «sí» por completo al acuerdo.

rompetratos Cualquier propuesta, oferta o contraoferta que destruye un trato.

subarrendador Arrendatario que alquila la propiedad a otra persona.

subarrendatario Persona que alquila una propiedad de otro arrendatario.

suposición Técnica de negociación en la que usted presiona para que se lleve a cabo una acción de cierre.

terreno propio Cualquier lugar con el cual se siente muy familiarizado, como su oficina o su casa; el mejor lugar para llevar a cabo una negociación.

vinagre y miel Técnica de negociación utilizada para hacer que una situación de negociación o una concesión malas parezcan mejor de lo que son.

Índice

A

abogados, 17
  búsqueda de, 17
  cierre de negociaciones, 173
  negociaciones como consumidor, 225
  presencia en ausencia de oponente, 20
agentes, 17
  compra de casas, 180-181
  desventajas, 181
  venta de casas, 180-181
alquiler
  carga al subarrendatario, 200
  como elemento negociable, 200
  contratos de arrendamiento, 198
amistades, beneficios de la negociación, 6
apariencia, 32
apelación a la adulación del oponente, 98
apoyos, 50-53
  cómo utilizarlos, 51-52
  cuándo usarlos, 52
  razón para utilizarlos, 51
  uso de objetos de negociación, 52-53
árbitros, 17
  cuestiones de principio, 158
arreglo de reuniones
  apariencia, 32
  estancamiento/ posposición, 32
  lugar, 30-31
  programación, 31-32
arrendamiento y alquiler
  contratos escritos, 198-200
  negociación, 198
    automóviles, 207-208
    elementos que pueden negociarse, 200-201
    jerga, 42
    términos en contratos, 198-200
ataques personales
  cuestiones físicas a evitar, 155
  cuestiones que no se deben mencionar, 154
  efectos sobre la negociación, 154-155

manejo de, 155-156
aumento de salario
   negociación, 209-210
      documentación de buen desempeño, 211
      estado de ánimo como factor, 210
      razones del fracaso en la obtención de un aumento, 211-212
automóviles
   alquiler, 207-208
   compra
      cierre, 205
      competencia entre vendedores, 204-205
      ejemplo de base primaria, 13
      factores negociables, 203-204
      lenguaje del vendedor, 205
      no se emocione con, 205
      usados, 206
   usados
      compra de, 206
      venta de, 207
   venta, 207
autoprotección, uso para apelar a las emociones del oponente, 105-106, 108
ayuda profesional, 17

B

bases secundarias, 13
beneficios de negociar en el lugar de trabajo, 6-7
bienes raíces
   comerciales
      corredores, 193-194
   compra
      corredores comerciales y de inversión, 193-194
      corredores de inversión, 193-194
      evaluación de la propiedad, 194
      investigación en bienes raíces, 195
      negociación, 195-196
   corredores comerciales y de inversión, 193-194
   de inversión corredores de inversión, 193-194
      evaluación de una propiedad, 194
      investigación de bienes raíces, 195
      negociación, 195-196
   investigación, 195
   jerga de evaluación, 42
buena voluntad
   beneficios de crearla, 110-111
   métodos para crearla, 111-112
   cuándo no crearla, 112
buenos hábitos, formación de, 126
búsqueda
   de abogados, 17
   de "la persona que dice sí", 223
   de títulos de propiedad, 183

C

cartas de posición
   redacción de, 72
casas
   compra
      agentes, 180-181
      aprovechamiento de los plazos, 61
      ayuda profesional, 17
      cierres, 189
      conocimiento de los corredores, 24
      cuestiones negociables, 183
      duración que la casa ha estado en el mercado, 182
      factores a considerar, 181-183
      infraestructura de una casa, 182-183
      jerga, 42
      mercado, 182
      ofertas, 184-185
      personas implicadas, 180-181

Índice

precio de venta
  agentes, 180-181
  conocimiento de los corredores, 24
  evaluación de ofertas, 189-190
  qué hacer cuando nadie hace ofertas, 190
cierre de negociaciones, 171-172
  compra de automóviles, 205
  compra de casas, 189
  orientaciones, 173-176
  técnica de incitación a la acción, 175
  técnica de suposición, 175
  técnica del resumen, 175
compañías de seguros de bienes raíces, 195
compensación
  negociación de aumento de sueldo, 209-210
    documentación de un buen trabajo, 211
    el ánimo como factor, 210
    especificación de la cantidad objetivo, 211-212
    razones del fracaso para conseguir un aumento, 212-213
compra
  automóviles

    cierre de tratos, 205
    ejemplo de base primaria, 13
    factores negociables, 203-204
    no se emocione con un auto, 205
    usados, 206
    competencia entre vendedores, 204-205
    lenguaje del vendedor, 205
  casas
    agentes, 180-181
    aprovechamiento de los plazos, 61
    ayuda profesional, 17
    cierres, 189
    conocimiento de los corredores, 24
    cuestiones negociables, 183
    ejemplo de sistema de organización, 15-16
    factores a considerar, 181-183
    infraestructura de la casa, 182-183
    jerga, 42
    mercado, 182
    ofertas, 184-185
    personas implicadas, 180-181
    tiempo que una casa ha estado en el mercado, 182

    propiedad
      corredores comerciales y de inversión, 193-184
      estimación de propiedad, 194
      investigación de bienes raíces, 195
      negociación, 195-196
comunicaciones
  correspondencia
    a quién enviarla, 75
    carta de posición, 72
    credibilidad, 73
    especificación de cuestiones, 73
    formatos, 74-75
    orientaciones para escribir, 74
    prueba oficial, 73-74
    usos de, 72-74
  lenguaje corporal
    cierre de negociaciones, 172
    gestos, 48-49
    rostro inexpresivo, 49-50
    traducción del lenguaje corporal del oponente, 50
concesiones
compra de casas, 185
ofertas y contraofertas, 168-169
condición de la propiedad
  como cuestión negociable, 200

contratos de arrendamiento, 199
conductor de televisión, técnica del, 81
confianza en uno mismo, en la negociación, 17-18
contacto visual, 48
   cierre de negociaciones, 173
contingencias, 183
continuo debilidad-fortaleza en la toma de decisiones de su oponente, 91
contraofertas, 164
   concesiones, 168-169
   cuestiones legales, 167-168
   demasiado altas y demasiado bajas, 165-166
   orientaciones para hacer, 164-165
   orientaciones para reaccionar ante, 166
   programación, 36-57
contratos
   arrendamiento, 195
   arrendamiento y subarrendamiento, 198-200
   compra de casa, 184-185
   concesiones, 168-169, 185
   contraofertas, 164
      orientación para tratarlas, 166
      cuestiones legales, 167-168

cuestiones legales, 167-168
evaluación cuando se vende una casa, 189-190
haga que el oponente plantee la primera oferta, 162
maniobras después de que se han hecho ofertas, 162
movimientos de apertura, 163
ofertas demasiado altas, 165-166
   manejo de, 166
ofertas demasiado bajas, 165-166
   manejo de, 166
orientaciones para redactar, 164-165
programación, 56-57
control de negociaciones, 130-131
   métodos de, 130-131
   recuperación después de haberlo perdido, 132
corredores, 17
   compra de casa, 180
   comerciales/de inversión, 193-194
   conocimiento de los clientes como un factor en compraventa de casas, 24
correo, 74
correspondencia
   formas, 74-75

orientaciones para redactar, 74
usos de, 72-74
   credibilidad, 73
   prueba oficial, 73-74
   cartas de posición, 72
   especificación de cuestiones, 73
   a quién enviarla, 75
costos de cierre, 183
credibilidad de la correspondencia, 73
críticas, manejo de, 100
cuestiones familiares, beneficios de la negociación de, 5-6
cuestiones legales
   abogados, 17
      búsqueda, 17
      cierre de negociaciones, 173
      negociación de los consumidores, 225
      presencia en ausencia de oponente, 20
   ofertas y contraofertas, 167-168
   "tiempo razonable", 58

D

definición
   de metas, 10-12
      bases secundarias, 13
      determinación de una MOAN, 13

establecimiento de metas alternas, 12
investigación, 14-15
de objetivos, 10
de personalidad, 96
depósitos en contratos de arrendamiento, 199
dinero
  ahorro mediante negociación, 5
  obtención mediante negociación, 4-5
  uso para apelar a las emociones del oponente, 104-107
disposición de la negociación
  ayuda profesional, 17
  bases secundarias, 13
  confianza, 17-18
  definición de metas, 10-12
  establecimiento de metas alternas, 12
  investigación, 14-15
  organización, 15-16
documentación
  apoyos, 50-53
    cómo usarlos, 51-52
    cuándo usarlos, 52
    razones para usarlos, 51
    uso del objeto de negociación como, 52-53
  cierre de negociaciones, 173
  correspondencia
    a quién enviarla, 75
    carta de posición, 72
    credibilidad, 73
    especificación de cuestiones, 73
    formatos, 74-75
    orientaciones para escribir, 74
    prueba oficial, 73-74
    usos de, 72-74
  negociación de aumento de sueldo, 211
  para apoyar reclamaciones, 14-15

E

emociones
  apelación al oponente
    autoprotección, 105-106, 108
    los métodos, 104-106
    razones para, 104
    reconocimiento, 105, 107-108
    uso de dinero, 104-107
ira
  del oponente, 140-142
  efectos sobre la negociación, 138-139
  obstinación, 138
  provoque la ira del oponente, 142
  prueba de las reacciones del oponente, 141
  técnica de negociación de la "ira controlada", 139
  tranquilice la ira del oponente, 142-144
  venganza, 138
miedo
  a lo desconocido, 148
  como factor del fracaso en la consecución de coordinación, 150
  de fracasar, 148-149
  de perder algo, 147
  efectos sobre la negociación, 146
  la intimidación como táctica, 149-150
  técnica del mayor miedo, 149-150
  un aumento de sueldo, 212-213
  vencimiento del, 146, 150-151
empleos
  aumentos de sueldo, negociación de
    documentación de un buen trabajo, 211
    especificación de la cantidad objetivo, 211-212

estado de ánimo
  como factor, 210
 negociación,
  209-210
 razones del fracaso
  para obtener
  aumentos, 212-213
 beneficios de
  negociación, 6-7
estado de ánimo,
 creación de, 33-35
estancamiento en
 reuniones, 32
estrategias
 apelación a la
  personalidad del
  oponente, 96-97
   insulto a, 99
   métodos, 98-99
   razones para, 97-98
   factores negociables,
    203-204
   no se emocione con,
    205
   usados, 206
   uso de la
    competencia entre
    vendedores,
    204-205
   uso del lenguaje del
    vendedor, 205
 compra de automóviles
  cierres, 205
  ejemplo de base
   primaria, 13
 compra de casas
  agentes, 180-181
  aprovechamiento de
   los plazos, 61

ayuda profesional,
 17
cierres, 189
conocimiento de los
 corredores, 24
cuestiones
 negociables, 183
ejemplo de sistema
 de organización,
 15-16
factores a considerar,
 181-183
infraestructura de la
 casa, 182-183
jerga, 42
mercado, 182
ofertas, 184-185
personas implicadas,
 180-181
tiempo que una casa
 ha estado en el
 mercado, 182
creación del estado de
 ánimo
cumplimiento de
 plazos, 60-61
de aumento del poder
 de negociación, 122-
 124
de negociación con
 oponentes
  analíticos, 88-89
  débiles, 93-94
  estéticos, 89
  fuertes, 91-92
  indeciso 93
  intuitivos, 90-92
envío de
 correspondencia, 75

establecimiento de
 plazos para su
 oponente, 58-60
 concesión de
  extensiones, 59-60
 determinación del
  periodo, 59
establecimiento de
 plazos, 57-58
evitación de plazos,
 60-61
formatos, 74-75
formulación de
 preguntas
  de conducción,
   66-67
  de opción. 68
  específicas, 65-66
  generales, 64-65
  obvias, 67-68
  sucesivas, 68-69
  sugerentes, 67
influencia en todos los
 tipos de oponentes,
 90-91
inicio de
 negociaciones,
 33-36
manejo de ataques
 personales, 155-156
manejo de la ira del
 oponente, 142-144
negociación de
 aumento de sueldo,
 209-213
neutralización de
 negativas, 36
ofertas
 contraofertas, 164

haga que el oponente plantee la primera oferta, 162
movimientos de apertura, 163
ofertas demasiado altas y demasiado bajas, 165-166
orientaciones para hacerlas, 164-165
orientaciones para responder a contraofertas, 166
para crear buena voluntad
  beneficios, 110-111
  métodos de, 111-112
  cuando no conviene, 112
pérdida del control del tiempo, 57
planeación de reuniones
  lugar, 30-31
  selección de atuendo, 32
  estancamiento y pospuesta, 32-33
  programación, 31-32
propiedad
  corredores comerciales y de inversión, 193-184
  negociación, 195-196
  estimación de propiedad, 194

investigación de bienes raíces, 195
recarga del poder de negociación, 121-122
redacción de correspondencia, 74
revelación del poder de negociación, 120-121
uso de apoyos, 51-53
uso del miedo como táctica de negociación, 149-150
  programación, 150
  técnica del mayor miedo, 149-150
vencimiento del miedo, 146, 150-151
  a lo desconocido, 148
  al fracaso, 146
  de perder algo, 147
venta de automóviles, 207
venta de casas, 180-181, 190
evitación
  de responder preguntas, 69
  de plazos, 60-61
  de la apelación del oponente a su personalidad, 100
extensión de plazos, 59-60
extrapolación, 44
fallas en el contrato de arrendamiento, 199
forma de vestir, 32

funcionarios de préstamos
  negociación con, 219
  rechazo por parte de, 219-220

G

garantía
  gane una negociación sin, 224-225
  orientaciones para verificar, 221-222
gestos, 48-49
  rostro inexpresivo, 49-50
  traducción de, 50

H

hábitos
  buenos hábitos, 126
  del oponente, 128
  efectos sobre la negociación, 125-126
  malos hábitos, 126-128
hipotecas, comparación de, 218
hojas de trabajo
  sobre neutralización, 26
  sobre metas de negociación, 11-12
  sobre poder de negociación, 118-119

sobre términos que satisfacen, 23

I

influencia en oponentes
    estéticos, 89
    analíticos, 89
    indecisos, 93
    intuitivos, 90
    fuertes, 91-92
    débiles, 93-94
inicio de negociaciones, 33-36
  neutralización de negativas, 36
  creación del estado de ánimo, 33-35
inspección de casas, 183
investigación
    apoyo a reclamaciones, 14-15
    bienes raíces, 195
    oponente, 22
ira
  controlada, como técnica de negociación, 139
  del oponente, 140
    calma de la, 142-144
    incitación de la, 142
    prueba de reacciones, 141
  efectos en la negociación, 138-139

obstinación, 138-139
venganza, 138

J

James, William (autor de *The Principles of Psychology*), 125-127
jerga
  uso en la negociación, 42-43

L

lenguaje
  claridad en su uso, 40
  descriptivo, 40-41
  extrapolación, 44-45
  jerga, 42-43
  práctica, 45
  silencio, 43-44
  lenguaje corporal
    en cierre de negociaciones, 172
    contacto visual, 48, 173
    gestos, 48-49
    rostro inexpresivo, 49-50
    traducción del lenguaje corporal del oponente, 50

M

malos hábitos, 126-128
  del oponente, 128

mediadores, 17
  resolución de cuestiones de principio, 158
metas
  alternas, 12
  bases secundarias, 13
  determinación de, 10-12
    investigación, 14-15
  determinación de MOAN, 13
  prioridades, 15
Metas de Negociación, hoja de trabajo sobre, 11-12
miedo
  a lo desconocido, 148
  como factor del fracaso en la consecución de coordinación, 150
  de fracasar, 148-149
  de perder algo, 147
  efectos sobre la negociación, 146
  técnica del miedo mayor, 149-150
  un aumento de sueldo, 212-213
  uso del miedo como táctica, 149-150
  vencimiento del, 146, 150-151
MOAN (Mejor Opción a un Acuerdo Negociado), 13
motivadores
  plazos, 57-58

concesión de extensiones, 59-60
determinación de periodos, 59
determinación para el oponente, 58-60
reunión, 60-61

N

negativas, 36
negociaciones de consumidor
    encuentre a "la persona que dice sí", 223
    gane en las negociaciones sin garantía, 224-225
    orientaciones, 225
    pago por adelantado, 222-223
    reclamaciones, 223-224
    verificación de la garantía, 221-222
negociación
    cierre de una, orientaciones para, 173-176
    oportunidades para, 4-5
        ahorro de dinero, 5
        amistades, 6
        cuestiones familiares, 5-6
        lugar de trabajo, 6
        obtención de dinero, 4-5
    técnicas de,
        "agotamiento", 79-80,
        "autodesprecio", 82,
        "cambio de velocidad", 80
        "conducto", 80-81
        "conductor de televisión", 81
        "ira controlada", 139,
        "ladrillo", 78
        "qué lástima", 82
        "vinagre y miel", 78-79
neutralización, 24-26
    ejemplo de, 26
    métodos de, 25
    hoja de trabajo, 26

O

ofensa al oponente, 99
ofertas
    concesiones, 168-169
        en compra de casas, 185
    contraofertas, 164
        cuestiones legales, 167-168
        orientaciones para tratarlas, 166
    cuestiones legales, 167-168
    definición de, 56
    en compra de casas, 184-185
    concesiones, 185
    información a incluir, 184
    tipos de oferta, 184-185
    evaluación en venta de casas, 189-190
    hacedores de tratos contra rompetratos, 167
    haga que el oponente plantee la primera oferta, 162
    maniobras después de que se hacen ofertas, 162
    movimientos de apertura, 163
    ofertas demasiado altas, 165-166
        tratamiento de, 166
    ofertas demasiado bajas, 165-166
        tratamiento de, 166
    orientaciones para hacerlas, 164-165
    programación, 56-57
oponentes, 20-21
    analíticos, 88-89
    apelación a las emociones
        autoprotección, 105, 107-108
        métodos, 104-106
        razones para, 104
        reconocimiento, 105, 107-108
        uso de dinero, 104-107

ausencia de, 21
débiles, 93-94
estéticos, 89
fuertes, 91-92
indecisos 93
ira, 140-142
    tranquilización de, 142-144
    provocación, 142
    prueba de reacciones, 141
oportunidades para negociar, 4-5
    ahorro de dinero, 5
    amistades, 6
    cuestiones familiares, 5-6
    lugar de trabajo, 6
    obtención de dinero, 4-5
organización, 15-16

P

pago adelantado, 222-223
"persona que dice sí"
    apelación a, 23-24
    ausencia de, 21
    búsqueda de, en negociaciones de consumidor, 223
    dirija sus argumentos hacia la, 21
    estancamiento con, qué hacer, 24
    investigación, 22
    neutralización, 24-26
    ejemplo, 26
    hoja de trabajo, 26
    métodos, 25
planteo de reclamaciones, en negociaciones de consumidor, 223-224
personalidad
    evitación de apelar a la, del oponente, 100
    definición, 96
    manejo de ataques a la, 100
    venta de casas, 181
plática
    extrapolación, 44-45
    jerga, 42-43
    claridad de lenguaje, 40
    práctica, 45
    silencio, 43-44
    temas para iniciar negociaciones, 34
plazo del arrendamiento
    como elemento negociable, 200
    contratos de alquiler, 199
plazos límite, 57-58
    evitación, 50-61
    cuestión legal del "tiempo razonable", 58
    cumplimiento, 60-61
    término negociable en la compra de una casa, 183
    imposición para el oponente, 58-60
poder de negociación
    cuando revelarlo, 120-121
    estrategias para aumentar, 122-124
    orientaciones para su uso, 119-121
    recarga del, 121
    cuestionamiento de su poder, 122
    repetición, 122
Poder de Negociación, hoja de trabajo sobre, 118-119
pospuesta de reuniones, 32
precio de venta, 181
preguntas
    de opción, 68
    de respuesta inducida, 66-67
    específicas, 65-66
    generales, 64-65
    obvias, 67-68
    para evitar responder, 69
    para obtener control, 130
    prestamistas, 218-219
    razones para usarlas, 64
    sucesivas, 68-69
preparación
    arreglo de reuniones
    apariencia, 32
    estancamiento y pospuesta, 32
    lugar, 30-31
    programación, 31-32

creación del estado de ánimo, 33-35
documentación que apoyan un reclamo, 14-15
reuniones de inicio, 33-36
prestamistas
información necesaria para hacer préstamos, 218-219
razones para hacer préstamos, 215-216
selección de, 216-217
primeras impresiones, 33-36
  apariencia personal, 32
  producción del estado de ánimo, 33-35
principios
  cooperación con, 156
  resolución de cuestiones de, 157-158
prioridad de metas, 15
programación
  importancia de, 56-57
  pérdida del control, 57
  planteo de ofertas y contraofertas, 56-57
  plazos, 57-58
    concesión de extensiones, 59-60
    cuestión legal de "tiempo razonable", 58
    cumplimiento, 60-61
    determinación del periodo, 59
    establecimiento de plazos al oponente, 58-60
    evitación de, 60-61
  reuniones, 31-32
    para obtener el control de la negociación, 130
  uso de apoyos, 52
  uso del miedo como táctica de negociación, 150
propiedad
  compra de
    corredores comerciales y de inversión, 193-194
    estimación de propiedades, 194
    investigación de bienes raíces, 195
    negociación, 195-196

R

reconocimiento, su uso para apelar a las emociones del oponente, 105, 107-108
recuperación del control, 132
recursos
  árbitros y mediadores, 158
  ayuda profesional, 17
redacción de correspondencia
  cartas de posición, 72
  credibilidad, 73
  especificación de cuestiones, 73
  formatos, 74-75
  orientaciones, 74
  prueba oficial, 73-74
registros públicos, 195
resolución de disputas
  árbitros, 17
  estancamientos, que hacer en caso de, 24
  mediadores, 17
reuniones
  contrarresto de negativas, 36
  creación del estado de ánimo, 33-35
  estancamiento y pospuesta, 32
  inicio, 33-36
  lugar de, 30-31
    determinación para obtener control, 130
  tiempo, 31-32, 130
revelación del poder de negociación, 120
  cuestionamiento de su poder, 122
  recarga, 121-122
  reiteración de, 122
rompimiento de contratos, contratos de arrendamiento, 199
ropa

selección de la vestimenta apropiada, 32
rostro inexpresivo, 49-50

S

selección de prestamistas, 216-217
silencio, su uso para negociar, 43-44
"sin comentarios" como respuesta a preguntas, 69
sinceridad, apelación a la, de su oponente, 99
sonrisa, 49
subarrendamientos
    contratos escritos, 198-200
    elementos que pueden negociarse, 200-201
    negociaciones, 198
    términos en contratos, 198-200
sugerencias
    acción contra reacción, 132
    apelación al oponente, 23
        adulación, 98
        emociones
        sinceridad, 99
    búsqueda de abogados, 17
    compra de autos usados, 206
    conozca al oponente, 22
    construcción de buena voluntad, 111
    definición de objetivos, 10
    establecimiento de ánimo agradable, 35
    investigación para apoyar reclamaciones, 14
    malos hábitos, 127
    negociación
        arrendamientos, 201-202
        técnicas, 77, 79, 82
    negociación de bienes raíces, 58
    planteo de preguntas, 64, 67-69
    plazos, 58-60
    poder de negociación, 123
    preparación del lugar de reunión, 30
    prioridad de objetivos, 15
    reconocimiento de los puntos válidos de su oponente, 35
    redacción de correspondencia, 72
    repetición del poder de negociación, 122
    sistemas de código de color de las empresas, 15
    solicitud de explicaciones, 43
    venza el miedo, 146
sugerencias para hacer tratos
    reconocimiento de los puntos válidos de su oponente, 35
    acción contra reacción, 132
    apelación al oponente, 23
        emociones
        adulación, 98
        sinceridad, 99
    preparación del lugar de reunión, 30
    solicitud de explicaciones, 43
    planteo de preguntas, 64, 67-69
    malos hábitos, 127
    construcción de buena voluntad, 111
    compra de autos usados, 206
    sistemas de código de color de las empresas, 15
    plazos, 58-60
    definición de objetivos, 10
    búsqueda de abogados, 17
    conozca al oponente, 22
    negociación
        arrendamientos, 201-202
        técnicas, 77, 79, 82
    poder de negociación, 123

venza el miedo, 146
prioridad de objetivos, 15
negociación de bienes raíces, 58
repetición del poder de negociación, 122
investigación para apoyar reclamaciones, 14
establecimiento de ánimo agradable, 35
redacción de correspondencia, 72

T

tasas de interés
  comparación de, 217-218
  efecto sobre el pago de préstamos, 218

técnicas para el cierre de negociaciones, 174-175
  de incitación a la acción, 175
  de resumen, 175
  de suposición, 175
técnicas para negociar
  "agotamiento", 79-80
  "autodesprecio", 82
  "cambio de velocidad", 80
  "conducto", 80-81
  "conductor de televisión", 81
  "ira controlada", 139
  "ladrillo", 78
  "qué lástima", 82
  "vinagre y miel", 78-79
Términos a Satisfacer, hoja de trabajo sobre, 23
traducción del lenguaje corporal, 50

V

valor de la propiedad, 194
  cuestiones de principio, 157-158
  de miedos, 146, 150-151
    a lo desconocido, 148
    al fracaso, 148
    de perder algo, 147
vendedor
  compra de casas, 180
venta
  automóviles, 207
  casas
    agentes, 180-181
    conocimiento de los corredores, 24
    evaluación de ofertas, 189-190
    por su cuenta, 181
    qué hacer cuando nadie hace ofertas, 190

Tarjeta de Consulta
Preparación para Negociar

Utilice esta hoja de trabajo como guía en cualquier negociación. Escriba lo que usted (y su oponente) tratarán durante la negociación. También podría consultar esta hoja de trabajo durante las pausas en la negociación para asegurarse de que va por el buen camino.

¿Cuáles son mis objetivos?

Dinero: ¿Cuánto deseo ganar? ¿Cuánto estoy dispuesto a gastar? _____

Programa de pagos: ¿Cuál es la mejor manera de estructurar el pago? _____

Tiempo: ¿Cuánto tiempo es necesario para llevar a cabo esta transacción? _____

Servicios: ¿Qué servicios podría querer después de que se cierre el trato? _____

Mejoras: ¿Qué aditamentos o actualizaciones podría necesitar en el futuro? _____

Devoluciones: ¿Qué política de devolución, si existe, me protege si el producto está defectuoso? _____

Negocio futuro: ¿Qué tipo de negocio podría hacer en el futuro con este oponente? _____

Trato por volumen: ¿Mejorarán las condiciones de acuerdo si el trato implica mayores cantidades? _____

Otros: ¿Hay algún otro término que afecte mi negociación? _____

¿Cuáles son los objetivos de mi oponente?

Dinero: ¿Cuánto desea ganar mi oponente? ¿Cuánto está dispuesto a gastar? _____

Programa de pagos: ¿Cuál es la mejor manera de estructurar el pago? _____

Tiempo: ¿Cuánto tiempo es necesario para llevar a cabo esta transacción? _____

Servicios: ¿Qué servicios podría querer mi oponente después de que se cierre el trato? _____

Mejoras: ¿Qué aditamentos o actualizaciones podría necesitar mi oponente en el futuro? _____

Devoluciones: ¿Qué política de devoluciones, si existe, protege a mi oponente si el producto está defectuoso? _____

Negocio futuro: ¿Qué tipo de negocio podría hacer en el futuro mi oponente conmigo? _____

Trato por volumen: ¿Mejorarán las condiciones de acuerdo si el trato implica mayores cantidades? _____

Otros: ¿Existe algún otro término que afecte la negociación de mi oponente? _____

¿Cómo puedo satisfacer a ambas partes?

Dinero:
Mi meta: _____
La meta de mi oponente: _____
Compromiso que satisface a ambas partes: _____
_____

Programa de pagos:
Mi meta: _____
La meta de mi oponente: _____
Compromiso que satisface a ambas partes: _____
_____

Tiempo:
Mi meta: _____
La meta de mi oponente: _____
Compromiso que satisface a ambas partes: _____
_____

Servicios:
Mi meta: _____
La meta de mi oponente: _____
Compromiso que satisface a ambas partes: _____
_____

Mejoras:
Mi meta: _____
La meta de mi oponente: _____
Compromiso que satisface a ambas partes: _____
_____

Devoluciones:
Mi meta: _____
La meta de mi oponente: _____
Compromiso que satisface a ambas partes: _____
_____

Negocios futuros:
Mi meta: _____
La meta de mi oponente: _____
Compromiso que satisface a ambas partes: _____
_____

Trato por volumen:
Mi meta: _____
La meta de mi oponente: _____
Compromiso que satisface a ambas partes: _____
_____

Otros:
Mi meta: _____
La meta de mi oponente: _____
Compromiso que satisface a ambas partes: _____
_____

 **le ofrece:**

- ✔ Administración
- ✔ Computación
- ✔ Contabilidad
- ✔ Divulgación Científica
- ✔ Economía
- ✔ Electrónica
- ✔ Ingeniería
- ✔ Mercadotecnia
- ✔ Negocios
- ✔ Nueva Tecnología
- ✔ Textos Universitarios

publicando  **A Simon**
las realidades del mañana   **& Schuster Company**

Gracias por su interés en este libro.

Quisiéramos conocer más a nuestros lectores. Por favor complete y envíe por correo o fax esta tarjeta.

Título del libro/autor: _____
Adquirida en: _____
Comentarios: _____

❏ Por favor envíenme su catálogo de libros de negocios, estoy interesado en libros de las áreas:

- ❏ Ventas/Mercadotecnia
- ❏ Finanzas/Contabilidad
- ❏ Administración
- ❏ Economía
- ❏ Productividad/Calidad
- ❏ Recursos Humanos
- ❏ Gerencia
- ❏ Interés General

Mi nombre: _____
Mi compañía: _____
Puesto: _____
Domicilio casa: _____
Domicilio compañía: _____

Tenemos descuentos especiales para compras corporativas e institucionales.

Para mayor información de nuestros títulos llame al (525) 358-8400
Por favor, llene esta tarjeta y envíela por correo o fax: (525) 357-0404,   COMPUSERVE 74777,62
Página web http://www.prentice.com.mx

Prentice-Hall Hispanoamericana, S.A.
División Computación / Negocios
Calle 4 No. 25-2º piso
Fracc. Industrial Alce Blanco
Edo. de México   C.P. 53370
MEXICO